서
물
전

성
인
사

여성
편 131

하와에서 압비아까지

성서인물사전131 여성

지은이 이용원
펴낸이 김은주

1판 1쇄 인쇄 2022년 12월 5일
1판 1쇄 발행 2022년 12월 12일

펴낸곳 홍 림
등 록 제 312-2007-000044호17
주 소 서울특별시 마포구 백범로 8 우정마샹스 923호
전자우편 hongrimpub@gmail.com
인 쇄 동양프린팅
총 판 비전북(031-907-3927)
　　　　한국출판협동조합(02-716-6033)

값은 표지에 있습니다.
ISBN 978-89-6934-038-2 (03230)

하와에서 압비아까지

성서 인물 사전

여성 편 131

이용원 지음

일러두기

1. 이 책에서 여성·여인·여자는 문맥에 맞게 혼용하여 사용했으며 특별히 의미를 두고 구분
   해 사용한 것은 아니다.
2. 인용된 성경 구절들은 개역개정본을 사용하였다.
3. 본문에 사용된 삽화는 폴 귀스타브 도레(Paul Gustave Doré)의 <성경판화>에서 가져왔다.

머리말

하나님의 인간을 창조한 이야기부터 살펴보자. 그는 인간을 자기 형상 곧 하나님의 형상대로 한 남자^{아담}와 한 여자^{하와}를 창조하셨다. 그 이후로 인류의 역사는 남자들과 여자들이 함께 이루어왔다. 여자 없이 남자만 있을 수 없고 남자 없이 여자만 있을 수도 없었다. 그들은 공동운명체였고 가정이라는 기본 단위에서부터 사회와 국가까지 함께 도우며 살아온 동반자였다. 경우에 따라서는 어느 한 쪽이 무시되고 억압을 당하며 살아오기도 하였고 서로 조화를 이루며 아름다운 공동생활을 해오기도 했다. 그런 과정에서 역할도 분명히 다르게 구별되어졌다.

성경에서도 그랬다. 아담의 후손은 곧 하와의 후손이었다. 그런데 성경은 아담의 후손을 이야기할 때 아담의 아들들의 이야기만 전하지 아담과 하와의 사이에서 태어난 딸들 이야기는 하지 않는다. 아담은 930세까지 살면서 자녀를 낳았다고 할 뿐이다. 그러나 하나님은 분명히 여자를 남자에게 종속되는 존재로 창조하지 않았다. 처음 여자를 만드실 때 남자를 "돕는 배필^{a helper for him; a helper suited to his needs; a helper suitable for him; a help match for him}"로 만드신다고 했다. 이 말은 여자를 남자의 동반자로서 그에게 꼭 필요한 존재로 지으셨다는 뜻이다. 여자 없

5

이는 남자의 삶이 온전히 이루어질 수 없음을 의미한다. 남자는 여자를 반드시 필요로 하는 존재라는 것이다. 여자는 남자에게 종속되는 존재가 아니라 동반자임을 분명히 한 셈이다.

사람이 하나님의 형상대로 지음을 받았으므로 여성도 하나님의 형상대로 지음 받은 존재다. 이 말은 하나님과 영적으로 교통^{교제}할 수 있는 존재로 지음 받았음을 의미한다. 남녀 공히 하나님과 직접 교제하고 예배하며 기도할 수 있는 것이다. 하나님과의 관계에서 남녀의 차별은 있을 수 없다. 하나님의 형상이 무엇을 의미하는지에 관해서는 너무나 많은 논의와 주장들이 있어왔다. 그래서 '바로 이것이다'라고 말할 수는 없다. 다만 다른 모든 동식물과는 다른 인간의 본성을 의미한다고 할 수는 있을 것이다. 그 중 대표적인 것이 하나님을 찾아 섬길 수 있다는 것이다. 온전한 사람이라면 예외 없이 무엇인가를 섬기며 살 수 있다. 단지 참 하나님을 모르고 엉뚱한 것을 대신 섬기고 있을 뿐이다. 사람은 아무리 미개해도 무엇인가를 섬기지만 동물은 아무리 뛰어난 유인원까지도 그런 경배^{예배}를 할 수 없기 때문이다. 물론 이 점에서도 남녀의 차별은 없다. 남자와 여자는 서로 다른 점을 많이 가지고 있으나 그 본성에 있어서만은 전혀 차별이 없는 것이다.

성경은 하나님이 구속역사를 펼쳐나가시는 것을 기록한 책이다. 그 구속역사에는 수많은 인물들이 등장하여 맡겨진 배역을 감당했다. 그 역사는 지금도 계속해서 펼쳐지고 있다. 그리고 오늘에도 사람들은 자신에게 맡겨진 배역을 감당하며 살아가고 있다. 그 사람들 중에는 중요한 배역을 맡은 인물들도 있고 그냥 슬쩍 지나가는 배역을 감당한 사람들, 착한 역을 감당한 사람도 있고 악역을 맡은 사람들도 있다. 성경에서도 그런 다양한 배역을 맡은 사람들이 다양하게 등장한다. 배역에는 중요하지 않은 배역이 없다. 우리 몸에 불필요한 지체가 없듯 하나님의 구속 역사에도 중요하지 않은 배역은 없다.

성경에서 여성의 역할 이야기를 할 때 우선 가정에서의 역할 이야기를 하지 않을 수 없다. 많은 경우 그들은 가정에서 집안 살림을 꾸려나가는 일을 했다. 하녀들을 지휘하여 살림을 하기도 했다. 그러나 무엇보다 중요한 역할 중의 하나는 아들을 낳아 집안의 대를 잇게 하는 일이었다.

성경에서 볼 수 있는 여성의 역할은 집 안에서의 그런 역할에 국한되지 않는다. 사회적으로 지도력을 발휘한 경우도 많이 볼 수 있다. 사사시대에 여자 사사 드보라를 위시하여 악녀로 이름을 남기기는 했지만 아달랴는 여성으로는 처음 왕위에 오르기도 했다. 솔로몬의 어머니 밧세바 역시 아들 솔로몬이 다윗의 왕권을 계승하는데 결정적인 역할을 했다. 요시야 왕 시대에 여선지자 훌다 이야기와 민족을 멸망에서 구한 에스더 이야기는 지도자적 위치에서 영향력을 미친 사례다. 예언자 시대에 예언서들을 기록으로 남긴 여성이 한 사람도 없었다는 것이 아쉽다면 아쉬운 대목이다. 신약에서는 여성들이 예수님의 추종 세력의 주류였다고 할 수 있고 교회 시대가 열리면서 그들은 복음 사역에 매우 적극적이면서 능동적으로 참여했다. 그리고 현대로 올수록 그들의 활동 범위와 규모는 확대되어 왔다.

성경에서 여성들의 이야기를 살펴보는 일은 신앙생활을 하는 데 여러 모양으로 교훈을 얻을 수 있다. 그들은 말로 교훈을 주는 것이 아니라 삶을 통해 그 본보기가 되고 메시지를 주고 있다. 그 가르침은 이론이 아니라 실제 생활을 위한 것이다. 물론 그들 중 어느 한 사람의 삶도 완벽하지는 않았다. 사람은 누구나 배우지 않고도 죄와 악을 자연스럽게 행하며 살아가는데 남녀 불문 성경에 나오는 인물들도 예외는 아니었다. 의롭고 좋은 면을 가지고 있지만 다른 한 편으로 어둡고 더러운 면도 가지고 있다. 현실을 살아가는 우리 중 누구도 완벽한 삶을 살지는 못한다. 그러나 한두 가지 면에서는 다른 사람들에게 모범이 될 수 있고 그런 점을 서로에게 선한 영향력을 미치며 배워갈 수 있을 것이다.
그런 가운데 좀 더 나은 우리가 되기를 바란다.

저자 이용원

차 례

제 2 부 신약의 여성들

제7장

예수와 여성들

제8장

복음서와 여성들

제 1 부
구약의 여성들

제 1 장

최초의
여성들

001

하와

◇ Eve, 뜻 : 산자의 어미 아담의 아내로 온 인류의 여자
◇ 아담이 그의 아내의 이름을 하와라 불렀으니 그는 모든 산 자의 어머니가
   됨이더라창3:20

에덴동산에서 쫓겨나는 아담과 하와

하와[1]는 하나님이 직접 창조한 인류 최초의 여성이다. 하와라는 이름은 하나님이 지어준 것이 아니라 아담이 지어준 이름으로 '생명life' 또는 '사는 것living'을 의미하는 어원에서 나왔다. 즉 하와는 "모든 산 자의 어머니"창3:20라는 뜻의 이름이다. 그녀에 관한 최초의 이야기는 인류의 운명을 결정지어주는 사건이었다. 하나님의 유일한 금령을 어기고 뱀사탄의 유혹에 넘어가 선악을 분별하는 능력을 갖게 하는 나무의 열매를 따 먹고 그 남편 아담에게도 그것을 건네준 일이었다. 그러나 하와가 아담을 유혹하여 그것을 먹게 했다는 이야기는 없다. 그 열매를 먹지 말라는 금령은 아담에게 주어진 것이지만 그는 그의 아내 하와에게도 분명히 일러주었을 것이다. 아담은 아내의 권유나 유혹에 의해서가 아니라 직접 그 금령을 어긴 것으로 보아야 한다. 그들은 하나님을 신뢰하기보다는 스스로 지식을 가지는 편을 택한 것이다. 그 기록에는 죄라는 개념이 언급되지 않았다. 죄라는 단어가 처음 나오는 것은 창세

---

1) 우리 성경은 하와라고 했는데 영어권에서는 이브Eve라고 한다. 우리 성경은 히브리어 성경을 번역한 것이고, 영어성경은 헬라어 역본의 Ενa를 옮겼기 때문이다.

기 4장 가인이 동생 아벨을 죽인 사건에서다. 하나님과의 관계가 단절되는 죄가 아니라 사람과의 관계가 단절되는 것을 먼저 죄라고 명시한 것이다. 그리고 나중에 성경에서나 신학에서 빈번하게 사용하는 타락 the Fall이라는 개념도 그 이야기에서는 직접 사용되지 않는다.

선악과 사건은 이후 인간이라면 아무도 피할 수 없는 죄의 굴레를 쓰게 만든 사건이었다. 그런데 이 사건에 먼저 연루된 하와에 대해 성경 어디에서도 그 해답을 주지 않는다. 약간의 상상력을 발휘하여 이런 유추를 해 볼 수는 있다. 인류 최초의 부부인 아담과 하와는 하나님의 추궁을 받고, 하나님은 그들에게 벌칙을 선고하셨다. 그녀는 먼저 임신과 출산의 고통을 겪게 되었다. 그 때로부터 여성은 이 고통을 겪어야만 했다. 모든 동물이 암수가 있고 암컷이 알이나 새끼를 낳지만 여자가 겪는 고통 같은 큰 고통을 겪는 것 같지는 않다. 하와에게 내린 벌칙은 그 후 모든 여성이 치러야 하는 벌칙이었던 것이다. 육아는 남자남편가 도울 수 있는 일이지만 임신과 출산은 누구도 대신해줄 수 없는 일이기 때문이다. 이어서 하나님은 "너는 남편을 원하고 남편은 너를 다스릴 것이니라"창3:16고 하셨다. 이 말은 남성 우월론의 근거로 오해될 수도 있다. 그러나 이것은 서로 떨어질 수 없는 동반자 관계를 분명히 해준 말로 이해해야 한다. 하와는 흠잡을 데 없는 완벽하고 그 이후의 어떤 여자보다도 아름다웠던 여성이었을 것이다. 완전하신 하나님이 직접 만드셨기 때문이다. 아담과 하와는 어머니에게서 태어난 사람들이 아니라 하나님이 만드신 사람들이었던 것이다. 그래서 그들에게는 배꼽이 없었으리라는 상상까지 하는 사람들도 있다.

선악과 사건 이후 하와와 아담은 완벽한 하나님의 세계였던 에덴동산으로부터 추방되었다. 하나님과 완전한 교제를 나누며 완벽한 하나님의 세계를 함께 누리는 복을 뺏기고 만 것이다. 에덴동산이 어디였을까 찾아 헤매는 수고를 할 필요는 없다. 그것은 그런 지상낙원의 상태를 더 이상 누릴 수 없게 되었음을 의미하기 때문이다. 이제는 수고를 통해서만 생계문제를 해결하게 되었고 밤낮 하나님과 교제하며 누리는 기쁨을 누리지 못하게 된 것이다. 아담만 이마에 땀을 흘리는 벌을 받은 것이 아니라 하와도 함께 그 벌을 감내해야 하는 것이었다.

이제 그들은 자신들이 벌거벗고 있다는 것을 알게 되었고 무화과 잎을 엮어 치마로 삼았다.창3:7 아마 하와의 작품이었을 것이다. 선악을 분별하는 지식이 없던 때에는 벗고 지내는 것이 전혀 문제가 되지 않았던 것이지만 최초의 먹거리를 마련했던 하와가 최초의 입을거리도 만들었다고 할 수 있는 대목이다.

      하와가 아담과 가졌던 관계를 추측해보는 것도 흥미로운 일이다. 우선 선악과를 먹기 전 그들의 관계는 더할 수 없이 행복한 관계였을 것이다. 서로에게 불평을 쏟아내거나 불만을 말할 일은 없었고 함께 있는 것만으로도 행복했을 것이다. 거기에는 의견충돌, 경제문제, 자녀문제, 가정폭력 문제, 갈등 요소나 경쟁 요소, 그 어떤 것도 있을 수 없었다. 질병도 고통도 눈물도 없었다. 외로움이나 괴로움이 있을 수도 없었다. 그러나 그 열매를 먹고 나서는 그 조화롭던 관계에 금이 갔다. 그들의 눈이 밝아지니 서로가 벌거벗고 있는 것이 먼저 보여 무화과 잎을 엮어서라도 벗은 몸을 가려야 했다. 다른 사람은 아무도 없는데 서로에게 가리고 싶은 것이 생긴 것이다. 하나님이 왜 그 열매를 먹었느냐고 추궁할 때 그들은 그 책임을 서로의 탓으로 돌렸다. 이미 그 관계가 깨졌음을 의미하는 것이다.

      하와 자신의 실수로 그런 엄청난 일들이 빚어진 것을 보았을 때 그녀가 느꼈을 슬픔을 상상해볼 수도 있다. 되돌아갈 수 없는 에덴동산에서의 행복했던 순간들을 추억하고 지금의 처지를 생각할 때 느끼는 슬픔은 컸을 것이다. "이는 내 뼈 중의 뼈요 살 중의 살이라"창 2:23고 했던 아담이 하나님의 추궁을 받았을 때 "하나님이 주셔서 나와 함께 있게 하신 여자 그가 그 나무 열매를 내게 주므로 내가 먹었나이다" ^{창3:12}라고 책임전가를 하는 모습을 보고 느낀 배신감과 그녀의 남은 생애는 슬픔으로 점철되는 '여자의 일생'이었다고 해도 지나친 상상은 아닐 것이다. 두 아들 중에 신앙심 좋았던 아들은 비명횡사했으며, 다른 아들은 인류 최초의 살인자가 되었다. 에덴동산에서의 삶과 추방 후의 삶은 극명하게 갈렸고 고달팠다. 신약에서도 그녀에 관한 언급^{고후11:3; 딤전2:13-15}이 나오기는 하지만 그녀가 뱀의 유혹에 넘어갔었다는 이야기뿐이다.

성경은 그녀가 여러 자녀들을 낳았다고만 한다. 아담이 130세에 셋을 낳고 그 후 800년을 지내며 자녀를 낳다가 930세에 죽었다고 했으니^{창 5:4-5} 하와도 비슷한 연수의 생애를 누렸을 것이다.

002

가인의 아내

성경에 등장하는 두 번째 여인

◇ Cain, 뜻 : 얻음, 소유물
◇ 가인이 여호와 앞을 떠나서 에덴 동쪽 놋 땅에 거주하더니 아내와 동침하매 그가 임신하여 에녹을 낳은지라^{창:16-17}

가인의 아내 이름이 무엇인지, 그녀가 어떤 사람이었고 무엇을 했는지를 알 길은 없다. 분명한 것은 그녀가 가인의 누이 중의 하나였으리라는 것이다. 다른 사람들은 없었기 때문이다. 그녀는 성경에 등장하는 두 번째 여인이었다. 모세의 율법으로는 남매간의 결혼이 금지되어 있지만^{레18:9}, 그 법은 오랜 세월이 지난 후 땅 위에 사람들이 번성했을 때 주어진 법이다.

그녀가 언제 가인과 결혼했는지를 알 수는 없지만 가인이 아벨을 죽이기 전에 결혼하였고, 가인이 동생을 죽인 벌로 고향에서 쫓겨나 유랑생활을 할 때 그녀와 함께 했으리라고 짐작한다. 가인은 자기에게 주어진 벌을 지기가 매우 어렵다고 했는데, 그렇다면 그와 동행하는 아내의 짐도 그만큼 무거웠을 것이다. 때때로 자신의 죄가 아니라 다른 사람 특히 가족의 죄 짐을 함께 지고 감내해야 하는 경우를 보는데, 가인의 아내 역시 남편의 죄 짐을 함께 지고 갔다.

ОО3&ОО4

아다와 씰라

레멕의 두 아내

◇ Adah 뜻 : 장식, 아름다움| Zillah, 뜻 : 그늘
◇ 라멕이 두 아내를 맞이하였으니 하나의 이름은 아다요 하나의 이름은 씰
라였더라^{창4:19}

가인과 아벨

아다와 씰라는 라멕의 아내들이다.^{창4:19-24} 라멕은 가인의 후예로 두 아내를 둔 첫 인물로 성경에 등장한다. 이는 한 남자와 한 여자를 만드셔서 부부로 맺어주신 하나님의 뜻에 반하는 일이었다.^{창2:24} 그러나 그 두 여인들이 낳은 아들들은 인류의 문명 발전에 괄목할 만한 기여를 했다. 아다는 야발과 유발을 낳았는데 야발은 가축 치는 사람의 조상이 되었으니 축산업의 시조가 된다. 유발은 수금과 통소 잡는 자의 조상, 곧 음악을 창시한 인물이 되었다. 씰라는 두발가인이라는 아들을 두었는데 그는 구리와 쇠로 각종 기구를 만들었으니 공업의 시조라 할 만하다. 또 씰라는 나아마라는 딸을 낳았다. 그녀에 관한 더 이상의 언급은 없으나 그 이름에 '즐거운','사랑스러운'이라는 의미가 있고, 그 히브리어 어원은 '노래하다^{to sing}'에 연결되어 있으므로 노래 부르는 사람, 곧 성악의 조상이 되었을 것이라는 추론을 한다.

다음으로 '사람의 딸들'과 '하나님의 아들들'^{창6:1-2} 이야기가 뒤따른다. 하나님의 아들들이 사람의 딸들의 아름다움에 끌려 그들과 결혼했다는 기록이다. 이들은 어떤 사람들을 가리키는 것일까? 다양한 해석과 설명들이 있어왔다. 일부 학자들은 경건한 셋의 후손들이 가인

후손의 여성들과 결혼한 것이라고 설명한다. 그러나 양자가 모두 타락한 아담의 자손들이 아닌가. 또 이들에게서 장부^{丈夫, 네피림}가 나왔다고 했지만 그 말의 정확한 의미를 알 수는 없다. 단지 보통 사람들과 다른 특별한 육체적 특성을 지녔던 사람들을 의미할 것이라고 추정할 뿐이다. 욥기에도 하나님의 아들들이라는 말이 나오지만^{욥1:6,2:1} 거기에서는 사람^{남자}이 아니라 하나님의 천사들을 의미하고 있음이 분명하다.

005&006 노아의 어머니와 아내

이웃들로부터 오랫동안 외로웠을 여인들

◇ Noah, 뜻 : 위로
◇ 노아는 아들들과 아내와 며느리들과 함께 홍수를 피하여 방주에 들어갔고[창7:7]

노아의 방주에서 내보낸 비둘기

창세기에서 이어지는 이야기는 노아 홍수 이 야기이다.[창 6-9장] 사람은 물론 땅 위에 번성하 던 모든 생물이 멸절되는 대참사 이야기다. 여기에서 살아남은 사람은 노아의 여덟 식구 였다. 노아 부부와 세 아들[셈, 함, 야벳] 부부들이 었다. 남자 넷, 여자 넷이었지만 성경에는 여 자들 이야기는 생략되고 없다. 노아는 의인이 었고 당대에 완전한 사람이었다. 노아가 그런 훌륭한 신앙인으로 살게 된 데에는 그 어머니의 역할을 결코 간과할 수 없을 것이다. 그러나 이름도 모르고 어떤 성품을 가지고 어떤 삶을 산 여인이었는지를 알 수는 없다.

노아의 아내와 며느리들에 관해서도 마찬가지이다. 그들이 어 떤 사람들이었고 어떤 성품을 가졌는지에 대한 언급이 전혀 없어서다. 그러나 그 여인들이 당시의 주변 사람들처럼 타락한 성품을 가지고 살 았다고 말할 수는 없다. 노아가 거대한 규모[길이 135미터, 너비 22.5미터, 높이 13.5 미터의 3층짜리]의 방주를 건조한 기간을 알 수 없으나 엄청난 시일이 소요 되었다는 것은 충분히 추론할 수 있다. 적어도 수십 년은 걸렸을 것이 며 특별한 기계도 없던 시대에 그 많은 나무를 벌목하여 일정한 자리 로 옮겨다가 재목으로 만들어 거대한 배를 건조하는 일을 노아 혼자서 감당했을 수는 없다. 많은 인부들을 고용했을 것이고, 가산을 모두 날릴 만큼 상당한 비용도 들었을 것이다. 이런 일에 그 가족들의 도움은 절대적이었을 것이다. 일을 하는 사람들의 식사준비는 어떻게 했을까? 여인들의 역할을 결코 간과해버릴 문제는 아니다. 그리고 하와가 인류의 어머니였던 것과 같이 이 여인들이 다시 번성한 인류의 어머니들이었다는 것을 잊어서는 안 된다. 그런데도 성경은 그들의 이름을 알려주지 않는다. 노아가 그 일을 할 때 주변의 사람들은 조소와 조롱을 일삼았을 것이고 그 여인들도 그런 와중에서 엄청난 스트레스에 시달렸을 것이다.

제2장

족장시대의
여성들

OO7

사라사래

이스라엘의 최상위 어머니

◇ Sarah, 뜻:공주
◇ 사라가 임신하고 하나님이 말씀하신 시기가 되어 노년의 아브라함에게
  아들을 낳으니창21:2

믿음을 시험당하는 아브라함

족장 시대에 처음으로 등장하는 여인은 아브라함의 아내 사라이다. 사라라는 이름은 히브리어 어원에 따르면 공주 또는 왕비를 의미하는 말에서 유래되었다. 사래는 사라의 좀 더 옛스러운 표현이다. 하와가 인류의 어머니였다면 사라는 선민 이스라엘의 최상위 어머니였다. 그녀는 아브라함의 이복누이로 아브라함과 그들의 고향 갈대아 지방의 우르현재의 이라크 남부 지역에서 결혼했다.[4] 당시는 혈통의 유지를 위해서 근친결혼이 성행하던 시대였다.

당시 세계 문명의 중심지 중 하나였던 도시에서 그들에게 가나안을 향해 가라는 하나님의 명령이 떨어졌다.창12:1 그들 부부는 묻지도 따지지도 않고 그 명령에 순종했다. 일반적으로 그런 모험의 길을 떠나려고 하면 아내가 반대하고 나설 수도 있다. 그러나 성경에 그런 흔적은 없다. 그 길에서도 사라는 남편의 뒤를 묵묵히 따랐다. 호화롭고 안락한 삶을 포기하고 친척들과 친구들을 뒤로 하고 하나님의 약

----

4) 후일에 모세의 율법에서는 근친혼을 엄격히 금지했다. 우리나라의 경우에도 족장시대와 동시대인 신라시대에 성골聖骨이나 진골眞骨이라는 골품제도를 통해 왕가의 혈통을 유지했다.

속 하나만 믿고 떠난 길이었다. 추정되는 그 때 사라의 나이는 60대 초반이다. 현재의 수명으로 추산하면 40대 초 정도이니 여성으로서 안정된 삶을 추구하는 시기라고 한다면 그 길이 쉬운 길은 아니었을 것이다. 그들은 유프라테스 강을 따라 북쪽으로 올라가 지금의 터기 동부 지역에 있던 하란에 가서 얼마간 머물렀다. 그리고 다시 하나님의 지시를 따라 남쪽으로 내려가 가나안 땅에 자리를 잡았다. 어쨌든 일생동안 복의 근원으로서의 아브라함이 하나님의 뜻에 순종하여 성공적인 삶을 살아가는데 비록 명시되어 표현되지는 않았다고 하더라도 사라의 협력과 역할은 결코 과소평가 될 수 없다.

결혼은 했으나 사라에게는 아이가 없었다. 현대에는 불임의 원인이 누구에게 있는지 밝혀볼 수도 있지만, 오랜 옛날[B.C.2000~2100년 경]은 불임이 여성의 수치로 받아들여지던 사회였다. 또 사라가 살던 시대에 남편에게 아들을 안겨주는 것은 아내의 특권이면서 의무였다. 그 후손이 번성하여 큰 민족을 이룰 것이라는 하나님의 약속을 믿고 기다렸는데 세월은 흐르고, 이제 일말의 기대마저 포기하기에 이르자 사라도 당시의 관습을 따라 여종 하갈이라는 애굽 여인을 통해 아들을 낳게 하여 남편에게 자기 의무를 다할 생각을 했다. 여인으로서 자기의 남편을 다른 여인에게 스스로 내주는 것은 엄청난 양보와 희생정신에서 나온 결단이었다. 아브라함도 그런 아내의 제안을 그대로 따랐다. 그 역시 하나님의 계획을 기다리지 못하고 아내의 말을 들은 것이다. 그렇게 해서 이스마엘이 태어났고, 이것은 오늘까지도 이스라엘과 아랍의 갈등의 불씨를 마련해준 결과를 빚었다.

그러나 하나님의 약속은 결국 사라를 통해서 이루어졌다. 90세의 나이에 사라가 아들[이삭]을 낳은 것이다. 과학적으로 설명하기 어려운 일이었다. 하나님께서는 과학을 초월해서 역사하신다. 사라도 처음에는 그 약속을 쉽게 받아들일 수 없었으나 곧 믿음으로 받아들여 아브라함과 함께 믿음의 조상이 될 수 있었다.^{창17:16;18:10-15;히11:11} 여성으로서 가임시기가 훨씬 지난 뒤에도 하나님은 그녀의 믿음을 받아들이심으로 사라는 아들을 낳을 수 있었다.

사라의 삶에서도 흠결은 있다. 60대의 나이에도 뛰어난 미모를 그대로 지니고 있었던 그녀는 먼저 애굽 왕 앞에서와 블레셋 왕 앞에서 거짓말을 했다. 아브라함의 아내가 아니라 누이라고 하라는 남편의 청에 동의하여 부부간이라는 사실을 숨긴 것이다. 그러나 그들의 과오에도 불구, 그들은 추궁받지 않고 그 곤경에서 벗어났다.^{창12:17;20:3,6-7} 사라에게 또 하나의 흠결이 있다면 그것은 하갈에 대한 태도에서 유추할수 있다. 스스로 남편에게 권해서 남편의 아들을 임신한 하갈의 태도가 불손해지자 그녀를 학대하고 도망하도록 했다. 이삭을 낳은 후에는 결국 하갈과 그 아들 이스마엘이 집에서 쫓겨나도록 했다. 여인으로서의 질투심을 그대로 드러낸 것이었다. 성경은 훌륭한 신앙인들의 아름다운 행적들만 기록하고 있는 것이 아니라 그 흠결들도 그대로 기록하여 전해준다. 훌륭한 신앙인이라도 때로 실수하고 죄를 범하기도 하지만 하나님은 자비로운 분이시라는 진리를 보여주는 대목이다.

창세기는 선조들이 얼마나 오래 살았는지를 보여준다. 그러나 그것은 모두 남자 주심의 족보이야기에서다. 여성으로는 유일하게 사라만 그가 땅위에서 몇 년을 향수 했는지를 밝힌다. 사라의 향년은 127세였다. 그녀는 아브라함과의 오랜 결혼생활 후에 남편보다 먼저 눈을 감았다. 175년을 산 아브라함은 아내 사라의 사후에도 48년을 더 살았다. 사라의 장례는 남편과 37세 된 늦둥이 아들 이삭이 잘 치러 주었다. 아들은 미혼이었다. 장지는 남편이 사서 가족의 묘지로 삼은 막벨라 굴이었다. 당시 그들의 장례법은 매장이 아니라 동굴 안에 시신을 안치하는 것이었다.

008
하갈

여주인에 순복하고 하나님께 순종한 여인

◇ Hagar, 뜻 : 도망
◇ 하갈이 아브람의 아들을 낳으매 아브람이 하갈이 낳은 그 아들을 이름하여 이스마엘이라 하였더라 **창16:9**

쫓겨나는 하갈과 이스마엘

하갈은 애굽 사람으로 아브라함 집의 여종이었다. 하갈이 어떻게 아브라함의 집에 들오게 되었는지는 알 수 없다. 그 부모가 가난때문에 딸을 종으로 팔아넘겼을 가능성이 가장 크다. 당시에는 전쟁 포로로 잡혀가서 종이 된 사람들과 돈 때문에 팔려가서 종이 된 사람들이 있었지만 전자는 대체로 남자들이 많았고 후자는 여자들이 많았다. 하갈도 후자의 경우였으리라 추측할 뿐이다. 하갈의 경우 약탈자들이 애굽에 있는 하갈 부모의 집을 습격하여 약탈할 때 하갈을 잡아와서 종으로 팔아넘겼을 수 있다. 그런 하갈을 아브라함이 아내 사라를 위해 사서 아내의 시중을 들게 했을 것이다.

어느 정도의 기간 동안 여주인과 여종은 상당히 좋은 관계였다. 그런 상황에서 아기를 낳지 못한 사라는 아들을 얻기 위해 당시의 관습에 따라 그 여종을 아브라함에게 보냈다. 하갈이 대리모가 된 셈이다. 이런 경우 그 아들은 주인의 아들이 되었다. 하갈은 그런 조치에 거부할 수 있는 길이 없었다. 주인의 명을 따를 수밖에 없는 형편이었다. 그러나 하갈은 자신이 주인 아브라함의 아기를 임신하자 그 여주인을 대하는 태도를 바꿨다. 표정관리를 바로 하지 못하고 그 속내를 드러낸 것이다. 아기 낳지 못하는 여주인을 멸시하게 되었기 때문이다. 사라는 화가 났고 사정을 남편에게 털어놓았다. 그러자 아브라함은 하갈이 여전히 사라의 여종이며 신분에 변화가 없다는 사실을 일깨워주었고, 사라는 그 여종을 학대함으로 하갈이 도망할 수밖에 없도록 만들었다. 갈 곳이 마땅치 않았던 하갈은 자기 고향이 있는 남쪽으로 발길을 돌려 남방 광야^{Negev}로 들어갔다.

하갈이 하나님^{그의 사자}을 직접 만난 것이 거기에서였다. 하나님이 사자^{천사}의 모습으로 나타나신 것은 하갈에게서가 처음이다. 아담 이래로 그는 어떤 형상이 아니라 말씀으로 그의 사람들에게 나타나 메시지를 전했는데, 사자의 모습으로 그의 입을 통해 메시지가 전해진 것이다. 아직 하나님에 대해 많은 것을 모르는 그녀를 위한 배려였다. 아브라함의 집에 있을 때 주인이 하나님을 섬기는 것을 보았지만 그녀가 직접 그를 만나 지시를 받은 것은 처음이었다. 사자는 돌아가서 그 여주인에게 순복하라고 했다. 덧붙여서 하나의 놀라운 약속을 전하는데, 아들을 낳게 될 것이고 그를 통해 그 후손이 크게 번성한다는 것이었다. 그녀로서는 역시 다른 대응의 길이 없었고 돌아갈 수밖에 없었다. 그리고 그녀는 때가 되어 아들 이스마엘을 낳았다. 아들은 장성하여 광야에 살면서 활 쏘는 사람이 되었으니 무력으로 땅을 개척하는 사람이 되었다. 하갈은 아들을 위해 자기 고국 애굽 출신의 여인을 구해 가정을 이룰 수 있게 했다.

하갈은 일생 동안 매우 힘든 삶을 살았다. 낯선 외국에 팔려가서 종살이를 하다가 주인을 위해서 씨받이 여인이 되었으나 남편의 사랑은 받아보지 못하면서 여주인의 학대를 감내하며 살다가 아들과 함께 추방되었다. 그리고 아들이 장성하여 일가를 이루기까지 정말 힘든 삶을 살았다. 하갈은 아브라함의 집에서 그들의 믿음생활을 보고 신앙을 본받았을 것으로 보인다. 그녀는 큰 잘못을 행하지는 않고 하나님의 말씀에 순종하였던 여인이었다.

009

그두라

◇ Keturah, 뜻 : 향기로운 것
◇ 아브라함이 후처를 맞이하였으니 그의 이름은 그두라라 창25:1

그두라는 아브라함의 셋째 부인이었다. 그녀가 어떤 여인이었는지, 언제 아브라함과 부부가 되었는지는 알 수 없다. 하갈이 추방된 후 사라 생전에 여종들 중 한 명인 그녀를 셋째 부인으로 맞았다는 설명과, 사라가 죽고 아들 이삭도 아내를 맞았지만 노년의 아브라함이 젊은 여인을 구해 아내로 삼았으리라는 설명이 있다. 일부다처가 일반화되어 있던 당시의 문화로 보면 전자가 좀 더 무게를 가지는 설명이다.

그두라는 아브라함과의 사이에서 여섯 아들 시므란, 욕산, 므단, 미디안, 이스박, 수아을 낳았다. 그녀의 여섯 아들은 모두 가나안 땅의 동방이나 남방 민족들의 조상이 되었다. 그 피는 지금까지 아랍 사람들의 몸 속에 흐르고 있다.

010&011　　　　　롯의 아내와 두 딸

세속적 그리스도인들의 표본

◇ Lot, 뜻 : 가리웠다
◇ 롯의 아내는 뒤를 돌아보았으므로 소금 기둥이 되었더라^{창19:26}

불타는 소돔에서 도망치는 롯

롯은 아브라함이 하란에서 가나안으로 이주할 때 그와 함께 와서 요단강 동쪽 비옥한 땅에 정착했던 아브라함의 조카다. 그는 하나님으로부터 의롭다고 인정을 받았으나^{벧후2:7} 죄와 악에 물들어 있는 주위 사람들에게 의로운 영향력을 미치지 못했던 인물이다. 그러다가 그가 거주하던 소돔과 고모라 성이 하나님 앞에 죄악을 너무 크게 저질러 멸망하게 되었는데, 하나님은 롯과 그의 아내와 두 딸을 구원하신다. 성경은 세 여인에 관해 자세히 설명하지 않는다. 그들의 이름도 밝히지 않았다. 하나님이 보내신 사자^{천사}들은 롯과 그의 가족들에게 소돔과 그 인근 도시들이 멸망할 때 그곳을 되돌아보지 말고 탈출하라고 경고했다. 그러나 롯의 아내는 그 경고에 순종하지 않았다. 그 결과 소금이 섞인 유황과 불덩이들이 비같이 쏟아질 때 그 한 덩어리가 그녀 위에 떨어져 덮이면서 그 자리에서 그녀는 소금기둥이 되고 말았다.

　　　그녀는 왜 돌아보았을까? 천사들의 손에 이끌려 도망을 치다가 소돔에서 누렸던 많은 부와 소유물들, 거기에서 즐겼던 향락들이 머리를 스치지 않았을까. 그러나 하나님의 명령에 대한 불순종은 그대로 파멸을 낳았다. 창세기에서 짧은 한절^{19:26}로 이야기된 그녀에 관한 이야기는 그녀를 세계에서 가장 잘 알려진 인물의 대열에 서게 했다. 예수도 먹고 마시고 이 세상의 것들만을 위해 살고 있는 사람들에 대한 경고로 그의 재림을 설명하면서 "롯의 처를 기억하라"눅17:32며 당시 상황을 상기시키고 그 날을 대비하도록 가르쳤다. 이 세상에 미련을 버리지 못하는 사람들의 대표 사례로 롯의 아내를 삼은 것이다. 롯이 아브라함에게 땅의 선택권을 양보하지 않고 평지의 비옥한 땅을 차지한 것도 그 아내의 세상적인 성향이 어느 정도 반영된 것이라고 보는 견해도 있다. 이들의 이야기는 오늘의 그리스도인들에게도 시사하는 바가 크다. 세상에 대한 미련이나 집착을 버리라는 경고이기도 하다. 이 세상에서 살아가지만 이 세상에 빠져 허우적대며 살지는 말아야 하는 것이다. We live in the world, but not of the world.

롯의 두 딸에 대해서도 성경이 제공하는 정보는 많지 않다. 그들은 소돔에서 그곳의 청년들과 결혼을 앞두고 있었다. 그 청년들은 소돔 성에서 유력한 집안의 출신이었을 것이다. 롯이 부유한 유력 인사였기 때문이다. 그래서였을까, 그들은 함께 도망하자고 하는 롯의 권유를 거절했다. 소돔의 번영과 향락에 취해 있었고 아내에 대한 사랑도 피상적이었을 것이다. 배우자가 떠나간다는데도 따라나서지도 붙잡지도 않았다. 롯의 아내의 경우에서도 보여지듯 롯의 딸들이 신앙적으로나 도덕적으로 바르게 양육되었다고 보기는 어렵다.

딸들은 자기 어머니를 보고 배운다고 한다. 당시의 풍속으로는 한 번 결혼하기로 약속한 사람이 있는 경우 다른 남자와 결혼해서는 안 되었기 때문에 그들은 결혼을 포기하고 아버지를 통해 후손을 얻으려는 계획을 세운다. 그리고 그대로 수행했다. 결국 그 딸들은 아버지를 술에 취하게 하여 아버지와의 관계를 통해 부도덕한 방법으로 아기를 갖게 된다. 소돔의 타락한 문화에서 벗어나지 못했던 것이다. 소돔 사람들의 죄는 무엇보다도 성적인 죄가 컸다. 동성애가 성행했고, 성도덕이 무너졌던 도시에서 그 딸들도 그렇게 하는 것이 옳지 않은 행위라는 것을 알았지만 아버지가 술에 취해 있을 때 판단력을 잃게 한 뒤 일을 벌였다. 롯의 딸들이 임신하여 각기 낳은 아들은 훗날에 이스라엘을 괴롭혔던 모압족속과 암몬족속의 조상이 된다.

자녀들은 부모의 그림자를 보고 배운다고 한다. 롯의 아내뿐 아니라 롯도 딸들 교육의 실패자라는 책임에서 벗어날 수 없다. 근본적으로 롯이 정착지를 선택할 때 세상적인 기준에 따라 인간적인 문화가 번성함으로 죄악이 성행하는 소돔을 택한 것이 문제의 근원이었다. 딸들이 가진 문제의 근본은 세상적인 소망이 끊어졌다고 희망의 끈을 놓아버린 것이다.

012 리브가

족장시대 가부장사회에서 보기드물게 독립적이었던 여성

◇ Rebecca, 뜻 : 그물, 끈
◇ 이삭은 사십 세에 리브가를 맞이하여 아내를 삼았으니 리브가는 밧단 아람의 아람 족속 중 브두엘의 딸이요 아람 족속 중 라반의 누이였더라^{창25:20}

이삭의 신붓감을 찾는 아브라함의 종

리브가의 이름은 아브라함의 형제 나홀의 계보를 이야기하는 곳에서 처음 등장한다. 아브라함과 나홀 두 형제는 아버지 데라와 함께 고향 갈대아의 우르 지방을 떠나 유프라테스 강 상류로 올라와서 현재의 터키 동부에 위치한 하란에 도착했다. 그러나 거기에서 형제는 헤어졌다. 아브라함은 하나님의 명을 따라 가나안 지방으로 내려왔고 나홀은 그곳 하란에 정착한 것이다. 리브가는 그 나홀의 손녀다. 그녀의 아버지는 브두엘이었고 그 오라버니는 라반이었다. 아브라함은 그의 형제 나홀의 자녀와 손자들에 대한 소식을 듣고 100세에 얻은 아들을 위하여 그의 며느리감을 그 형제의 자녀 중에서 택하기로 한다.

리브가의 결혼 이야기는 창세기에서 가장 긴 장인 24장에서 자세히 서술되어 있다. 혈통의 순수성을 지키기 위해서 근친혼은 계속되었다. 아브라함은 충성스러운 늙은 종 엘리에셀에게 집안의 중대사인 며느리 감을 찾아 데려오는 일을 맡겨 형제 나홀의 집을 찾아가게 했다. 리브가는 그 종이 주인의 며느리 감으로 검증해보는 시험에서 그 종에게 과분할 정도의 친절을 베풂으로써 무사히 통과됐다. 그리고 그 우물가의 만남에 이어 그 종의 일행을 자기 집으로 안내하여 유숙하게 함으로써 하나님이 정해주신 이삭의 아내 감으로서의 절차를 밟아간다. 결과적으로 그 종의 안내를 받아 남편이 될 이삭에게로 가게 되었고 그와 결혼한다. 이삭의 아내가 된 그녀는 하나님의 복을 받은 집안의 혈통을 이어가는 징검다리로서의 역할을 다 했다.

그녀는 남편과 깊은 사랑을 나누며 살았으나 결혼 후 20년이 지나도록 아이가 없었다. 기도의 사람인 남편 이삭은 아내 리브가의 아기를 구하는 기도를 했고 결국 그녀는 쌍둥이 아들을 낳게 되었다. 사라에 이어 리브가도 어렵게 아들을 낳았다. 불임의 여인이 기도의 결과로 아들을 얻게 되는 이야기는 그 후에도 사무엘의 어머니인 한나와 세례요한의 어머니 엘리사벳 이야기로 이어진다.

그리고 아기를 낳기도 전에 리브가는 계시를 통해 둘 중에 늦게 태어나는 아이가 하나님의 축복의 혈통을 이어갈 것이라는 사실도 알게 된다. 하나님이 남편 이삭에게 그 사실을 알려주신 것이 아니라 그의 아내 리브가에게 알려주셨다는 것도 상고해볼 만한 일이다.

이들 부부에게도 그들 부모의 실수가 재연되었다. 기근을 피해 블레셋 왕 아비멜렉에게로 갔을 때 그들이 부부라는 사실을 감추고 남매간이라고 거짓말을 한 것이다. 물론 사라는 블레셋 왕 아비멜렉의 궁에 끌려가서 잠자리에까지 들어갔던 것과는 달리 리브가는 그 정도의 곤욕을 치르지는 않고 위기에서 벗어났다. 또 사라는 자신이 불임이므로 아들을 얻기 위해 그 여종_{하갈}을 남편에게 주는 등의 인간적인 노력을 기울였던 것과 달리 리브가는 남편의 기도로 태중에 아기를 가졌을 때 하나님께 물어보는 신앙인의 모습을 보여준다.^{창25:21-23} 그리하여 하나님이 작은 아들의 혈통을 통해 아브라함에게서 시작되는 복의 계보가 이어지리라는 계시의 말씀도 들었다.

리브가 이야기는 그녀의 두 아들 이야기와 함께 이어진다. 그녀는 계시를 통해 전해들은, 작은 아들 야곱이 그 복의 혈통을 이어가게 하려고 야곱과 공모한다. 늙어 눈이 어두운 남편 이삭을 속이고 아들에게 해주는 마지막 축복기도를 에서로부터 가로챈 것이다. 하나님의 계획성취를 가만히 기다리지 못하고 인간적인 방법을 동원했을 뿐더러, 가만히 서서 하나님께서 하시는 일을 기다리는 지혜가 필요한 순간에**출14:13** 리브가는 조급한 인간의 마음을 드러냈다. 여파는 컸다. 리브가는 이후 평생을 사랑하는 아들 야곱과 헤어져서 얼굴 한번 못보고 지내는 슬픔을 안고 살아야 했다. 리브가가 얼마나 오래 살았는지 모르므로 야곱을 다시 만날 수 있었는지에 대해서도 알 수 없다.

리브가를 살피면서 눈여겨볼 대목은, 가부장적 문화를 반영하는 족장 시대의 남성중심의 사회에서 그녀의 적극적인 면면이다. 남편 이삭이 소극적인 성품의 소유자였다면 아내 리브가는 적극적인 성품을 가진 여성이었다. 처음 등장하는 우물가에서의 태도나 야곱을 향한 사랑의 표현에서도 읽을 수 있다. 이삭은 조용하고 소극적인 성품의 소유자로, 필요하다면 무엇이든 양보하고 하나님 앞에서 묵상에 잠기곤 하는 사람이었던 반면 리브가는 적극적인 성품의 사람이었다.

013&014   라헬과 레아

같은 남편을 둔 경쟁자 자매

◇ Rachel, 뜻 : 암양 | Leah, 뜻 : 암소
◇ 야곱이 또한 라헬에게로 들어갔고 그가 레아보다 라헬을 더 사랑하여 다시
칠 년 동안 라반을 섬겼더라^{창29:30}

라반의 가축을 돌보는 야곱

라헬과 레아는 친 자매로 리브가의 오라비이
자 야곱의 외삼촌인 라반의 딸들이었다. 그
러니까 야곱의 외사촌 누이들로 그의 아내들
이 되었다. 그 둘의 삶은 결코 따로 떼어 생
각할 수 없을 만큼 얽혀 있다. 형의 축복권을
빼앗은 야곱은 형 에서가 두려워서, 그리고
외삼촌의 딸들 중에서 아내를 맞을 목적으
로 외갓집이 있는 하란으로 간다. 그때 성 밖
우물가에서 양치는 목자들을 만났다. 그 우물은 그의 어머니 리브가가
아버지 이삭의 신부감을 구하러 온 늙은 종과 그 낙타들에게 물을 길
러 먹였던 그 우물이었을 가능성이 크다. 야곱은 거기에서 양치기 처
녀로 일하던 라헬을 처음으로 만났고 첫눈에 그녀와 사랑에 빠졌다.
라헬은 미모가 빼어났고 언니 레아보다 훨씬 매력적이었다. 반면 언니
인 레아는 매력적인 미모도 아니었고 시력까지 나빠 생활에 불편을 느
낄 정도였다.

하란에 맨 손으로 와서 결혼을 하고 싶었지만 결혼 지참금을
마련할 길이 없었던 야곱은, 7년 동안 외삼촌의 양을 치는 일을 보수
없이 하겠다고 약속하고 라헬과의 결혼 승낙을 받아낸다. 그것을 금액
으로 환산한다면 상당한 액수였을 것이다. 두 남녀는 7년을 며칠같이

37

여길 정도로 사랑에 빠져 그 세월은 쏜살 같이 흘러갔다. 약속한 7년이 채워졌을 때 야곱은 설레는 마음으로 결혼 첫날밤을 보냈다. 그러나 아침에 그는 옆에 누운 여자가 사랑하던 라헬이 아니라 그 언니 레아임을 알았다. 외삼촌이 당시의 관습을 핑계로 신부를 바꾸어 들여보냈던 것이다. 결국 관습에 따라 정식 혼인으로 인정되는 7일의 기간이 끝나고 나서 라헬도 야곱의 아내가 될 수 있었다. 다시 7년간의 양치기 생활을 하는 조건이었다. 라반으로서는 결함을 가지고 있는 큰 딸 레아의 결혼 문제까지 해결할 수 있었으니 근심거리 하나를 해결한 것이었다.

하나님의 법은 처음부터 한 남자와 한 여자가 만나 한 가정을 이루는 것이었으나 성경의 많은 곳에서 일부다처제가 일반적으로 성행했음을 볼 수 있다. 고대 사회의 일부다처一夫多妻 상황에서는 첫째 부인의 자리를 누가 차지하는 것이 중요한 문제였다. 야곱은 라헬과 레아 이외에도 그녀들의 여종들인 빌하와 실바를 통해서도 자녀를 낳았다. 그러나 그 여종들이 정식 부인의 자리를 차지한 것은 아니다. 그들의 신분은 여전히 종이었다. 그렇다면 라헬과 레아 중의 누가 첫째 부인의 자리를 차지했을까? 물론 레아가 먼저 결혼한 첫째 아내였지만 남편의 사랑은 라헬에게 기울어져 있었다. 따라서 두 자매 모두가 첫째 부인의 자리를 누렸고 둘 사이에는 상하관계가 없었던 셈이다.

두 자매 사이에는 또 다른 문제가 있었는데 자녀 문제였다. 레아는 아들들을 쉽게 낳았지만 남편에게 사랑을 받았던 라헬은 사라와 리브가처럼 상당 기간 동안 불임이었다. 성경은 레아가 사랑받지 못하는 것을 보신 하나님께서 그녀의 태를 여셨다창29:31고 기록하고 있다. 레아는 결국 여섯 아들을 낳아 기르는 기쁨을 누렸고, 질투심이 발동한 라헬은 그에게 여종을 남편에게 주어 두 아들을 낳게 했다. 이에 레아도 여종을 통해 두 아들을 낳게 했다. 라헬은 불임의 시기를 보낸 후에 결국 두 아들을 낳았다, 레아는 이스라엘의 열두 지파 중에 여섯 지파의 조상이 되는 복을 누렸고, 라헬은 비록 자기 눈으로 보지는 못했으나 야곱의 온 집안과 뭇 백성을 기근으로부터 구해내는 요셉의 어머니가 되는 복을 누린 셈이다. 하나님의 방법은 언제나 공평하시다. 라헬이 그녀의 두 번째 아들 베냐민을 출산한 것은 야곱을 따라 가나안 땅으로 돌아오는 길에서였고, 난산이었다. 결국 아기는 살았으나 산모는 죽고 말았다. 그래서 그곳에 묻힐 수밖에 없었는데, 후일에 아브라함이 마련해둔 가족 묘지에 묻히는 복은 레아에게로 돌아갔다. 예수 그리스도 역시 레아의 혈통^{유다 지파}에서 나왔다.

철저히 경쟁상대로 살았던 두 자매가 의기투합했던 때도 있었다. 야곱이 20년간의 처가살이를 끝내고 외삼촌 라반 몰래 자기에게 속한 모든 것을 이끌고 귀향길에 오를 때였다. 두 자매는 그 사실을 그 아버지에게 숨기고 떠나는 일을 알고도 눈감았다. 그녀들은 아버지가 남편을 결혼지참금 명목으로 너무 오래 노동 착취를 한 것을 두고 분노하고 있었을지도 모르겠다.

　　거기다가 라헬은 그 아버지가 소중하게 여기는 드라빔^{家神像}을 훔쳐 나오기까지 했다. 이를 통해 당시의 사람들이 어느 정도로 우상 숭배 사상에 젖어 있었는지 알 수 있는데, 독실하지는 않았다 하더라도 하나님을 알고 섬긴 사람이었을 라반조차 가신상을 가지고 있었다는 건 일종의 숭배를 했다고 볼 수 있다. 동서를 막론하고 고대인들은 수많은 신들을 믿으면서 나무나 돌 등으로 신상을 빚어 일종의 수호신으로 섬겼다. 그런 문화적 상황에서 아브라함과 이삭과 야곱 집안에서 유일신 하나님만을 섬긴 일은 주목해야 할 일이다.

　　라헬이 아버지의 신상을 훔친 것을 두고 그것을 섬길 목적이었다고 볼 만한 근거는 없다. 유산 상속을 보장하는 집안의 귀한 보물 정도로 생각했으리라는 추론이 더 설득을 얻는다. 그러나 라헬은 그런 권익을 전혀 누리지 못했다. 그녀가 남편에게도 이 사실을 알리지 않아서 간접 저주를 받아서다. 신상을 찾는 장인에게 야곱이 그 "신을 누구에게서 찾든지 그는 살지 못할 것"창31:32이라고 맹세하는 말을 했기 때문이다. 모른 척 하고 있었을 라헬은 평생 그 말 때문에 마음을 조리며 살았을 것이다. 후일 그것은 야곱이 집안사람들이 가진 모든 이방 신상들을 묻을 때 함께 처리되었다.창35:4

015&016

빌하와 실바

라헬과 레아의 여종들이자 이스라엘 민족 형성에 몫을 한 여인들

◇ Rachel, 뜻 : 암양 | Leah, 뜻 : 암소
◇ 야곱이 또한 라헬에게로 들어갔고 그가 레아보다 라헬을 더 사랑하여 다시 칠 년 동안 라반을 섬겼더라^{창29:30}

빌하와 실바는 레아와 라헬이 야곱과 결혼할 때 그 아버지 라반이 그 딸들을 섬기도록 보낸 여종들이다. 그들의 이름은 성경에 남아 있지만 그들에 관한 다른 정보는 거의 없다. 그들은 여주인들이 결혼하기 전부터 그 집안에 속한 여종들이었을 것이다. 나이도 그 주인들보다 더 많았으리라고 추정된다. 라헬이 양치기 소녀로 들로 내보내질 때도 그 여종들도 함께 보내졌을 것이다. 그리고 결국 라반은 그 딸들에게 결혼선물로 그 여종들을 주었을 것이다. 그들의 삶은 그 본래 주인과 딸들의 결정에 종속되어 있었다. 주인이 바뀌었어도 종이라는 신분이 바뀐 것도 아니다.

그들은 주인의 필요에 따라 주인의 남편에게 보내지기도 했다. 각각 아들 둘씩을 낳았고, 결과적으로는 이스라엘 민족 형성에 한 몫을 했다. 그러나 권한은 없었다. 그 아들들도 자신들이 섬기는 주인들의 아들이었다. 그러나 다른 한 편으로 그들의 신변의 안전은 남자주인 아래 있는 것보다 더 안전했을 수 있었다. 당시 문화에서 보면 남자주인 아래 있는 여종은 흔히 성적 노리개가 되고, 때로는 다른 사람들의 성적 노리개로 전락할 수도 있었는데 여주인 아래 있으면 주인의 허락 없이 다른 남자가 쉽게 접근할 수 없었기 때문이다. 그들은 일평생 부모의 사랑, 남편의 사랑은 물론 아들의 사랑도 받아보지 못한 불행한 일생을 산 사람들이었다.

하갈이 자신의 임신과 출산으로 그 여주인 사라와 상당한 갈
등을 겪은 것과는 달리 빌하와 실바는 비슷한 상황에서 레아와 라헬에
게 순응을 잘했던 것으로 보인다. 비록 사랑 받는 삶은 아니었지만 여
주인과 큰 문제없이 여생을 보냈다. 가나안 땅으로 이주할 때까지 함
께했으며, 야곱이 에서를 만날 때 그들도 그 아들들을 낳은 아내들로
소개되었다. 빌하의 경우 레아가 낳은 맏아들 르우벤이 그녀와 성관계
를 하는 불륜을 저지르는 일에 연루되었으나 그 책임은 르우벤에게 더
크게 있었던 것 같다. 후일에 가서도 그녀에게는 책임추궁을 하지 않
았지만, 야곱이 죽음을 앞두고 르우벤에게는 그 책임을 물어 장자권을
뺏았았다. 창35:22;49:3-4,8

017

디나

야곱의 독녀

◇ Dinah, 뜻 : 심판
◇ 그 후에 그가 딸을 낳고 그의 이름을 디나라 하였더라^{창30:21}

야곱의 네 여인이 낳은 자녀들 가운데 딸은 유일하게 레아가 여섯 아들을 낳은 후에 낳은 디나 이야기만 성경에 등장한다. 아마 귀염둥이로 자라면서 부모보다는 오빠들의 사랑을 독차지하며 발랄하게 자랐을 것이다. 야곱의 집안이 가나안 땅으로 이주해왔을 때 디나는 결혼 적령기보다 아래의 아름다운 처녀였다. 그 가족이 세겜성 가까운 곳에 얼마간 머무는 동안에, 디나는 같이 놀 친구를 찾아보려고 외출을 했다. 남자들만 북적대는 집안에서 벗어나 함께 수다를 떨며 놀 친구가 절실했을 것이다. 그러나 그 성읍 가까이 갔을 때 한 청년 남자, 세겜에게 겁탈을 당하는 사고가 발생했다. 고대로부터 현대에 이르기까지 아름다운 여성을 보고 야수로 돌변하여 몹쓸 짓을 한 남자 이야기를 우리는 수없이 들어왔다. 고대 사회에서는 그 위험성이 더 컸다. 성경은 후일에 생긴 법을 통해 이런 경우 겁탈하는 남자에게 온전히 벌을 주게 하고 있다.^{신22: 25,27}

　　남자는 강자, 여자는 약자로 보기 때문이다. 그래서 그 경우에도 아무도 디나를 비난하지는 않았다. 그런데 겁탈범인 세겜이 그 후에 디나에게 깊은 사랑에 빠지게 되고 그 성의 추장이던 아버지 하몰에게 둘의 결혼을 조르면서, 그들 부자는 야곱에게 그 문제를 가지고 협상을 청해온다.

　　그러나 디나의 오빠들은 사랑스러운 여동생을 그렇게 시집보

낼 생각이 없었다. 그래서 그 협상에 응하는 척하면서 조건을 내걸었다. 성읍의 모든 남자들에게 할례를 먼저 받으라고 요구한 것이다. 세겜 부자는 그 조건을 기꺼이 받아들여 즉시 성읍의 모든 남자들은 할례를 시행했다. 소독약도 없던 시절에 성인들이 할례를 행했으니 며칠 동안은 고통 때문에 거동이 불편할 수밖에 없었다. 그 때를 틈타 디나의 오빠들이 성읍을 급습하는데, 그만 모든 남자들을 죽이고 디나를 데려온 것이다. 성경은 그 때 디나가 느꼈을 슬픔에 대해서는 전혀 언급이 없다. 그 오빠들의 분노와 복수만을 그리고 있다. 그러나 디나가 받았던 그 충격은 평생토록 지속되었다. 디나는 결혼도 포기하고 일생을 보냈던 것 같다. 후일에 야곱이 요셉을 따라 애굽으로 이주할 때 디나도 함께 갔다는 데서^{창46:15} 추론할 수 있는 대목이다.

018&019&020　아다, 오홀리바마,바스맛

에서의 아내들

◇ Adah, 뜻 : 장식 | Aholibamah, 뜻 : 지극히 높은 곳의 장막 | Pashemath, 뜻 : 향기
◇ 에서의 아내인 오홀리바마의 아들들은 여우스 족장, 얄람 족장, 고라 족장
　이니창36:18

아다는 헷 족속 엘론이라는 사람의 딸이었다. 야곱보다 먼저 가나안
땅에서 아내를 맞았던 에서의 첫째 부인이다. 이 사실 외에 아다에 관
한 정보는 거의 없다. 그녀는 야곱의 쌍둥이 형 에서와 결혼하여 엘리
바스라는 이름의 아들을 낳았다. 혈통 유지를 위해 근친혼이 성행하던
시대에 에서는 다른 민족의 여인과 결혼함으로써 집안의 혈통을 이어
가는 특권을 잃고 선민의 역사에서 배제되는 비운을 겪었다. 엘리바스
는 에서의 장자로 그의 아들들은 그 후손들 사이에서 중요한 족장들로
이름을 남겼다. 에서가 선민의 역사에서 배제되었음에도 불구하고 그
아내들의 이름이 성경의 기록에서 배제되지 않았다는 것은 여성이 집
안 형성에 중요한 역할을 한다는 것을 말해 준다.

오홀리바마는 에서의 둘째 부인이다. 그녀 역시 이방 민족인 히위족속
에 속한 아나의 딸이었다. 그녀도 에서와의 사이에서 세 아들을 낳았
다. 세 아들의 이름은 각각 여우스와 얄람과 고라다. 그들은 모두 에서
의 후예로 중요한 족장들로 자리잡았다. 오홀리바마라는 이름은 출애
굽 시대에 성막과 그 안에 여러 기구들을 만드는 장인으로 일했던 오
홀리압출 31:6과 에스겔 23장에 나오는 오홀리바와 오홀라라는 이름과
연관될 수도 있다.

바스맛은 이스마엘의 딸이며 느바욧의 누이였다. 선민의 혈통을 이어가는데 실패한 에서가 그래도 할아버지 아브라함의 핏줄을 찾아 바스맛을 그의 셋째 아내로 맞이한 것은 그래도 그 혈통을 이어가는 데서 완전히 배제되지 않으려 한 몸부림으로 이해할 수 있다. 사랑해서 또는 사랑하기 위해서 결혼한다는 현대적 시각으로 보면 이해하기 어려운 이야기일 것이다. 정략결혼이었던 셈이다. 이 때 여성의 인권 같은 개념은 끼어들 여지가 없었다.

021 다말

다윗과 예수의 조상이 된 여인

◇ Tamar, 뜻 : 종려나무
◇ 유다가 그의 며느리 다말에게 이르되 수절하고 네 아버지 집에 있어 내
  아들 셀라가 장성하기를 기다리라 하니 하였더라창38:11

성경은 요셉을 제외한 야곱의 열한 아들들이 어떤 여인들과 결혼했는
지 전혀 언급하지 않는다. 야곱의 넷째 아들인 유다의 경우 가나안 사
람 수아의 딸^{이름은 나오지 않음}을 아내로 맞아 아들 셋^{엘, 오난과 셀라}을 낳았다는
기록만 있다. 그런데 여기에서 이름이 밝혀진 예외적인 인물로 다말이
라는 여인이 등장한다.

　　　다말은 유다의 맏아들인 엘의 아내였다. 그러나 엘은 결혼 후
얼마 지나지 않아 대를 이을 아들 없이 죽어버렸다. 그의 악함 때문
에 하나님께서 죽이신 것이다. 당시 관습에 따라 유다는 그의 둘째 아
들 오난에게 다말을 주었다. 당시 관습법에 따르면 이런 경우 처음 낳
은 아들은 죽은 형의 아들로 입적되어 그 대를 잇게 되어 있었다. 다
말의 경우도 아들을 낳아 대를 잇게 해야 그 가족의 일원으로 받아들
여질 수 있었다. 그런데 오난은 경제적 타산이 앞선 인물이었다. 당시
의 관습법에 따르면 유다의 아들이 셋이므로 그 유산을 4등분 하여 그
중 두 몫이 죽은 형의 혈통을 이은 그 아들에게 돌아가면 자기에게는
한 몫만 돌아오는 것에 불만을 품은 것이다. 형의 대가 끊어지면 자신
에게 훨씬 많은 유산이 돌아올 수 있었다. 형의 혈통이 끊어지면 적어
도 절반, 많으면 삼분지 이까지도^{형의 몫까지} 챙길 수 있다고 생각했다. 그
래서 오난은 형수와 잠자리를 할 때 밖에 설정泄精을 함으로 다말이 아
기를 가질 수 있는 길을 막았다. 하나님은 그런 오난에 대한 형벌로 그

도 죽이셨다. 아들 둘을 잃은 유다는 죽음의 이유는 모른 채 막내아들까지 죽을까 두려워서 막내아들인 셀라가 아직 어리다는 핑계를 댔다. 그러고는 며느리에게 친정으로 돌아가 셀라가 성인이 되기를 기다리라고 했다. 속임수를 쓴 것이다. 유다는 자기 아들들이 악했으므로 하나님께서 죽인 것을 깨닫지 못했다.

다말이 친정에 돌아가 기다린 기간이 얼마나 되는지 알 수는 없으나 셀라가 충분히 성장했음에도 유다는 그 사실을 묵과하고 있었다. 반면에 다말은 고통의 나날을 보내고 있었다. 남편이 죽어 과부가 되었으나 다시 시동생을 통해 그 남편의 대를 이어야 하는 다말은 재혼을 할 수도 없는 처지에 마냥 기다릴 수밖에 없었다. 그러다가 시아버지 유다의 속임수를 알게 된 다말은 시아버지인 유다를 속여 그의 아이를 가질 계획을 세워 수행한다. 그 계획은 그대로 적중했다.

시아버지가 출입하는 딤나 길가에서 과부의 옷을 창기의 옷으로 갈아입은 다말은 창녀의 모습으로 자신을 단장하고 면박을 쓴 후에 시아버지를 유혹했다. 유다는 창기로 가장한 다말과 범죄하게 된다. 유다는 그 대가로 염소새끼를 줄 것을 약속하는데 그 약조물로 도장과 끈과 지팡이를 다말에게 준다. 이후 유다가 염소새끼를 전하고 약조물을 되찾아 오려고 했을 때 그 여인은 찾을 수가 없었다. 다말은 그 한 번의 관계로 아기를 임신했다. 이 사실이 유다에게 전해지자 그는 집안의 명예를 실추시켰다는 명목으로 다말을 제거해 버리려고 했다. 그러나 유다의 도장과 끈과 지팡이를 내놓은 다말의 지혜로운 반격으로 그녀의 결백이 밝혀진다. 다말은 때가 되어 쌍둥이 아들^{베레스와 세라}을 낳았다. 베레스의 혈통에서 다윗 왕과 예수 그리스도가 났으니 결과적으로 다말은 예수 그리스도의 족보에 그 이름을 올리는 영광을 누리게 되었다. 그 족보에 이름이 오른 네 여인 중의 한 명이 된 것이다.^{마 1:3}

그때 다말의 처지나 마음을 되새겨보는 일은 의미 있는 일이라 할 수 있다. 오늘의 도덕적 표준에 따라 그녀의 상황을 보면 부도덕하면서도 혼란스러운 일이나 당시의 관행에 따라 이해한다면 오히려 문제로 삼을 일이 아니다. 유다 스스로도 "그는 나보다 옳도다. 내가 그를 셀라에게 주지 아니 하였음이로다"^{창38:26}라고 인정한 것을 보면 이해할 수 있다. 아들이 없이 남편이 죽으면 남편의 형제가 과부로 남은 여인으로 하여금 그 형제의 대를 잇게 하는 것이 당시의 관습법이었다. 모세의 율법도 이것을 요구하고 있다. 이것은 자식 없이 홀로 남은 여인이 살아남을 수 있는 길을 열어줌으로써 그의 가정에서 누릴 수 있는 권리를 보장해주는 일이었다. 유다는 두 아들을 잃은 후에 셋째마저 잃을지 모른다는 두려움에서 며느리 다말을 친정으로 돌려보내는 꼼수를 썼으나 다말은 기지를 발휘하여 결국 시아버지를 통해 두 아들의 어머니가 될 수 있었다. 그리고 하나님의 원대한 계획을 이루는 도구로 쓰임 받았다.

성경은 다말이 어디 출신인지 어떤 부모에게서 태어났는지를 전혀 언급하지 않는다. 그 이름이 열대성 거목의 이름과 연관되므로 다말은 키가 크고 건장한 여인이지만 우아한 몸가짐을 한 매력적인 여인이었으리라 짐작된다. 그러나 그녀의 삶은 어려움의 연속이었다. 남편을 두 번이나 잃고 시아버지의 내침을 받았으며, 지략으로 시아버지를 통해 두 아들을 낳는 등 다소 복잡한 삶을 살았다. 유다에 대한 다말의 감정도 끝까지 완전히 풀리지는 않았을 것이다. 비록 안주인의 자리를 차지했다고 하더라도 과정에서 생긴 오해와 나쁜 감정은 그대로 남았을 것이기 때문이다.

다말이 여호와 하나님에 대한 신앙을 얼마나 가지고 있었는지는 알 수 없다. 선민의 조상 집안에 들어와서 야곱의 며느리로, 그리고 유다의 아내 자리에서 남은 세월을 보낸 다말은 어느 정도라도 그 집안의 신앙을 받아들였을 것이다. 창세기는 요셉의 이야기^{창37장과 39장}

를 하던 중간에 뜬금없이 다말의 이야기[38장]를 한다. 하나님의 선민인 유대인들에게는 정확한 족보를 유지하는 것이 중요했다. 그리고 그 혈통의 순수성도 중요했다. 따라서 유다의 아들들인 베레스와 세라의 출생과정을 분명히 밝혀두는 것도 역시 중요한 하나의 과정이다. 창세기 뒷부분의 중심인물은 요셉이지만 메시야는 요셉의 혈통이 아니라 유다의 혈통에서 나게 하는 것이 하나님의 섭리에 들어와 있다. 따라서 유다의 아들들 가운데서 베레스의 등장 배경에 대한 설명은 중요한 자리를 차지해야 한다.

보디발의 아내

요셉이 총리가 되기 전, 그를 모함하여 감옥에 보낸 갑질녀

◇ Potiphar, 뜻 : 태양의 신 라아가 맡겨준 자
◇ 요셉이 거절하며 자기 주인의 아내에게 이르되 내 주인이 집안의 모든 소유를 간섭하지 아니하고 다 내 손에 위탁하였으니라^{창39:8}

이집트로 팔려간 요셉

애굽 왕 바로의 친위대장 보디발의 아내는 이름은 알려져 있지 않다. 요셉이 형들의 시기로 애굽에 팔려갔을 때 그를 노예로 사들인 사람이 보디발이다. 그는 왕을 지근거리에서 경호하는 친위대의 대장이었다. 왕이 가장 신임하는 신하 중 한 명이니 그 권세도 대단했다. 요셉은 노예였지만 하나님이 함께 하신다는 것을 주변의 모든 사람이 알 수 있을 정도였다. 결국 그를 신임한 주인은 그를 가정총무로 삼아 집안의 모든 일을 관장하게 했다. 그 집의 안주인인 보디발의 아내도 누구나 흠모할 만한 미모를 갖춘 여인이었으리라는 것은 의심의 여지가 없다. 부와 권세, 미모까지 갖춘 다복한 여인이었지만 육체적 욕정에 목말랐던 그녀는 친위대장 업무로 밤낮없이 바빴을 남편의 아내로 외로운 날들을 보냈다.

한편 요셉은 용모가 준수한 젊은이로 유능한 인재였다. 안주인의 마음을 사로잡은 그에게 그 주인의 아내는 집요하게 잠자리를 요구했다. 그러나 요셉은 오늘의 자리에까지 오도록 인도해주신 하나님을 먼저 생각하는 지혜로운 사람이었다. 안주인의 청을 번번이 거절하던 어느 날 집안에 사람이 아무도 없는 틈을 타 그 여인은 일하러 집에

들어온 요셉의 옷을 잡아당기며 같은 요구를 해왔다. 요셉은 여인의 손에 옷을 남겨두고 도망쳤다. 그 일로 화가 난 여인은 그 옷을 증거물로 내놓으며 거짓말로 요셉을 모함했다. 결국 요셉은 그 여인의 손에서 벗어나기 위해 감옥으로 직행한 셈이다.

성경은 여인의 후속 이야기를 전해주지 않는다. 다만 세월이 흐른 후에 그 나라의 총리대신이 되어 국정을 총괄하며 7년 기근이라는 국난을 극복해나가는 요셉을 바라보던 그녀는 어떤 생각을 했을까?

023

아스낫

◇ Asenath, 뜻 : 애굽 여신 느잇에게 속한 자
◇ 흉년이 들기 전에 요셉에게 두 아들이 나되 곧 온의 제사장 보디베라의 딸 아스낫이 그에게서 낳은지라^{창41:50}

바로의 꿈을 해몽하는 요셉

아스낫이라는 이름은 지혜의 여신 네이트 Neit에 속한 사람을 의미한다. 그녀는 애굽 삼각주 지역에 있던 성읍 온에서 태양 신전의 제사장이던 보디베라의 딸이었다. 그녀는 요셉이 애굽의 총리대신이 된 후에 바로의 주선으로 요셉의 아내가 되었다. 최고의 권력을 누리게 된 총리대신의 아내로 선택된 것으로 미루어 당시 애굽의 제사장이라는 신분도 매우 존귀한 신분이었음을 알 수 있다. 선민의 입장에서 보면 이민족인 애굽의 고위 신분의 여인이 선민 이스라엘의 중심인물로 등장한 요셉의 아내가 된 셈이다. 그녀는 7년 동안 지속되는 대기근이 시작되기 전에 요셉에게서 두 아들^{므낫세와 에브라임}을 낳았다. 그 두 아들의 후손은 후일에 이스라엘 열두 지파를 이룰 때 그 중 두 지파를 이룬다. 야곱의 열두 아들 중 레위가 하나님을 섬기는 제사장 지파로 따로 구별되었기 때문이다.

요셉의 결혼은 다분히 바로 왕의 정략적 계책이었다. 요셉은 비록 당면한 문제 해결을 위해 총리대신의 자리에 오르기는 했으나 그는 애굽 사람이 아니었으므로 언제라도 그 마음이 변해 애굽의 국익과는 반대되는 길을 갈 수 있다고 생각하고, 그 가능성을 차단하는 가

장 손쉬운 방법으로 결혼을 통해 애굽의 귀족 가문, 그것도 정신세계에 큰 영향력을 가진 종교계의 중요한 한 가문과 얽히게 함으로써 애굽인으로 살게 하려는 것이었다. 요셉은 여호와 하나님을 섬기는 철저한 신앙인이었다. 그가 이민족의 종교지도자의 사위가 되는 데도 바로의 명을 거스를 수는 없었다. 아스낫 역시 총리대신의 아내가 됨으로써 권력과 부를 함께 누렸을 것이다. 그러나 아스낫이 한 사람의 여인으로서의 행복한 삶을 살았을까, 하는 질문에는 긍정적으로 답하기 어려울지 모른다. 이교의 중심인물 중의 하나인 제사장의 딸이면서 유일하신 하나님 신앙에 철저한 요셉과의 신앙적 갈등은 분명했을 것이다. 물론 훗날의 전설 중의 하나는 그녀가 결혼 전에 헛된 이교 신을 버리고서야 우상숭배를 하는 여성과는 결혼할 수 없다고 바로의 명을 거절한 요셉과 결혼할 수 있었다는 이야기를 전하기도 한다. 그녀에 관한 이야기는 더 이상 전하지 않는다. 창세기에서의 여성 이야기는 아스낫을 마지막으로 끝을 맺는다.

024

욥의 아내

악처로 불리우기엔 억울한 여인

◇ Jop, 뜻 : 원한다
◇ 그의 아내가 그에게 이르되 당신이 그래도 자기의 온전함을 굳게 지키느
　냐 하나님을 욕하고 죽으라 아노라^{욥2:9}

친구들의 훈계에 반박하는 욥

욥과 그의 아내에 관해 알려진 내용은 거의 없다. 언제 어디에 살았던 사람인지도 모르나 성경은 욥이 온전하고 정직하여 하나님을 경외하고 악에서 떠난 의인이라고 했다. 에스겔서에서도 그를 노아, 다니엘과 함께 하나님과 사람들 앞에서 의인이었다고 전한다. 욥기는 그가 우스 땅에 산 사람이었다고 하지만 그 우스가 어디인지도 알 수가 없다. 그가 살았던 시대도 가축의 수로 부를 가늠하던 시대에 살았다고 할 경우 아브라함이 살았던 시대 곧 서력기원 전 2000년경이었으리라고 추정할 뿐이다. 성경은 그를 엄청난 부를 누린 사람으로 소개하며 양이 7,000마리, 낙타가 3,000마리, 소가 500겨리^{1,000마리}, 암나귀 500마리를 소유했다고 밝힌다. 아들 일곱, 딸 셋도 두었으니 자녀의 복까지 누린 사람이었다.

그러나 사탄의 농간으로 그는 하루아침에 풍요로운 재산과 자녀들을 잃었다. 그는 하나님을 원망하지 않았다. 나중에는 건강마저 잃어 온 몸에 악성 피부병이 퍼졌고 뒤덮은 종기는 말로 표현할 수 없는 고통을 줬다. 그래도 그는 하나님께 불평을 털어놓거나 원망을 퍼붓지 않았다. 이 국면에서 그의 아내가 등장한다.

물론 그녀의 이름은 드러나지 않는다. 그녀는 곤경을 남편과 함께 겪으면서 인내심이 한계에 도달하자 외친다. "당신이 그래도 자기의 온전함을 지키느냐? 하나님을 욕하고 죽으라!"^{욥2:9} 이 말 때문에 사람들은 흔히 욥의 아내를 롯의 아내와 함께 성경에 나오는 악처의 대열에 넣고는 한다. 그러나 그녀가 겪은 곤경을 감안하면 욥 못지않게 그녀의 하나님께 대한 믿음도 컸을 것이다.

하나님 앞에서 의롭게 살아가는 사람들에게 왜 재난이 겹쳐 주어지는지 욥기는 물론 다른 성경에서도 답을 주지 않는다. 욥의 아내가 얼마나 많은 기도를 드렸는지도 성경은 말해주지 않는다. 욥이나 그의 아내도 끝까지 왜 자기들에게 그런 재난이 임했는지 답을 얻지는 못했다. 그런 세월이 얼마나 흘렀는지 모른다. 하나님이 정하신 때가 되었을 때 욥과 그의 아내는 이전보다 훨씬 큰 복을 받아 누릴 수 있었다. 가축의 수는 전보다 배나 되었고 자녀도 아들 일곱과 딸 셋을 두었다. 이전에 잃은 자녀를 그대로 받은 것이었다. 물론 회복의 자리에서 그 아내에 관한 언급은 없다. 그러나 자녀들을 다시 두었다는 이야기에서 그의 아내는 간접적으로 언급되고 있는 셈이다. 욥이 다른 여인을 통해 자녀를 두었다고 할 수는 없기 때문이다. 원상회복의 자리에도 그의 아내는 함께 자리했다고 보는 것이 자연스러운 이해일 것이다.

제3장

출애굽과
정복시대의
여성들

025&026

십브라와 부아

바로의 이스라엘 남아 말살 시기에 활동한 히브리인 산파들

◇ Shipbrah, 뜻 : 아름다움 | Puah, 뜻 : 입
◇ 애굽 왕이 히브리 산파 십브라라 하는 사람과 부아라 하는 사람에게 말하여
  이르되 너희는 히브리 여인을 위하여 해산을 도울 때에 그 자리를 살펴서 아
  들이거든 그를 죽이고 딸이거든 살려두라출1:15-16

출애굽시대에도 여성들은 중요한 역할을 했다. 맨 먼저 등장하는 여인
은 히브리인 산파 십브라와 부아이다. 이스라엘 후손들은 상당히 많은
세월이 흘러 요셉과 그의 형제들이 모두 죽은 후 이국땅인 애굽에서
번성하고 있었다. 그러나 그것이 요셉의 공적을 잘 모르는 새로운 세
대의 애굽 왕 바로에게는 위협적인 무리들로 비쳤다. 그래서 이스라엘
인들을 노예 신분으로 전락시켰다. 그들은 애굽인들과는 다른 셈족에
속한 민족이었으므로, 혹 다른 나라와의 전쟁이 일어날 때 그들이 적
국의 편에 설지도 모른다는 염려에서였다. 전쟁을 기회 삼아 이스라엘
민족이 자기들의 조상이 살던 곳으로 돌아갈 수도 있다고 본 것이다.

　　한편 이스라엘 민족은 노예 신분으로 전락되었어도 그들의 수
는 날로 번성했다. 그래서 바로는 그들의 번성을 막기 위한 수단으로
그들의 남자 아기들이 세상의 빛을 볼 수 없게 하는 정책을 쓰기로 했
다. 그 구체적인 방법으로 히브리인 산파 십브라와 부아를 불러 그들
이 히브리 여인들을 위해 조산할 때 남자아기가 태어나면 죽여버리라
고 명한다. 여기에서 십브라와 부아만 히브리인 산파였다고 할 수는
없다. 산부인과 병원이 없던 시절에 남성 장정만 60만 명이 되던 이스
라엘 사람들을 위해서는 아마 훨씬 많은 산파들이 있었을 것이다. 따
라서 이 두 사람은 전체 히브리인 산파들을 관장하는 위치에 있었던
사람들이었다고 볼 수 있다. 그들은 히브리인들이었으므로 바로의 명

보다 하나님 앞에서 하나님을 바라보는 사람들이었다. 당대 세계 최고의 절대 권력을 가진 바로의 명을 거스르는 일이 결코 쉬운 일은 아니었을 것이다. 생명을 건 모험과 같은 일이었다. 자기들의 생명뿐 아니라 다른 히브리 산파들의 운명까지 걸려있던 일이었을 것이다. 바로는 그들이 히브리인들의 남자아기들을 살리고 있다는 사실을 알게 되었다. 다시 그들을 불러 왜 그렇게 했는지를 추궁했다. 그들은 선의의 거짓말을 하는 기지를 발휘하여 그 위기를 벗어난다. 그들이 하나님의 백성들을 지키는 일에 그들의 몫을 한다면 하나님께서 그 보상을 해주실 것이라고 믿었을지도 모른다. 그리고 하나님은 그들을 지켜주셨다.

027

요게벳

이스라엘 영원한 민족지도자의 친모

◇ Jochebed, 뜻 : 여호와는 영광이다
◇ 아므람은 그들의 아버지의 누이 요게벳을 아내로 맞이하였고 그는 아론과 모
세를 낳았으며출6:20

요게벳은 애굽에서 태어나 자란 레위인이었다. 고달팠지만 신앙을 몸
으로 익힌 삶이었다. 혼기가 되어 조카 중의 한 사람인 고핫의 아들 아
므람과 결혼해 딸 미리암과 아론과 모세, 두 아들을 낳았다. 둘째 아들
을 낳을 때가 요게벳의 일생에서 가장 마음 졸이며 산 시기였다. 바로
가 히브리인들이 출산한 남자아기를 나일 강에 던져 넣어 죽이라고 명
을 내려 시행하기 시작한 때였기 때문이다. 모세가 태어났을 때 모친
인 요게벳은 아기가 비범하다는 것을 느꼈다. 그리고 아들이 태어난
사실을 숨긴다. 믿음 때문이었을 것이다.

그러나 아이가 태어나 석 달이 되니 울음소리가 커져서 더 이
상 숨기기 힘들어져 점점 바로의 명도 더욱 두렵게 느껴졌다. 지혜를
짜낸 것이 나일강에 띄워 보내기로 한 것이다. 갈대로 상자를 만들고
당시에 할 수 있었던 방수처리까지 하고, 아기를 거기에 담아 나일 강
가에 띄운다. 그리고 딸 미리암이 멀찍이서 지켜보도록 했다. 집에 돌
아간 요게벳도 편히 있지 못하고 보이지 않는 멀리서 딸로부터 소식
이 오기를 기다렸을 것이다. 마침 그 때에 바로의 딸이 강가로 나왔다.
목욕을 하러 나온 길에 아기가 담긴 그 상자를 발견하여 가져오게 해
서 우는 아기를 보게 된다. 바로의 딸은 젊은 여성으로서 아기에 대한
측은히 여기는 마음이 벅차올랐을 것이다. 그 광경을 지켜보던 아기
의 누이 미리암은 기회를 놓치지 않고 달려가 히브리 여인 중에 유모

를 소개해도 되겠느냐고 물었다. 허락을 받은 아기의 어머니 요게벳은 당당히 삯을 받고 아기에게 젖을 먹이며 모세를 키울 수 있었다. 고대의 애굽에서 상류층 여인들은 흔히 자기가 낳은 아기들까지 유모의 손에서 자라게 하는 전통이 있었다. 따라서 요게벳이 유모가 되어 아기를 키우는 것이 특별한 일은 아니었다. 그 기간이 얼마나 오래였는지는 알 수 없으나, 아이 모세에게 하나님의 선민 이스라엘 사람으로서의 정체성을 심어주기에는 좋은 기간이었을 것이다. 경건한 신앙인 요게벳은 아브라함과 이삭과 야곱의 하나님에 관한 기본적인 지식을 어린 아들에게 심어주었을 것이다.

요게벳은 살아 있는 동안 바로의 딸에 양자가 되어 훌륭하게 성장하는 모세에게서 눈을 뗄 수 없었을 것이다. 일반적인 수명을 누리고 살았다고 생각하면 요게벳은 모세가 왕국에서 배울 수 있는 것을 다 배우고 민족 영도자로서의 자질을 구비한 후 바로의 궁정생활을 뒤로하고 도망자로서의 삶을 시작하는 것까지는 보았으리라 짐작된다. 모세의 나이 40세일 때니까 요게벳도 그 때까지는 충분히 살아있었다고 할 수 있다. 아기 때 바로의 무서운 손길을 피해 오히려 그 왕궁에서 훌륭한 인물로 성장한 모세를 먼 발치에서 숨어 지켜보던 어머니의 애틋한 마음을 상상만 해볼 뿐이다.

요게벳의 삶은 여러 가지 면에서 성모 마리아의 삶과 유사한 면을 보여준다. 두 사람은 공히 아들을 낳았을 때 그 나라의 왕권이 그의 생명을 빼앗으려 했지만 하나님의 섭리를 통해 그 생명을 건질 수 있었다. 요게벳은 아들이 자기 민족을 구원하는 대업을 이루기 전에 도망자의 길을 나서는 모습을 보고 눈물을 흘려야 했고, 마리아는 아들 예수가 인류를 죄와 사망의 권세로부터 구원해내는 길을 가며 먼저 십자가에 달려 처형되는 모습을 멀리서 보면서 눈물을 흘렸다. 이스라엘 민족을 애굽의 압제로부터 구원해낸 모세의 위대함 뒤에는 요게벳의 눈물어린 기도생활이 있었을 것이고 이런 요게벳의 역할을 과소

평가해서는 안 될 것이다. 위인들의 뒤에 숨어서 기도한 사람들의 이야기는 역사를 통해서 수 없이 많이 볼 수 있고 그 중 어머니들의 기도 이야기가 대부분을 이룬다. 신앙인 어머니의 기도의 힘을 말하는 것이다.

028 미리암

이스라엘 최초의 여선지자

◇ Miriam, 뜻 : 높이운 자
◇ 미리암이 그들에게 화답하여 이르되 너희는 여호와를 찬송하라 그는 높고 영화로우심이요 말과 그 탄 자를 바다에 던지셨음이로다 하였더라 출 15:21

홍해의 기적

미리암은 아므람과 요게벳 부부의 세명의 자녀 중 첫째로 아론과 모세의 손위 누이다. 미리암은 성경에 나오는 여성들 가운데 처음으로 가정사를 벗어나 민족의 운명에 관련을 가진 첫 인물이다. 아기 모세를 바로의 딸이 구출하여 아기의 어머니가 그 유모가 될 수 있게 했다는 점에서 미리암은 민족의 영도자 모세를 만드는 일에 최초의 기여자가·된 셈이다. 그 후 출애굽이 진행되면서 이스라엘 민족이 무사히 홍해를 건넜을 때 미리암이 중심이 되어 그 민족을 구원해주신 하나님께 소고를 잡고 춤추며 찬미를 드림으로 애국적인 여성 지도자 상을 보여주었다. 이 때 미리암의 나이 이미 노년이었다. 할머니가 앞장서서 소고치고 춤추며 노래하는 광경을 그려보면 숙연한 감마저 감돈다. 그 노래는 인류 역사가 보존하고 있는 가장 오래된 찬송시가 되었다.

미리암은 평생 결혼하지 않고 독신으로 지냈다고 보는 주장이 있다. 미리암이 누구의 아내나 어머니로 표현된 곳이 성경에 없기 때문이다. 그러나 일반적으로는 민족지도자들 중의 한 사람인 유다지파에 속한 훌과 결혼했다고 본다. 훌은 모세와 아론과 더불어 지도자로

63

서의 리더십을 담당했었다. 모세가 십계명을 받으러 시내산에 올랐을 때와 이스라엘이 아말렉 족속과 전쟁을 할 때도 아론과 함께 그런 역할을 감당했었다. 그리고 미리암은 훌과의 사이에서 우리라는 이름의 아들을 낳았고 그 아들을 통해 브살렐이라는 손자를 두었다. 이 손자는 모세가 하나님의 회막을 세울 때 그 안에서 쓰는 금과 은과 놋으로 만든 기구들을 만드는 금속 세공 기술자로 봉사했다.

미리암은 스스로를 여선지자로 칭했다. 그녀의 말과 행함이 하나님의 영감을 받은 것이었고, 그런 삶의 모습은 광야 길을 가는 이스라엘 여성들에게는 하나의 본보기가 되었다. 성경에 나오는 최초의 여선지자가 된 것이었다. 그러나 거친 광야를 지나가면서 미리암은 큰 실수를 한다. 질투심과 시기심이 문제였다. 갓난아기 때 동생의 생명을 구하는 데 절대적인 역할을 했던 그녀는 자기 민족을 애굽의 압제로부터 구출해내어 하나님의 인도하심을 따라 험악한 광야생활을 리드하는 동생 모세를 시기심에 비난했다. 동생의 허물을 보고, 그 행위를 비난만 한 것이 아니라 자신들도 하나님의 일을 감당해온 사람들이 아니냐면서 자기들의 위상을 부각시키려 했다. 모세는 그런 비난에 반박하고 나서지 않았다. 그러나 하나님은 미리암의 처신을 그냥 보고 넘어가지 않으셨다. 미리암에게 나병을 내리신 것이다. 미리암과 함께 비난한 아론은 열외되고 왜 미리암에게만 벌이 내려졌는지 그 이유는 알 수 없다. 하나님의 주권적 역사하심이라고 이해할 뿐이다.

결국 미리암은 그 형벌에서 벗어나 병에서 낫기까지 7일 동안 진영 밖에 마련된 구류장에 갇혀 있어야만 했다. 하나님은 먼저 회개의 기회를 주셨고 모세의 탄원을 받아들이셔서 미리암의 병을 고쳐주신다. 아마 그 7일간의 기회는 미리암뿐 아니라 이스라엘 온 회중이 하나님의 준엄하신 형벌을 두고 자신을 돌아보는 기회가 되었을 것이다. 결과적으로 이 사건은 지도자로서의 모세의 위상을 더욱 굳게 해주었다.

미리암이 그 후에 어떤 삶을 살았고 얼마나 오래 살았는지 성경은 더 이상의 언급을 하지 않으나 그 이름은 신약에서 빛을 본다. 복음서에서 가장 친근하게 대하는 여성들의 이름은 마리아다. 성모 마리아나 막달라 마리아, 나사로의 누이 마리아 등이 그들이다. 그런데 어원으로 볼 때 미리암과 마리아는 같은 어원의 이름이다. 구약의 미리암이라는 이름이 신약에서는 마리아로 바뀌어 표현된 것이다. 지금도 마리아라는 이름을 가진 여성들은 어렵지 않게 만날 수 있는데, 미리암의 이름이 역사에서 계속 사람들의 이름으로 이어지고 있는 것이다.

029 바로의 딸

노예 히브리인 아이를 왕궁에서 양육한 애굽의 실세

◇ Pharaoh, 뜻 : 큰 집, 태양
◇ 바로의 딸이 그에게 이르되 이 아기를 데려다가 나를 위하여 젖을 먹이라며출
2:9

나일 강에서 구출된 아기 모세

대제국 애굽 황제의 딸이 성경에 등장하는 것은 흥미로운 일이다. 바로의 딸이 나일 강가로 나왔다가 갈대상자에 담겨 있던 아기를 발견하고 건져서 자신의 양자로 삼아 왕궁에서 왕자로 양육한 일도 특별한 이야기지만, 이방의 여인이 미래에 자신의 나라에서 노예 상태였던 이스라엘 민족을 이끌고 나갈 지도자를 양육했다는 것은 인간 역사의 아이러니가 아닐 수 없다.

그녀의 이름은 물론 그녀가 어떤 사람이었는지 어떻게 살았는지에 대해서는 아무런 정보가 없다. 그녀는 이방의 황실에 속한 공주였지만 버려진 아기가 이스라엘 사람의 아기인 것을 알면서도 그 아이를 구출하여 자기의 양자로 삼았으니 본 마음이 따뜻한 여성이었을 것이나 사실 그녀의 그 선택은 황명을 거역하는 행위였다. 그런 점에서 미루어 생각하면 공주의 위상이 상당했었다고 짐작할 수 있다.

바로가 애굽 역사에 나오는 어느 왕인지를 특정할 수 없기 때문에 그 공주가 당시 바로 왕의 공주였는지, 아니면 그 왕의 누이였는지도 알 수 없다. 성경은 기록을 통해 공주가 이스라엘을 압제에서 구출해내는 하나님의 일에서 엄청난 일을 해냈다는 것만 알려준다. 하나

님은 그로부터 80년 후에 그 일을 행하시지만 그 일을 해내는 모세를 바로의 딸이 구출해내어 돌보고 양육하고 애굽에서 받을 수 있는 최고의 교육까지 받게 함으로 40년 동안 왕궁에서 왕자들이 누리는 모든 특권을 누리게 했다. 그렇게 성장한 모세는 애굽인들의 모든 지식과 지혜를 배워 그의 말과 행함에 능력을 발휘한다.**행 7: 22** 그러므로 넓은 의미에서 그녀는 이스라엘 해방에 공로가 큰 셈이다. 모세라는 이름도 강에서 건져냈다는 의미로 바로의 딸이 지어 주었으니 결국 이스라엘을 압제로부터 구해내는 사람의 이름을 예견이라도 한 것 같다.

　　여기에서 하나님의 오묘한 섭리의 손길을 볼 수 있다. 자기 백성을 구해내기 위해서 모세가 태어나게 하셨고, 민족의 영도자로서의 자질을 갖추게 하기 위해서 바로의 딸을 사용하여 그를 보호했을 뿐 아니라 양육, 훈육, 교육은 물론 필요한 모든 자질을 구비하게 하신 것이다. 바로의 딸은 하나님의 구원 역사에서 쓰임받은 도구였던 셈이다.

030

십보라

민족지도자 모세의 외국인 아내

◇ Zipporah, 뜻 : 한 작은 새
◇ 여호와께서 그를 놓아 주시니라 그 때에 십보라가 피 남편이라 함은 할례 때문이었더라 낳았으며출4:26

십보라는 모세가 애굽 사람 한 명을 죽인 일로 40년간의 애굽 궁중생활을 끝내고 바로의 손길을 피해 도망자 신분일 때 만난 미디안 출신의 여인이었다. 미디안 땅은 요단 강 건너편 사해의 북동쪽 지역으로 미디안 족속이 거주하는 지역이었다. 십보라의 아버지이드로 또는 르우엘는 미디안에 거주하는 제사장이면서 양을 목축하는 목자이기도 했다. 그가 어떤 신을 섬기는 제사장이었는지는 알 수 없다. 그에게는 일곱 딸이 있어 아버지의 양떼를 먹이고 있었다. 십보라가 모세를 처음 만난 곳은 양들에게 물을 먹이는 우물가에서였다. 그 자매들이 구유에 물을 채워 양떼에게 먹이려고 하는데 다른 남자 목자들이 와서 그들을 몰아내는 현장을 모세가 보고 십보라 자매를 도와 양들에게 물을 먹이게 한다. 그 일을 계기로 정처 없이 방랑의 길을 가던 모세는 그녀들의 집에 가서 기거를 하게 된다. 그들의 아버지는 딸들 중의 하나인 십보라를 그에게 주어 아내로 삼게 했다. 모세와 십보라는 부부의 연을 맺고 두 아들게르솜과 엘리에셀을 낳았다. 그렇게 가정을 이루고 살던 모세를 하나님께서 부르셔서 애굽으로 돌아가 자기 백성을 압제로부터 구출해내라는 사명을 주셨다. 그 돌아가는 길에는 아내 십보라와 두 아들이 자연스럽게 동행했다.

　　그러던 어느 날 중요한 사건이 생긴다. 한 숙소에 묵으려고 들렀을 때 하나님께서 모세를 죽이려고 하신 것이다. 그 이유를 성경은 분명하게 설명해주지 않는다. 단지 위험했던 순간에 십보라의 기민한 대처로 모세는 위기를 모면한다. 그녀가 돌칼을 가지고 아들에게 할례를 행하고 그 배어낸 것을 그의 발에 갖다 대며 "당신은 참으로 내게 피 남편이로다"라고 했더니 하나님께서 그를 놓아주신 것이다. 그러나 하나님께서 모세를 죽이려고 하신 이유가 정말 아들에게 할례를 행하지 않았기 때문이라는 설명은 없다. 어쨌든 그녀의 대처로 모세는 노임 받았다. 남편을 살릴 것이라고 믿고 한 순간적인 대응이지만 그렇다고 십보라가 모범적인 신앙인이었다고 확언할 수는 없다. 탁월한 신앙과 인격을 갖춘 영웅적인 인물 모세의 아내이기는 했으나 이민족의 신을 섬기던 제사장의 딸이었고, 또 오랜 세월 별거했던 그가 얼마나 신실한 하나님 신앙을 가지고 살았는지는 알 수 없다.

출애굽의 대장정이 시작되기 전 모세는 십보라와 그의 아들들을 그들이 살던 처가로 돌려보낸다. 따라서 십보라와 그의 아들들은 애굽에 내렸던 열 가지 재앙이나 홍해를 극적으로 건너는 극적인 경험을 하지는 못했다. 그 뒤에 모세와 이스라엘 민족이 광야생활을 하던 어느 때에 그의 장인 이드로가 그들에 관한 이야기를 듣고 딸 십보라와 그 두 아들을 데리고 그를 찾아오는데, 그들이 찾아왔다는 말을 들은 모세는 뛰어가 그들을 반갑게 맞이한다. 그런데 성경은 그 장인을 맞아 인사를 하고 그간 지나온 이야기를 전해주었다는 이야기를 상당히 자세하게 전하면서도 아내 십보라와 아들들에 대해서는 전혀 언급하지 않는다.

　　　십보라는 일생을 외로움과 소외감으로 힘든 삶을 살았을 것이다. 민족의 영도자의 아내라는 명예로운 이름을 가졌지만 십보라라는 이름의 여인은 사람들의 원망과 불평 속에 자기 사명을 감당하는 남편을 보면서 속을 태우고 또한 인간적인 외로움과 어려움을 혼자 이겨냈을 것이다. 십보라가 얼마나 오래 어떻게 살았는지에 대해서 이후의 일은 알려진 바 없다.

031 슬로밋

레위기에 이름을 올린 유일한 여성

◇Seirath, 뜻 : 평화
◇ 그 이스라엘 여인의 아들이 여호와의 이름을 모독하며 저주하므로 무리가 끌고 모세에게로 가니라 그의 어머니의 이름은 슬로밋이요 단 지파 디브리의 딸이었더라레24:11

슬로밋이라는 여인은 단 지파에 속한 디브리라는 사람의 딸이다. 애굽 사람을 남편으로 맞아 아들을 낳았는데 그 아들 때문에 성경에 이름을 올린 여인이다. 아들이 이스라엘 사람과 싸움을 하다가 그 과정에서 하나님의 이름을 모독하고 저주하는데, 그때 사람들에게 잡혀와 하나님의 명에 따라 진영 밖으로 끌려 나가서 돌로 쳐 죽이는 형벌을 받은 사건이 있었다. 하나님의 이름을 망령되게 부르지 말라는 계명을 어긴 것이다.

그 아버지가 애굽인이었으므로 부계로 말하면 그 아들은 이스라엘 사람이라기보다 애굽 사람이었다. 이런 형벌 집행은 그 규율이 이스라엘 사람만이 아니라 이방인에게도 적용된다는 것을 이야기하는 셈이다. 그런데 여기에서 그 남편의 이름이나 아들의 이름은 나오지 않고 그 여인의 이름만 나오는 것이 특이하다.

슬로밋이 우리에게 주는 교훈은 무엇일까? 우선 슬로밋은 이교도들의 신을 섬기는 애굽인과 결혼한 것이 문제였다. 그런 아버지의 슬하에서 자란 아들이 이스라엘의 하나님을 섬기는 신앙을 몸에 익히기는 어려웠을 것이다. 어려서부터 바른 신앙교육이 제대로 이루어졌을 수 없었던 것이 근본적인 문제였다.

슬로밋은 레위기에 이름이 올라온 유일한 여성이다. 레위기는 제사법과 규례집이므로 모세와 아론, 그리고 아론의 아들들 이름만 나온다. 그런 레위기에 슬로밋이라는 여인의 이름이 올랐다는 것은 흥미로운 일이다.

032 고스비

이스라엘 남자들을 유혹해 음행하다 죽은 미디안 여인

◇ Cozbi, 뜻 : 거짓, 속이는 자
◇ 죽임을 당한 미디안 여인의 이름은 고스비이니 수르의 딸이라 수르는 미디안 백성의 한 조상의 가문의 수령이었더라**민25:15**

고스비는 민수기 뒷부분**25장**에 등장하는 미디안 여인의 이름이다. 이 여인은 미디안 족속의 지도자 중 한 사람인 수르의 딸이었다. 그 즈음 이스라엘 백성들은 약속의 땅 가나안으로 가는 여정의 막바지에 이르렀을 때 싯딤이라는 곳에 머물러 있었다. 거짓 선지자 발람의 계략대로 그 곳에서 긴장이 풀린 그들은 미디안 여인들과 음행을 하기 시작했다. 그리고 그 여자들이 자기들의 신들에게 제사할 때, 청함을 받은 이스라엘 사람들이 그 신들**바알브올**에게 절하고 그 우상에게 바친 제물을 먹는 죄를 범했다. 이 일로 이스라엘 진영에 전염병이 퍼져 24,000명이 죽어나갔다. 그럴 즈음에 시므온 지파에 속한 지도자 중 한 사람인 시므리라는 사람이 고스비라는 미디안 여인을 데리고 자기 장막에 들어가서 성관계를 하는 것이 사람들의 눈에 띄었다. 이때 제사장 아론의 손자 비느하스가 따라 들어가서 창으로 그 둘을 함께 찔러 죽인다. 제사장 아론과 엘르아살을 이은 제사장으로서 비느하스의 입지를 확고히 세워주는 사건이었다.

이 사건을 계기로 이스라엘은 미디안 족속을 크게 쳐서 이길 수 있었다. 결과적으로 보면 고스비라는 여인 때문에 이스라엘이 미디안 족속에게 주저 없이 원수를 갚을 수 있었고 모세가 그 민족을 위한 마지막 전투를 성공적으로 수행할 수 있었다.**민31장** 고스비는 이스라엘 민족이 미디안 족속을 쳐서 멸하는데 매우 중요한 공헌을 한 셈이다. 성경에는 고스비를 포함한 미디안 여인들이 이스라엘 남자들을 유혹하여 음란의 죄에 빠지게 했다는 분명한 언급도 없다. 어떤 의미에서 그들도 하나님의 역사에서 쓰임을 받았다고 할 수 있다. 그러나 고스비나 가룟 유다처럼 쓰임 받는 것은 비극임에 틀림없다.

033

슬로브핫의 딸들

고대 이스라엘의 법을 개정한 슬기로운 여인들

◇ Zelophehad, 뜻 : 두려움으로부터 보호하다
◇ 슬로브핫 딸들의 말이 옳으니 너는 반드시 그들의 아버지의 형제 중에서
  그들에게 기업을 주어 받게 하되 그들의 아버지의 기업을 그들에게 돌릴
  지니라 민27:7

가나안 땅으로 들어가기 전 마지막 국면에서 등장하는 여성들은 므낫
세 지파에 속한 슬로브핫이라는 사람의 딸들이다. 모세는 이스라엘이
약속의 땅에 들어가면 어떻게 그 땅을 나누어가질 것인지에 대한 지침
을 설명했다. 각 지파별로 인구 비례에 따라 하나님께서 선물로 주신
그 땅을 나누어 소유지로 삼으라는 것이었다. 그리고 당시의 관습법에
따라 그 유산은 남자 자손들을 통해 상속되게 했다. 여성들은 상속권
이 인정되지 않았다. 그 대신 유산을 상속받은 남자에게는 홀로 남은
어머니와 미혼의 누이들을 부양할 책임이 주어졌다.

    그런데 슬로브핫이라는 사람은 출애굽을 함께 체험하기는 했
으나 광야길을 거치는 동안에 죽고 말았다. 문제는 그에게 아들은 없
고 딸만 다섯이 있었다는 것이다. 대가 끊어진 집이므로 인구조사의
결과로 그 집은 족보에서 사라지게 되고 땅 분배에서도 아예 배제되는
국면에 처하게 되었다. 그때, 아직 모두 미혼이었던 그의 딸들, 곧 말
라, 노아, 호글라, 밀가와 디르사가 모세와 제사장 엘르아살과 회중의
지도자들에게 찾아가 이 관습법에 이의를 제기한다. 그들의 말은 합리
적이었다. 그래서 모세와 지도자들은 하나님께서 어떤 답을 주실는지
를 기다렸다. 그리고 아들이 없이 죽은 사람의 기업을 어떻게 처리할
지에 관한 세밀한 규칙을 받게 된다. 이 이야기는 두 번 민 27장, 36장 반복
해 기록됨으로써 그 중요성이 강조되었다. 그런 규범 제정은 슬로브핫

의 딸들의 공적이라 할 만하다. 여기에서 슬로브핫의 딸들이 제기한 이의제기가 받아들여졌다는 것도 중요한 의미를 지닌다. 고대 사회에서 여성들의 목소리가 억압되거나 무시되지 않고 받아들여졌기 때문이다. 새로운 규칙을 모세와 회중의 대표들이 자기들의 뜻을 모아 제정하지 않고 하나님의 지시를 기다렸다는 지점도 주목할 만하다. 회의 때마다 목소리를 높이는 오늘의 교회지도자들이 귀를 기울여야 할 대목이다. 또한 슬로브핫의 딸들이 자기들이 겪는 부당한 대우를 합리적인 논리로 모세와 회중의 지도자들 앞에 가져갔다는 것도 의미 있는 일이다. 그들이 모세와 회중의 지도자들에게 이 문제를 들고간 것은 그들의 권위를 존중하는 행위였고 또 그 처녀들이 최고 지도자들에게 접근하는 것을 아무도 제지하지 않았다는 것은 그 공동체가 완전히 열린 공동체였음을 보여준다. 또 모세는 그들의 이야기에 귀를 기울였고 하나님의 명을 기다려 답을 주었다.

그녀들은 합리적 사고를 하는 지적인 여성들이었고, 남성위주의 사회에서 기죽지 않고 떳떳하게 자기주장을 편 용기있는 젊은 여성들이었다. 결국 그들은 이스라엘 민족 전체가 지킬 훌륭한 규범을 제정할 수 있는 계기를 만든 것이다. 또 앉아서 불평만 늘어놓지 않고 대중의 지지를 받지 못하는 불법적인 방법을 통해 자기네의 주장을 관철시키려 하지도 않았다. 그들은 슬기롭게 자기들이 당면한 문제를 해결했고, 새로 제정된 규칙에 따라 모두 같은 지파에 속한 남편들을 만나 결혼했다.

034

라합

예수의 족보에 이름을 올린 이방 여인

◇ Rahab, 뜻 : 넓다
◇ 라합이 그들을 창문에서 줄로 달아 내리니 그의 집이 성벽 위에 있으므로
그가 성벽 위에 거주하였음이라^{수2:15}

예리고 성의 함락

모세가 죽은 후 여호수아가 그 뒤를 이어 가나안 땅 정복이라는 중요한 사명을 띠고 요단강가로 이스라엘 민족을 인도해 왔을 때, 약속의 땅을 정복하기 위해서 반드시 지나가야 하는 곳이 있었다. 요새화된 성, 여리고였다. 그래서 여호수아는 싯딤이라는 곳에 주둔하면서 요단강을 건너 여리고를 정탐할 조직 둘을 꾸려 보낸다. 여리고 성은 성벽이 이중으로 둘러싸여 있는 견고한 성으로 그 두 성벽 사이는 3.5-4.5미터의 간격이 있었다. 그래서 사람들은 그 성벽을 기초로 삼아 그 위에 집을 짓고 살기도 했다. 성벽 사이에 재목을 걸치고 그 위에 흙벽돌집을 짓는 일은 쉬운 일이었기 때문이다. 라합이라는 여인의 집도 그런 집들 가운데 하나였다. 그 집의 외성 쪽 창문을 열면 성곽 바깥 세상이 훤히 보였다.

여리고로 간 정탐꾼들은 쉽게 그 성의 성문을 찾아갔고 성문을 통해 들어가는 사람들 틈에 끼어 성에 들어설 수 있었다. 성은 정말 견고했다. 그들은 성의 구조를 파악하고 성벽 위에 건축된 집들 중 하나인 라합의 집을 그들의 활동거점으로 삼기로 한다. 성경은 그녀를 기생이었다고 소개한다. 숙박업소를 운영하는 여인이었다는 얘기다.

많은 사람들이 그녀를 몸을 파는 매춘부였다고도 한다. 구약성경에는 두 종류의 매춘부가 나온다. 이방신에게 제사를 할 때 그 제례의식의 한 요소로 하는 성행위의 대상이 되는 창녀와, 돈을 받고 몸을 파는 창녀다. 라합은 후자에 속한 창녀였다. 그녀의 집에서는 술을 팔기도 하고 필요할 때는 손님들이 숙박을 하기도 했다. 그 집은 여러 사람들이 쉽게 드나드는 집이어서 낯선 사람이 잠시 몸을 숨기기에도 좋은 집이었다. 그래서 여리고의 당국자들은 그 집에 드나드는 사람들을 수시로 감시했고 낯선 사람들이 성안에 숨어들면 곧 알려졌다.

이스라엘 정탐꾼들의 잠입을 보고받은 여리고 왕은 그들을 수색하여 체포하라는 명을 내렸다. 여리고 사람들은 이미 이스라엘이 요단강 건너편서쪽에 있던 여러 민족들을 쳐서 점령한 소문들을 들었기 때문에 모두가 떨고 있었다. 잠입한 그들이 바로 그 이스라엘의 정탐꾼들이라고 확신했던 것이다. 라합은 그런 사정을 즉각 파악하고 마음에 잠시 갈등도 했을 것이다. 바로 신고해서 그들을 체포할 수 있게 해 여리고 왕으로부터 포상을 받을 수도 있었다. 그러나 라합은 그가 살고 있는 여리고 성도 이스라엘에게 넘어가리라는 확신을 가졌다. 그래서 라합은 일단 지붕에 벌려놓고 말리던 삼대물에서 1미터 이상 자라는 풀 종류 사이에 그들을 숨어 있게 했다. 그리고 수색하는 사람들이 왔을 때 그들에게 그 사람들이 와서 묵었던 사실을 인정하고 그들이 조금 전에 나갔다고 거짓말을 했다. 그리고 빨리 따라가면 곧 잡을 수 있을 것이라고까지 한다. 추격꾼들이 성을 나가자 성문은 닫혔다. 날이 어두워지자 라합은 지붕에 올라가 정탐꾼들을 창문으로 달아내려주겠다고 하고, 그들은 나중에 성을 함락시킬 때 그녀와 그 가족들의 생명을 구하는 방법을 약속했다. 그 약속대로 라합과 그 가족들은 이스라엘의 입성 후 안전하게 구출될 수 있었다. 그러나 그들이 구출되어 이스라엘 진영으로 인도되어 왔을 때 바로 이스라엘 진영에 합류할 수 있었던 것은 아니다. 이스라엘은 라합의 가족을 진영 밖에 머물게 했다. 그 진영은 거룩

여호수아가 라합을 구해줌

하신 하나님께서 함께 계시는 곳이므로 부정한 이방인들이 함부로 들어올 수 없었기 때문이다. 그 후에 이스라엘 사람과 결혼하면서 이스라엘 회중에 합류했을 것이라 추측하고 있다.

라합에 대한 성경의 평가는 남다른데, 그녀가 받아 누린 큰 복으로 그 이름이 인류의 구세주^{메시아}로 오신 예수의 족보에 기록된 사실이다. 마태복음에 나오는 예수의 선조들 족보에는 성모 마리아 이외에 네 명의 여성이 등장한다. 라합의 이름이 야곱의 아들 유다의 며느리이면서 아내가 되었던 다말을 이어 두 번째 여인으로 나오는 것은 주목할 대목이다. 이방인이었지만 메시아의 조상이 된 것이다. 그 족보뿐만 아니라 히브리서 믿음의 조상들을 이야기하는 곳^{히11:31}에서도 라합은 믿음으로 정탐꾼을 평안히 영접했으므로 구원을 받았다고 하면서 믿음의 조상들의 이름들 가운데 사라와 함께 그 이름을 올렸다. 야고보서^{약2:25}에서는 구원이 믿음만을 근거로 주어지지 않고 행함이 따르는 믿음이 있어야 한다는 이야기를 하면서 아브라함과 더불어 라합의 경우를 예로 제시하고 있다. 이방인인 그를 믿음의 조상 아브라함과 그의 아내 사라와 나란히 소개하고 있는 것이다. 그 믿음은 단순히 하나님의 존재를 인지적으로 아는 차원의 믿음이 아니라 전적으로 그 하나님을 신뢰하고 순종하는 삶으로 표현되는 믿음이다. 라합은 이스라엘의 하나님에 관해 특별히 다른 사람으로부터 소개를 받거나 권유를 받지 않고 스스로 믿음을 실증한 독특한 인물이기도 하다. 그녀는 신약에서도 세 번이나 이름을 올린 유일한 구약의 이방인 여성이 되었다. 그 행함이 구원으로 이끈 것이 아니라 그 행함으로 실증해 보여준 믿음이 구원에 이르게 한 것이었다.

라합이 하나님에 관해 들은 소문은 여리고 사람들 모두가 듣고 있던 소문이었다. 이민족들은 이미 이스라엘이 어떻게 홍해 물을 건너 초강대국 애굽에서 광야를 지나 그곳까지 왔는지를 들어 알고 있었던 것이다. 그렇지만 그들은 성문을 열고 이스라엘과 화친을 꾀할 생각은 아무도 하지 않았다. 그러나 라합은 자기 동족과는 달리 이스라엘의 하나님을 인정하고 신뢰하는 믿음을 갖는 편을 택하는 결단을 한다. 정탐꾼들을 돕는 상황에서도 지혜로운 면모를 보여주지만 위험을 무릅쓰고 용기를 발휘한 여인이기도 했다. 얼핏 생각하면 하나님을 섬기기에 가장 좋지 않은 여건에 있던 여인이 누구보다 앞서서 모범적인 신앙인이 되었다.

　　이론異論이 없는 것은 아니지만 예수의 족보에 나오는 라합이 살피고 있는 그 라합이라면 그녀는 살몬이라는 이름의 남편을 맞아 다윗 왕의 증조할아버지인 보아스를 낳게 된다. 살몬은 유다 지파에 속한 유력한 지도자였고 정탐꾼들 중의 한 사람이었다.

035

악사

◇ Achsah, 뜻 : 발목거리
◇ 갈렙이 말하기를 기럇 세벨을 쳐서 그것을 점령하는 자에게는 내 딸 악사를 아내로 주리라 하였더니^{삿1:12}

악사는, 모세가 하나님의 명을 따라 가나안 땅을 정탐하라고 보낸 열두 사람 중의 한 명으로 여호수아와 함께 두려워하지 말고 그 땅을 점령하러 가자고 했던 갈렙의 딸이다. 40년 간의 광야생활을 하는 동안 애굽에서 나온 회중 가운데 20세 이상의 남자들이 모두 죽었지만, 갈렙은 여호수아와 함께 살아남아 가나안 땅에 들어간 두 사람 중 한 명이었다. 그리고 가나안 정복 후에도 그는 45년 전에 가졌던 믿음을 그대로 가지고 있었던 뚝심 있는 인물이었다. 85세의 고령에도 전쟁을 수행할 정도로 건강도 유지하고 있었다. 그는 각 지파에 따라 가업의 땅 분배를 시작하기 전부터 헤브론 성을 기업으로 받아 정복하여 차지했다. 그리고나서 멀지 않은 산지에 있는 기럇세벨^{드빌}을 치려할 때, 그 성을 쳐서 점령하는 사람에게 자기 딸 악사를 주겠다고 약속한다. 거기에 응한 인물이 갈렙의 아우 그나스의 아들, 곧 그의 조카였던 옷니엘이다.

　　악사는 남편 옷니엘이 쳐서 받게 된 땅이 시집을 갈 때 아버지에게 받은 유산이 되었다. 그녀는 남편을 따라 기럇세벨로 갈 때 아버지로부터 밭도 더 받아내자고 남편에게 제안한다. 남편은 그런 아내의 요구를 그리 탐탁지 않게 여겼던 것 같다. 그러나 적극적인 성격의 악사는 먼저 나귀에서 내려 아버지에게로 다가갔고 아버지는 무엇을 더 받고 싶으냐고 묻는다. 악사는 자기가 가는 곳이 남방에 있는 메마른 네겝 지역이니 그곳에 있는 생명줄이라 할 수 있는 샘물도 달라고 요구한다. 그리하여 악사는 윗 샘과 아랫 샘 둘을 받게 되었다. 당시의 관습법에 따르면 딸은 정상적으로 유산을 나누어 받을 수 없었지만 악사의 그런 요구는 그대로 받아들여졌다.

악사의 남편 옷니엘은 여호수아가 죽은 뒤 이스라엘을 적국들의 손으로부터 구원해내는 첫 사사土師가 된다. 이스라엘 백성들이 메소포타미아 왕 구산 리사다임을 8년 동안 섬기며 하나님의 진노를 살 때, 하나님께 부르짖으며 백성을 구해내는 일에 옷니엘이 쓰임받는다. 그리고 그는 그 후 40년 동안 사사로 있으면서 그 땅과 백성들이 평온을 누릴 수 있게 했다. 그가 사사로 부름받아 쓰임 받는 과정에서 악사의 내조의 힘이 어느 정도라도 기여했으리라는 것은 자명한 일이다.

제4장

사사시대의 여성들

036

드보라

예언자 역할까지 했던 선지자이자 유일한 여성 사사

◇ Deborah, 뜻 : 벌
◇ 드보라가 바락에게 이르되 일어나라 이는 여호와께서 시스라를 네 손에 넘겨 주신 날이라사⁴⁴:¹⁴:²⁶

여자 사사 드보라

성경에서 드보라라는 이름이 처음 등장하는 곳은 이삭의 아내 리브가의 유모 드보라 이야기에서다.창²⁴:⁵⁹,³⁵:⁸ 그러나 여기에서 살펴보려는 드보라는 그 드보라가 아니다. 사사들 가운데 유일한 여성 사사였던 사사 드보라다. 드보라가 어떤 가문의 출신인지, 또 어떤 과거 행적이 있었는지에 대해서는 전혀 알려진 바 없다. 단지 그녀의 신상과 관련해서는 남편이 랍비돗이라는 사람이었다는 사실만 전해진다. 물론 그에 대해서도 그 이상 알려진 바가 없다. 학자들은 그 사람이 허약 체질에 소극적인 사람이었고, 드보라는 심신이 강인한 여성이었을 것이라 추정하기도 한다. 그래서 랍비돗은 그의 아내가 지도력을 발휘할 때 그 능력에 감탄하며 적극 지지해주었을 것이다. 이들에 관한 유일한 추가 정보는 그들이 거주하던 지역이 에브라임 지파에 주어진 라마와 벧엘 사이의 산지였다는 정도다.

그들이 평범한 가정을 이루고 살 때에 하나님은 드보라를 불러 사사로 세우셨다. 사사는 아직 왕이 세워지지 않은 때에 이스라엘 백성들을 통치하는 사람이었다. 군림하는 통치자로서가 아니라 백성들의 송사를 듣고 시비를 가려주는 재판관의 역할을 하는 사람이었다. 드보라는 자기 집이 있는 마을의 자기 이름이 붙여진 종려나무 아래에서 그 일을 수행했다. 그 일을 할 때 뒤에서 기쁜 마음으로 지지하고 격려해주는 남편의 역할은 필수적이었을 것이다.

드보라는 사사이기 전에 한 사람의 여선지자이기도 했다. 그녀는 예언자 역할을 한 유일한 사사다. 선지자 또는 예언자는 하나님의 마음과 뜻하시는 바를 깨닫고 그것을 다른 사람들에게 전해주는 사람이다. 구약시대에 그들은 하나님과 그의 백성 이스라엘 사이에서 중간 매개자 역할을 했다. 하나님의 마음과 뜻을 깨달아 백성들에게 전해주고 백성들을 위해 하나님께 탄원을 올리는 일이었다. 그런 의미에서 드보라는 한 사람의 예언자로서 자기 백성들을 향하신 하나님의 뜻을 깨닫고 그것을 사람들에게 전하기도 하고 그대로 수행하기도 했다.

사사가 한 일은 기본적으로 전투를 통해 적국으로부터 자기 백성들을 구해내는 일이었다. 그러므로 직접 전장에 나가 전투에 참여하지는 않더라도 드보라는 전략가였고 전사였다. 당시에 이스라엘을 지배하고 괴롭힌 상대는 가나안 왕 하솔과 그의 군대였다. 드보라는 그런 가나안 군대를 물리치고 승리를 거두는데 결정적인 일을 수행했다. 그녀는 납달리 족속에 속한 아비노암의 아들 바락을 불러오라고 사람을 보냈다. 그가 오자 그에게 그 군대를 지휘해서 나가 그 나라와 백성을 구해내는 것이 하나님의 뜻이라고 했다. 그러나 바락은 주저했다. 가나안에 오랫동안 지배를 당해왔고 항거 전투는 번번이 실패했기 때문이다. 결국 용맹스럽고 불굴의 정신으로 무장한 지도자 드보라가 함께 간다는 조건으로 주어진 병력을 이끌고 그 전투에 나서기로 한다. 그로서는 그녀가 곁에 있기만 해도 능히 적군에 맞설 수 있으리라고 직감적으로 판단했을 것이다. 그리고 여러 해 동안 무력을 앞세워 이스라엘을 통치해온 전쟁 영웅인 가나안의 시스라 군대를 치려고 나섰다. 객관적으로 상대가 안 되는 병력이었다. 아군은 급히 징집한 병력 10,000명에 불구했으나, 적군은 정예 전사가 셀 수 없을 만큼 많았고 철병거 900대를 앞세우고 있었다. 전투가 진행되자 드보라의 불굴의 정신은 움츠러들지 않았다. 병력의 수는 확실히 열세였지만 드보라는 하나님을 최고의 동맹군으로 모시고 있었다. 그리고 다볼산에 집결해 있던 바락의 군대는 드보라의 명령에 따라 기손강가에 진을 치고 있는 적군을 기습하여 적군을 완전히 전멸시켰다. 적장 시스라는 걸어서 도망하다가 겐 족속 헤벨의 아내 야엘의 손에 죽임을 당하고 만다. 드보라의 예언대로 된 것이었다. 그 결과로 드보라의 여전사로서의 명성은 널리 퍼져나갔다.

드보라는 시인으로서의 명성도 얻었다. 사사기 5장에 나오는 시는 '드보라와 바락의 노래'라고 되어 있지만 드보라가 썼을 것이다. 이 시는 적군 가나안을 격멸한 뒤에 쓴 시로 히브리인들이 전해준 고대의 시를 대변해주는 전형이다. 통치자며 예언자고 전쟁 영웅이기도 했던 드보라는 시인으로서의 명성도 누린 대단한 여걸이었다. 노래에서는 드보라를 '이스라엘의 어머니'라고 부르고 있다.삿5:7 영웅이면서 자기 백성을 대하는 마음은 어머니가 자기 자녀를 사랑하고 보듬는 마음이었음을 보여주는 표현이다.

이스라엘에는 마을 사람들이 그쳤으니
나 드보라가 일어나 이스라엘의 어머니가 되기까지 그쳤도다
무리가 새 신들을 택하였으므로 그 때에 전쟁이 성문에 이르렀으나
이스라엘의 사만 명 중에 방패와 창이 보였던가
내 마음이 이스라엘의 방백을 사모함은
그들이 백성 중에서 즐거이 헌신하였음이니 여호와를 찬송하라
흰 나귀를 탄 자들, 양탄자에 앉은 자들, 길에 행하는 자들아
전파할지어다사사기5:7-10

037 　　　　　　　　　　　　　　야엘

군대를 대신해 적국의 장군을 죽여 전쟁을 끝낸 여인

◇ Jael, 뜻 : 산양
◇ 겐 사람 헤벨의 아내 야엘은 다른 여인들보다 복을 받을 것이니 장막에
  있는 여인들보다 더욱 복을 받을 것이로다 하였더니 삿5:24

야엘이라는 이름은 사사기에 한 번 언뜻 얼굴을 내밀고 자취를 감춘
여인이다. 그녀의 가족 관계도 겐 족속에 속한 헤벨이라는 사람의 아
내였다는 것만 알려져 있다. 겐 족속은 아브라함 시대부터 광야지대에
서 장막을 치고 목축하는 유목민이었다. 앞의 드보라와 바락의 군대가
적국 가나안의 군대를 격파했을 때 다급해진 적장 시스라가 병거를 버
리고 걸어서 도망하는데 그때 등장하는 인물이다.

　　　도망 중에 있던 시스라가 평소에 자기 왕 야빈과 좋은 관계를
유지해오던 헤벨의 장막을 찾아왔다. 일종의 위장전술이었다. 그 시대
에 메마른 광야지대의 유목민들로서는 손님접대를 친절하게 하는 것
이 기본적인 예절이었다. 더군다나 친밀한 관계의 사람이라면 더욱 친
절하게 맞아야만 했다. 그때 장막에 있던 헤벨의 아내 야엘이 그를 친
절하게 맞아들였다. 시스라는 이제 안전하리라고 생각했을 것이다. 목
이 마르니 마실 것을 좀 달라고 한다. 야엘은 그에게 안심하고 들어와
쉬라며 우유부대를 기울여 마시게 한다. 그리고 이불까지 덮어주자 시
스라는 사람들이 와서 자기를 찾으면 없다고 하라고 부탁하고 깊이 잠
들고 말았다. 지친 상태에서 우유로 배를 채웠으니 당연한 결과였다.
그러자 야엘은 장막 말뚝을 가지고 와서 그것을 방망이로 그의 관자놀
이에 대고 내리쳤다. 결국 말뚝은 그의 머리를 뚫고 내려가 땅에 박혀
즉사해버렸다. 바락이 그를 추격해오자 야엘이 나가 그를 맞으며 당신

이 찾는 사람을 보여주겠다고 하고 죽은 시스라의 모습을 보여주었다. 이로써 전쟁은 끝이 났다. 남편은 아마 일터에 나가 있었던 것 같다.

한편 야엘은 남편과 우호조약 관계에 있던 하솔 왕 야빈과의 조약관계를 깨고 배반한 것이었다. 물론 남편과 의논도 하지 않았다. 그 이유를 몇 가지로 추정해볼 수는 있다. 우선 야엘은 남편이 야빈과의 우호관계를 유지하는 일이 마음에 들지 않았을 수 있다. 그리고 이스라엘 편에 서고 싶었을 수 있다. 야엘은 패전한 야빈과 시스라보다는 승전한 이스라엘과 정략적으로 우호관계를 맺는 것이 유리하다고 생각했을 것이다. 남편과 의논도 하지 않고 그런 중요한 결단을 내린 것도 중요하다. 남편과 의논하여 결정할 만큼 여유가 없을 때 남편이 맺은 조약을 깨뜨리고 승자인 이스라엘 편에 서는 것이 그 가정을 지키는 일이므로 남편도 그런 결단이 옳았다고 따랐을 것이다. 그녀는 상황 파악에 기민했고 용기와 결단력을 두루 갖춘 숨겨져 있던 보석 같은 존재였다.

　　이 일은 예언자로서의 드보라가 이미 예견했던 일이었다. 드보라가 바락을 보내 시스라를 추격하라고 했을 때 그가 여인의 손에 죽으리라고 했기 때문이다. 하나님은 이방 여인을 통해서도 적장을 죽여 전쟁에 종지부를 찍으셨다. 칼이나 창이라는 무기도 쓰지 않으셨다. 다윗을 통해 골리앗을 죽이실 때 물맷돌을 쓰신 것처럼 야엘을 통해서는 장막칠 때 쓰는 말뚝과 방망이를 가지고 시스라를 죽이게 하셨다. 갑옷이나 어떤 무기도 가지지 않았고 훈련도 받아본 적이 없이 장막에 머물러 있던 여인이 하나님의 귀한 사역의 도구로 쓰였다는 것은 우리에게 적지 않은 교훈을 주고 있다.

038 기드온의 아내들

기드온의 단점이자 후대의 짐으로 남은 여인들

◇ Gideon, 뜻 : 베히는 자
◇ 기드온이 아내가 많으므로 그의 몸에서 낳은 아들이 칠십 명이었고 세겜에
  있는 그의 첩도 아들을 낳았으므로 그 이름을 아비멜렉이라 하였더라^{삿8:30-31}

기드온은 사사들 가운데 자기 민족을 미디안의 압제로부터 구해낸 훌
륭한 사사였다. 하나님이 부르셨을 때는 겸양의 덕을, 적을 물리칠 때
는 하나님께 대한 절대 신앙과 철저한 순종을 보여주었다. 하나의 흠
은 그가 많은 아내들을 두었다는 점이다. 그에게는 아들이 70명 있었
고 그 밖에도 첩이 있어 다른 아들 아비멜렉을 낳았다고 했으니^{삿 8:29-}
³¹ 그 아내들이 몇이나 되었는지는 가늠해보기도 어렵다. 이스라엘의
통치자는 아내를 많이 두지 말라고 했던 하나님의 법^{신17:17}을 어긴 것
이다. 기드온의 그 많은 아내 중 한 사람의 이름도 모르고 그들이 어떤
사람들이었는지는 더더욱 알 수 없다. 딸들도 많이 있었겠지만 성경은
그것에 대해서도 침묵한다. 하나님의 법을 어긴 기드온의 죄 값은 다
음 세대가 고스란히 치렀다.^{삿 9장}

데베스의 한 여인

허락되지 않은 왕을 죽인 무명의 여인

◇ Thebez, 므낫세 지파에 속한 지역에 요세화 된 성
◇ 한 여인이 맷돌 위짝을 아비멜렉의 머리 위에 내려 던져 그의 두개골을 깨뜨리니 사9:53

기드온의 첩이 낳은 아비멜렉은 그 아버지가 죽은 후 그의 외가가 있는 세겜으로 가서 그 주민의 힘을 빌려 요담 이외의 자기 형제 70명을 모두 죽이고 스스로 세겜 사람들의 왕이 되었다. 이스라엘 민족 역사에서 첫 왕이 된 셈이다. 그러나 그의 말로는 비참했다. 데베스 성을 점령하러 갔을 때 그 주민들이 모두 견고한 망대에 들어가 문을 잠그고 대항했던 것이다. 아비멜렉은 그 망대에 불을 질러 태워버리려고 다가 갔다. 그의 아버지 기드온과는 달리 권력욕과 지배욕에 사로잡혀 있던 아비멜렉에 대한 하나님의 심판은 무명의 한 여인을 통해 이루어졌다. 망대 문 쪽으로 불씨를 가지고 다가서는 아비멜렉을 망대 위에서 내려다 보던 여인이 옆에 있던 맷돌 위짝을 힘을 다해 번쩍 들어 내려 던진 것이다. 아비멜렉은 두개골이 깨져 즉사했다. 하나님은 그의 뜻을 어기고 권력을 행사하려던 악인을 데베스의 한 여인의 손으로 처벌하셨다.

040 입다의 딸

설부른 서원이 낳은 참극의 주인공

◇ Jephthah, 뜻 : 그가 열다
◇ 이스라엘의 딸들이 해마다 가서 길르앗 사람 입다의 딸을 위하여 나흘씩 애곡하더라삿11:40

입다의 딸

입다는 길르앗의 큰 용사로 명성을 얻었으나 기생이 낳은 아들이었으므로 집안에서 추방되어 타향살이를 했다. 그 무렵 암몬 족속이 경내를 침범했다. 길르앗의 장로들은 입다에게 군대 지휘관이 되어 암몬 자손을 막아 달라고 청원했다. 그때 입다는 전장에 나가며 하나님께 서원기도를 한다. 하나님께서 그 전쟁에서 승전하게 해주신다면 전쟁을 끝내고 집으로 돌아갈 때 자기 집 문에서 맨 먼저 나와 영접하는 사람을 하나님께 번제로 바치겠다고 한 것이다.

입다는 승전했다. 그리고 그의 집으로 돌아왔을 때 맨 먼저 뛰어나와 그를 맞은 사람은 그의 무남독녀 딸이었다. 그의 딸은 이름과 나이는 알 수 없으나 청소년기의 소녀였으리라 추정한다. 입다와 그의 딸은 서로의 마음과 입장을 충분히 이해하는 친밀한 부녀간의 관계를 유지하고 있었다. 당시의 관습법으로는 아버지가 딸의 삶을 마음대로 결정할 수 있었다. 그러나 사랑스러운·딸을 죽여 번제를 드린다는 것은 가슴이 찢어지는 아픔이었고, 딸은 딸대로 아버지가 하나님 앞에서 한 서원의 약속을 어길 수 없다는 것을 알고 있었다. 전혀 예기치 못

91

한 죽음 앞에서 입다의 딸은 아버지에게 한 가지 청만 들어달라고 한다. 아버지의 서원을 이행하기 전에 두 달간의 시간을 달라는 것이었다. 여자 친구들과 함께 산에 가서 자기가 결혼도 못해보고 처녀로 죽는 것 때문에 애곡하고 오겠다는 것이었다. 그리고 두 달 후에 산으로 애곡하러 갔던 딸이 돌아오자 입다는 그가 서원한 일을 이행한다.

마노아의 아내

◇ Manoah, 뜻 : 휴식
◇ 여호와의 사자가 마노아와 그의 아내에게 다시 나타나지 아니하니 마노아가
그제야 그가 여호와의 사자인 줄 알고^{삿13:21}

삼손의 죽음

삼손은 사사기에 나오는 마지막 사사다. 그는 힘이 장사였으나 도덕적이고 영적인 면에서는 흠이 많았던 인물이다. 그가 사사시대 당시 이스라엘을 지배하던 블레셋 사람들과 불화한 것은 한 사람의 사사로서 자기 민족의 해방을 위한 열정에서 나온 것이었기보다 개인적인 복수심에 기인한 것이라 할 수 있다. 그는 많은 블레셋 사람을 죽이기는 했으나 다른 사사들처럼 자기 민족을 블레셋의 지배로부터 구원해내지는 못한 것이다. 삼손에게서 볼 수 있는 이런 약점은 순전히 자기 자신의 문제였다.

이름도 알려지지 않은 그의 어머니는 불임이어서 아기가 없었다. 남편의 이름은 마노아였다. 그들 부부는 하나님 앞에서 경건한 삶을 사는 사람들이었다. 하나님의 사자가 그의 어머니에게 나타나 아기가 태어날 것을 알려주고 그 아기는 태어날 때부터 구별되어 하나님께 바쳐진 아이이므로 나실인이 지켜야 하는 규율에 따라 삼가할 것을 삼가며 양육하라는 지시를 받았다. 그녀는 영적인 눈이 열려 있었으므로 그 사람이 하나님의 사자임을 바로 알아보았다. 그러므로 더 이상의 질문을

하지 않는다. 마노아는 달랐다. 아내의 말을 완전히 믿지 못했고 또 혹 그 말이 사실이라고 하더라도 혹 아내가 그 지시사항 중에 잊어버린 것이 있을지 모른다는 생각에서 그 사자를 다시 보내달라고 한다. 이 부분에서 왜 하나님께서 남편 마노아가 아니라 그의 아내에게 나타나셔서 그 중요한 소식을 먼저 알려주셨는지 이해가 간다. 마노아는 하나님께 염소새끼와 소제물을 드릴 때 하나님의 사자가 그 불꽃을 따라 올라가는 이적을 보고도 자기가 본 깃이 단순히 하나님의 사람이 아니라 하나님을 직접 대면하여 본 것이라 생각하고 죽을지 모른다고 두려워한다. 그러나 그의 아내는 이 모든 일을 종합해보면 하나님께서는 그들을 벌하지 아니하실 것이라며 하나님을 믿는 그의 믿음을 분명히 나타냈다.

그녀가 아들 삼손을 어떻게 양육했는지는 알 수 없으나 아이가 자랄 때 하나님께서 복을 주셨다는 것으로^{삿13:24} 큰 어려움 없이 아이를 바르게 양육했을 것이다. 아이가 장성하여 독립하여 살게 되었을 때 삼손은 블레셋 여자 중의 하나를 아내로 맞고 싶으니 도와달라고 했을 때도 그들 부부는 이스라엘에 여자가 없어서 자기들을 지배하며 괴롭히는 블레셋 여자를 데려오려느냐고 반대한다. 그러나 삼손이 강경하자 결국 아버지가 아들의 뜻을 따랐으나 삼손의 어머니는 경건하여 하나님의 말씀을 듣고 그대로 순종한 여인이었다. 말씀을 듣고 의심하거나 되묻지 않았다. 그리고 지시하신 말씀대로 아들을 양육하려고 그녀는 최선을 다했다. 그러나 성장한 뒤의 아들은 그 어머니의 충고를 따르지 않고 자기 뜻대로 블레셋 여자를 아내로 맞는 실수를 거듭, 결국 스스로의 삶을 몰락시켰다.

042 들릴라

◇ Delilah, 뜻 : 약한 자
◇ 들릴라가 삼손에게 자기 무릎을 베고 자게 하고 사람을 불러 그의 머리털 일곱 가닥을 밀고 괴롭게 하여 본즉 그의 힘이 없어졌더라 삿16:19

삼손과 들릴라

삼손과 들릴라 이야기는 영화를 통해 불신자들에게까지 널리 알려져 있는 이야기이다. 삼손은 블레셋 사람들에게는 상대하기 어려운 장사였다. 그러나 그는 블레셋 사람들의 압제에서 자기 민족 이스라엘을 해방시키기 위해 조직적인 저항군을 이끌지는 않았다. 그는 하나님께서 주신 엄청난 힘으로 수많은 블레셋 사람들을 죽였고, 블레셋 군은 힘으로는 그를 상대할 수 없었다. 그래서 삼손의 약점인 여자 문제로 그를 넘어뜨리는데 성공했다. 블레셋이 그를 무너뜨리는데 이용된 여인이 들릴라다.

삼손은 엄청난 장사였다. 그러나 여자 문제에 있어서는 자제력을 잃어버리는 약점이 있었다. 들릴라는 삼손 이야기에 등장하는, 실명이 거론된 유일한 여인이다. 우선 이름과 관련된 재미있는 한 가지 이야기는 들릴라라는 이름은 밤과 관련되는 어원에서 왔고 삼손이라는 이름은 태양과 관련되는 어원에서 왔다는 것이다. 저녁이 되면 밤이 그 강렬한 태양 빛을 밀어내고 어둠이 내려 덮이게 하는 것처럼 누구도 억제할 수 없었던 삼손을 여인의 힘으로 굴복시킨다는 것이다.

들릴라는 이름은 알려졌으나 그 이외에는 아무 것도 알려져 있지 않다. 그 아버지가 누구였는지 형제들은 있었는지 결혼은 했었는지, 했다면 남편이 누구였는지 성경은 어떤 것도 알려주지 않는다. 단지 그 여자는 이스라엘과 블레셋의 접경지역에 있던 소렉 골짜기에 살고 있었다는 것만 전해준다. 삼손과 들릴라는 연인 사이였으나 결혼한 사이는 아니었다.

블레셋 사람들은 원수로 여기는 삼손이 자기 경내에 있는 여인에게 빠져있다는 것을 알고 그 여인을 돈으로 매수하여 그의 힘과 관련된 비밀을 알아내는 길을 모색했다. 삼손은 세 번까지 거짓말을 하면서 위기를 넘겼으나 결국은 여자의 애교와 간청에 넘어가서 그 비밀을 실토하고 만다. 그의 힘의 원천이 머리카락에 있음을 알려준 것이었다. 들릴라는 미모와 여자로서의 매력을 갖춘 여인이었다. 그러나 그런 조건들을 이용하여 큰 돈을 벌었다. 당시에 고급 직종의 종사자가 일 년에 은 열 개를 벌었다고 하니 드릴라가 삼손을 이용해 번 은 천 백 개는 그녀가 평생 벌어도 벌 수 없는 막대한 돈이었다.

043 미가의 어머니

저주와 신당의 여인

◇ Micah, 뜻 : 여호와와 같은 이가 누구뇨
◇ 미가가 그 은을 그의 어머니에게 도로 주었으므로 어머니가 그 은 이백을 가져다 은장색에게 주어 한 신상을 새기고 한 신상을 부어 만들었더니 삿17:4

미가의 어머니는 사사 시대의 말기에 에브라임 산지의 한 마을에 살았던 사람이다. 이름은 알려지지 않았다. 단지 아들의 이름이 미가였다는 것만 밝혀져 있다. 이 여인이 어느 날 은 천 백을 잃어버리고 화가 나서 저주를 퍼부었는데, 그것을 들은 아들 미가는 그 돈을 훔친 것이 자기라고 고백하며 그 돈을 내놓는다. 상시 그 금액은 상당히 큰 돈으로, 이것은 그 집이 상당히 부유한 집이었음을 알려준다.

저주를 퍼부은 대상이 아들이었음을 알게 된 미가의 어머니는 아들에게 하나님의 복이 임하기를 빌어주었다. 그리고 미가가 그 은을 어머니에게 돌려주자 그녀는 아들이 하나님의 벌을 피하게 된 것이 감사해서 그 은을 하나님께 바치겠다고 하고는 그 가운데 200을 은 세공업자에게 주어 신상 하나를 부어만들게 한다. 그리고 그 신상은 그 집의 신당에 모셔졌다. 그 집의 신물神物이 된 셈이다.

이 이야기에서 알 수 있는 것은, 이 시대가 성막 중심 신앙과 더불어 자기 집에 신당을 짓고 형상화된 신상을 만들어 가정 단위의 예배 행위를 했다는 것이다. 이스라엘이 여호와 하나님만을 섬기는 민족이었고 결코 하나님을 형상화해서는 안 되는 일이었지만, 미가의 어머니가 행한 일로 미루어 생각하면 여성이 가정사에 상당한 주도권을 행사할 수도 있었음을 알 수 있다.

044

레위인의 첩

역설적 신분의 여인

◇ -
◇ 어떤 레위 사람이 유다 베들레헴에서 첩을 맞이하였더니 그 첩이 행음하고 남편을 떠나 유다 베들레헴 그의 아버지의 집에 돌아가서 거기서 넉 달 동안을 지내매 사19:1-2

남편이 묵은 집 문간에서 죽은 레위인의 첩

사사기의 마지막 부분에 등장하는 이 여인에 관해 알려진 내용은 많지 않다. 그러나 사사기의 마지막 세 장은 이 여인의 이야기와 그로 인해 촉발된 사건들 이야기이므로 간략히 살펴보는 것이 옳을 것이다. 그녀의 이야기는 그녀가 살았던 시대가 하나님을 멀리하고 영적으로나 도덕적으로 얼마나 타락해 있었나를 미루어 짐작할 수 있게 한다.

앞서 소개된 미가의 집은, 집안에 신상우상을 만들어 세웠을 뿐만 아니라 레위인 한 사람을 고용해 자기 집의 제사장으로 삼았었다. 자기 집에서 우상숭배를 한 것이고, 아론의 자손만 제사장 직분을 수행할 수 있다는 법을 어기고 자기 마음대로 한 레위인이 제사장 역할을 수행하게 한 것이다. 당시의 신앙 정결과 영적 상태를 여실히 보여준 사례다.

레위인의 둘째 부인첩은 그 뒤에 이어 등장하는 인물이다. 그녀는 자기 남편을 두고 다른 남자와 불륜한 것이 드러나자 남편의 집에서 도망쳐서 베들레헴에 있는 친정으로 돌아간다. 그리고 그녀의 남편은 그 여자를 데리러 간다. 사건은 그녀를 데리고 집으로 돌아오는 도중에 일어났다. 중도에 날이 저물어 어디선가 유숙을 해야 할 형편에서 부부는 가나안 족속에 속한 여부스 족속들의 마을에 들어가지 않

첩의 시신을 옮기는 레위인

고 자기 동족 이스라엘 사람들이 사는 마을 기브아로 들어가서 어느 집에 묵게 되었다. 그런데 그 밤 마을의 불량배 남자들이 떼를 지어 습격해 왔다. 낯선 사람이 왔으니 동성애를 즐기겠다는 것이었다. 그들이 그 집 문을 마구 두드리자 레위인은 자기의 첩을 밖으로 내보냈다. 불량배들은 그 여자를 밤새 능욕하다가 날이 밝아올 즈음에 놓아주었다. 그러나 그녀는 남편이 묵은 그 집 문간까지 와서 죽어버린다. 레위인은 아침에 길을 떠나려다 죽어있는 첩을 발견하고 그 시신을 자기 집에 싣고 와서 그것을 훼손하여 열두 개 덩이로 나누어 이스라엘 각 지역에 보냈다. 그리고 이스라엘 민족이 함께 모여 그 불량배들을 처벌하자고 한다.

당시의 성적 타락상을 그대로 보여준 이 이야기는, 멸망하기 전의 소돔과 고모라 성의 타락상을 생각나게 하는 이야기이기도 하다. 레위인 첩의 음행과 기브아 불량배들의 도를 넘는 문란함은 악을 향한다. 그런 상황에서 레위인의 첩은 희생되고 말았다. 레위인의 상황도 나은 것이 없다. 레위인 신분에 첩을 둔 것과, 위기에 처한 자기 대신에 자기 첩을 선뜻 내주어 능욕을 당하고 죽음에 이르게 했기 때문이다. 집 나간 아내를 데리러 간 남편이지만 극단적인 상황에 이르자 그녀에 대한 사랑이나 정은 전혀 보이지 않는다.

O45&O46 　　　　　　　　　　룻과 나오미

회복과 소망의 여인들

◇ Naomi, 뜻 : 나의 즐거움 | Ruth, 뜻 : 자손, 우정
◇ 나오미가 모압 지방에서 그의 며느리 모압 여인 룻과 함께 돌아왔는데 그
　 들이 보리 추수 시작할 때에 베들레헴에 이르렀더라 지내매**룻1:22**

나오미와 며느리 룻

사사 시대의 마지막을 장식해주는 여인들은 룻과 나오미이다. 이들에 관한 이야기는 그리스도인들에게는 많이 알려져 있는 익숙한 이야기다. 나오미는 유다지파에 속한 엘리멜렉이 남편이었다. 그와의 사이에서 두 아들을 낳았는데, 말론과 기룐이 그들이다. 그 가족은 베들레헴에서 유복한 삶을 살다가 심한 흉년이 든 어느 해에 살 길을 찾아 요단강을 건너 이주한다. 그리고 형편이 나은 모압 땅에 가서 자리를 잡았다. 그러던 중 나오미의 남편 엘리멜렉이 그곳에서 죽어버렸다. 그리고 거기서 그 두 아들은 모두 모압 처녀들과 결혼을 했다. 기룐은 오르바를, 말론은 룻을 아내로 맞은 것이다. 그러나 두 아들마저 결혼하여 십 년 쯤 지났을 때 자녀 없이 죽고만다. 집안에 과부 셋만 남은 것이다. 나오미는 이제 누구의 아내도 어머니도 아니었다.

　그럴 즈음 나오미에게 들려온 소식이 있었다. 이스라엘에 먹을거리가 족하다는 것이었다. 소식을 듣고 고국으로 돌아가기로 결심한 나오미는 두 며느리에게 그들의 고향에서 재혼해 살라고 권한다. 당시의 풍속으로 죽은 남편의 다른 형제가 없다면 자연스러운 일이었다. 며느리들이 자식 없이 평생을 청상과부로 살게 하고 싶지 않았을

것이다. 처음에 두 며느리는 모두 시어머니를 따라가겠다고 우겼지만 나오미의 강력한 권유로 오르바는 울면서 작별인사 후 친정으로 돌아갔다. 오르바에 관해서 알 수 있는 것은 여기까지다.

다른 며느리 룻은 완강했다. 자기 고국과 고향, 친정집을 다 버리고 시어머니의 나라와 민족에게로 가겠다는 것이었다. 나오미는 룻에게 오르바처럼 고향으로 돌아가라고 설득하지만 소용이 없었다. 그렇게 나오비와 룻은 함께 베들레헴에 돌아왔다. 이웃 사람들은 모두 두 사람을 환대했다. 그러나 빈 손으로 돌아온 두 여인은 삶이 막막했다. 다행히 그 시기는 보리 추수를 하는 때였다. 당시 풍속으로는 주인이 허락하면 다른 사람의 밭에라도 가서 이삭을 줍는 것이 가능했다. 룻도 이삭줍기로 생활을 연명했다.

그러던 중 나오미의 남편 엘리멜렉의 친족 중에 보아스라는 유력한 부자가 있었는데 룻이 우연히 보아스의 밭에 가서 보리 이삭을 줍게 된다. 나오미는 이삭줍던 룻에게 호의를 베푼 보아스의 이야기를 듣고, 그 일을 기회로 며느리 룻과 보아스의 결혼을 계획한다. 그리고 그 일을 성사시켰다. 물론 보아스는 이미 결혼하여 가정을 이루고 있었을 것이나 당시의 풍속법으로는 다른 아내를 더 두는 것이 전혀 문제가 되지 않았다. 나오미는 평범한 여인이었지만 며느리 룻의 미래를 위해 치밀한 계획을 세우고 그것을 성사시키는 의지의 여성이었다.

험난한 일생을 살았던 나오미는 자신의 안녕 추구보다 믿고 따라준 며느리들의 미래와 평안한 삶을 위했다. 모압 땅에서 돌아오려 할 때 며느리들에게 친정으로 돌아가 재혼하여 행복한 삶을 살라고 했을 때나 베들레헴으로 돌아와서 며느리 룻의 장래를 염려하여 했던 일들이 그런 점을 잘 보여주고 있다. 그렇게 함으로써 나오미는 비록 예수 그리스도의 계보에 직계 조상으로 이름을 올리지는 못했지만 그 계보가 이어지는데 중요한 역할을 한 여인이 되었다.

나오미의 삶에서는 하나의 중요한 교훈을 얻을 수 있다. 나오미는 모압 땅에 가서 모압 여자들 중에서 며느리들을 맞았지만 그들에게 개종을 요구하거나 권하지 않았다. 오르바는 그냥 친정으로 돌아갔고 룻은 스스로 '어머니의 하나님이 나의 하나님이 되시리라'고 함으로 믿음을 택한 것이었다. 나오미가 아들들이 이방 여자와 결혼하는 문제를 두고 반대를 했는지 여부는 모르나 그 며느리들에게 믿음의 본이 된 것만은 분명하다.

　　　평범하게 농사일을 하면서 살던 나오미는 흉년의 어려움을 피해 남편을 따라 이국땅으로 이주했다. 그 때까지는 고향땅을 떠나지 못하는 다른 사람들보다 진취적으로 움직이는 남편이 자랑스러웠고 기꺼이 따라나설 수 있었다. 그러나 타국에서 이주민으로 사는 것이 그리 편하지는 않았다. 아무리 가까운 이웃나라라고 하더라도 또 비록 유사 언어라고 하더라도 언어 문제나 풍속 문제, 아는 사람이라고는 없는 곳에서의 생활이었다. 그리고 겨우 자리를 잡을 즈음에 남편이 세상을 떠났고, 힘들게 결혼 시킨 두 아들들마저 죽고 말았다. 가족이라고는 새파랗게 젊은 며느리 둘만 남았다. 그것도 모압 여자들이었다. 앞이 보이지 않을 때 고향 소식을 듣고 그래도 고향으로 돌아가 사는 것이 나을 것 같아 고향으로 돌아가기로 결심한다. 그러나 과부가 된 외국인 며느리들을 데리고 가는 것은 내키지 않는 일이었다. 그러나 완강하게 따라나서는 룻과 함께 고향으로 돌아왔다. 룻을 위해 발 벗고 나선 것도 이런 맥락에서 보면 쉽게 이해할 수 있다.

룻은 모압 여성이었다. 그러나 이스라엘 사람 이민자 말론과 결혼하여 그 민족에 동화되어 예수 그리스도의 족보에까지 오른 사람이 되었다. 신구약 성경 66권 중에 여성의 이름을 따라 제목으로 삼은 성경은 두 권 뿐이다. 룻기와 에스더서이다. 이방 여성 룻의 이름이 성경책 제목으로 오른 것이다. 얼마나 오래 신혼의 즐거움을 누렸는지 알 수는 없지만 룻 역시 외국에서 들어온 이주민과의 결혼생활이 그리 쉽지 않았

롯과 보아스

을 것이다. 우선 부모의 반대를 무릅쓰고 결혼을 했을 것이고, 이웃사람들의 입방아에 오르내리며 살았을 것이다. 거기다가 얼마 되지 않아 그 남편마저 죽고 말았으니 그녀의 처지도 시모 나오미만큼 깊은 수렁에서의 삶이었을 것이다. 시어머니의 고향에 돌아왔지만, 그곳도 롯에게는 이민족들의 사회였고 아무도 눈길 한 번 주지 않는 곳이었다. 남성중심의 사회에서 외톨이 외국인 젊은 여인의 외로움, 괴로움과 어려움을 생각하면 그 형편을 조금 이해할 수 있다. 이방사회에서 롯은 생계마저 책임져야 할 형편이었다. 당시로서도 극빈자들만 하는 보리 이삭을 줍기 위해 다른 사람의 밭에 나갔다는 것이 그것을 보여준다.

롯은 보리 이삭을 줍기 위해 나갔다가 우연히 나오미의 친족인 보아스를 만나 그의 호의를 얻게 된다. 나오미는 그 이야기를 듣고 바로 롯과 보아스를 이어주는 계획을 세웠고, 롯은 시어머니의 말에 순종하여 그대로 실행했다. 결국 롯은 보아스와 결혼하여 아들을 낳았다. 그 아들이 다윗 왕의 친조부가 된다. 그렇게 롯은 당당히 예수 그리스도의 족보에 등장하는 네 여인 중 한 명이 되었다.

제5장

왕국 시대의
여성들1

047&048

한나와 브닌나

사무엘 출생의 역사가 된 여인들

◇ Hannah, 뜻 : 자비 | Peninnah, 뜻 : 산호
◇ 그에게 두 아내가 있었으니 한 사람의 이름은 한나요 한 사람의 이름은
  브닌나라 브닌나에게는 자식이 있고 한나에게는 자식이 없었더라 지내매
  삼상1:2

왕정시대를 열면서 성경에 등장하는 인물은 사무엘이다. 그러나 그의 등장 막후에 먼저 등장하는 여인들이 있다. 사무엘의 어머니 한나와 그를 괴롭히던 브닌나가 그들이다. 한나의 남편은 레위 지파에 속한 고핫의 후손인 엘가나라는 사람이었다. 그는 에브라임 지파에게 분배된 마을 라마다임소빔이라는 마을에서 살았다. 그는 경건한 사람이었지만 당시 문화에서 성행하던 관습에 따라 두 명의 아내를 두고 있었다. 한나가 불임이었으므로 아들을 얻기 위해 한나의 주선이나 허락하에 다른 여자를 아내로 맞았을 지도 모른다. 그 둘째 부인의 이름이 브닌나였다. 젊은 브닌나는 바로 엘가나의 자식들을 낳았다. 그런데 그 여자는 그리 훌륭한 인품을 갖추고 있지 못했다. 자기가 자녀를 낳게 되자 한나를 자녀를 낳지도 못하는 여자라며 조롱하고 괴롭혔다.

한나는 하나님을 올바르게 섬기는 경건한 여인이었다. 브닌나의 비방과 괴롭힘을 참고 견디면서 정말 아들을 갖고 싶은 간절한 열망을 가지고 있었다. 하나님의 정하신 때가 되어 한나는 하나님의 성소에 갔을 때 하나님께 아들을 주시기만 하면 그 아들의 일생을 하나님께 드리겠다고 서원기도를 했다. 그 기도를 큰 소리로 한 것이 아니라 혼자서 입술만 움직이는 작은 소리로 했다. 그 소리를 들은 대제사장 엘리는 술에 취한 것으로 오해하고 주의를 주었다. 엘리에게 그 오해를 해명하자 그는 그 기도 내용을 물어보지도 않고 하나님께서 그

기도를 들어주시기를 바란다고 축원한다. 한나의 기도는 그대로 응답
되었고 한나도 서원한 대로 아들 사무엘을 하나님께 바침으로써 위대
한 민족지도자요 하나님의 종으로서의 사무엘이 되게 했다. 한나는 그
렇게 귀하게 얻은 아들의 양육권을 포기하고 막 젖을 뗀 아들을 하나
님께 맡겼다. 그러나 하나님께서는 그런 한나에게 그 후에 세 아들과
두 딸을 더 낳아 기르는 어머니로서의 복도 받아 누리게 하셨다.

　　기도하는 여성 한나는, 자기를 포기할 수 있는 준비가 된 기도
를 한 것이다.

049

비느하스의 아내

결혼이 슬픔이 된 대제사장의 며느리

◇ Phinehas, 뜻 : 흑인
◇ 비느하스의 아내가 임신하여 해산 때가 가까웠더니 하나님의 궤를 빼앗
긴 것과 그의 시아버지와 남편이 죽은 소식을 듣고**삼상4:19**

사무엘의 양육을 맡았던 대제사장 엘리의 며느리며 비느하스의 아내
였던 이 비운의 여인은 그 이름이나 출신, 성장과정에 대해 알려진 바
없다. 대제사장 집의 며느리가 되었으니 결혼할 때는 꿈에 부풀어 있
었을 모르겠다. 대제사장이던 엘리는 최고의 민족 지도자인 사사였기
때문이다. 그런데 결혼을 하고 보니 엘리의 아들인 그녀의 남편은 이
말 그대로 망나니였다. 부도덕한 데다가 탐욕스럽기까지 했다. 제사장
이라는 사람의 언행이 하나님을 전혀 두려워하지 않는 모습이었다. 그
녀의 마음은 실망을 넘어 절망적이었을 것이다. 어디에도 하소연할 곳
도 없는 처지였다. 그런데 설상가상으로 어려움은 겹쳐 왔다. 전쟁이
벌어지고 전세가 불리해지자 하나님의 언약궤를 전선으로 매고 와서
하나님의 권능으로 전세를 바꾸어 달라는 요청이 들어온 것이다. 제사
장 형제는 언약궤를 매고 전쟁에 참전했다. 그러나 효과는 잠시였고
결국 패전했다. 그리고 언약궤는 적군**블레셋**에게 빼앗겼으며 비느하스
형제도 전사했다. 그런 소식을 들은 시아버지 엘리도 이어 죽었다. 그
때 비느하스의 아내는 출산이 임박해 있었는데 그런 비보를 전해 들었
을 때 슬퍼할 새도 없이 산고가 시작되었다. 난산이었다. 그녀는 산고
끝에 아기를 낳았는데, 아이의 이름을 '영광이 이스라엘에서 떠났다'
는 의미의 이가봇**영광이 없다는 뜻**이라 부르라고 하고 숨을 거두었다.

비느하스의 아내는 하나님을 바로 섬기며 살려고 했던 신실한

여인이었으나 한 사람의 여인으로서는 슬픔으로 가득찬 삶을 살았다. 잠 못 이루면서 눈물로 지샌 밤도 많았을 것이다. 행복을 꿈꾸면서 결혼했지만 꿈과는 동떨어진 현실 앞에 한숨지으며 산 그녀는, 이가봇을 출산 후 그렇게 비운의 삶을 마감했다.

050

아히노암

◇ Ahinoam, 뜻 : 내 형제는 아름답다
◇ 사울의 아내의 이름은 아히노암이니 아히마아스의 딸이요 그의 군사령관
  의 이름은 아브넬이니^{삼상14:50}

사울의 죽음

아히노암은 이스라엘의 초대 왕인 사울의 아내였으나 그 이름이 성경에서 한 번^{삼상 14:50}만 나오므로 그 존재감이 거의 없는 여인이다. 그것도 '사울의 아내의 이름은 아히노암이니 아히마아스의 딸이요'라고만 나오므로 더 이상 그녀에 대해 알 수 있는 정보는 없다. 단지 사울의 다른 아내에 대한 이야기를 성경은 전해주지 않기 때문에 아히노암이 그의 하나 뿐인 아내였을 것으로 추측된다. 그녀는 사울의 여러 아들들을 낳아 기른 어머니였다. 그 아들들의 이름은 요나단, 말기수아, 아비나답, 에스바알이었다. 또 사울을 이어 왕위에 얼마 동안 올랐던 이스보셋과 이스위^{삼상14:49}, 사울의 딸 메랍과 미갈의 어머니이기도 했다. 그녀가 얼마나 오래 살았는지, 그의 남편 사울 왕과 그의 자녀들의 파란만장한 인생을 얼마나 보았는지는 알 수 없다. 여러 자녀를 낳아 양육하였고 왕비의 자리에까지 올랐으나 하나님 앞에서나 사람들 앞에서 주목받는 삶을 살지는 못한 것은 분명하다.

051&052 메랍과 미갈

사울 왕의 딸들

◇ Merab, 뜻 : 늘어난다 | Michal, 뜻 : 누가 하나님 같으랴
◇ 사울의 아들은 요나단과 이스위와 말기수아요 그의 두 딸의 이름은 이러하니 맏딸의 이름은 메랍이요 작은 딸의 이름은 미갈이며 **삼상4:49**

다윗을 죽이려는 사울

메랍과 미갈, 이 두 사람은 사울 왕의 두 딸이다. 어머니는 아히노암이었을 것이다. 사울은 다윗의 인기가 상승하고 민심이 그에게로 쏠리는 것을 보고 다윗을 자기편에 끌어들이려는 목적으로 먼저 큰 딸 메랍을 다윗과 결혼시키려고 했다. 그러면서 결혼 전에 먼저 블레셋과의 전투에서 공을 세우고 오라고 한다. 사실은 전장으로 보내 적군의 칼에 죽게 하려는 것이었다. 하나님께서는 이미 그를 버리고 다윗을 세워 다음 왕으로 삼기로 하셨는데 사울은 그 뜻을 거스르는 편을 택했다. 사울은 다윗과 메랍의 결혼이 예상되는 때에 딸 메랍을 므홀랏 사람 아드르엘과 결혼시켜 버렸다. 메랍은 자기 의지와는 상관없이 결혼을 했고 다섯 아들을 낳아 키웠지만 그들은 모두 다윗 왕권이 강화되는 과정에서 기브온 사람들이 목매 달아 죽고 말았다. 기브온 사람들은 사울에 대한 원한을 그렇게 갚았다. 메랍은 이스라엘 초대 왕의 딸이었지만 행복한 인생을 살지 못한 것이다. 왕의 딸로서의 특권을 누린 적은 없으면서 다섯 아들이 하루아침에 처형되는 모습을 보고 눈물을 흘려야 했다.

사울의 둘째딸이면서 메랍의 동생인 미갈도 순탄한 삶을 살지는 못했다. 미갈은 언니 메랍이 다윗과의 결혼이 이루어지지 않는 것을 보고 노골적으로 자기가 그를 연모한다는 표를 냈고, 사울은 또 다윗을 곁에 두면서 없애려는 목적으로 그 결혼이 성사되게 했다. 골리앗을 죽이는 사람에게는 자기 딸을 주겠다고 했던 사울이 그 약속도 지킨 것이 되었다. 그래서 미갈은 다윗의 첫 아내가 되었지만 남편이 아버지의 위협을 피해 도피생활을 하는 동안 행복한 신혼과는 거리가 먼 생활을 해야 했다. 스스로는 왕의 딸이니까 생명의 위협은 받지 않았겠지만 남편의 신변을 걱정하며 마음 조이며 외롭게 살았을 것이다. 남편을 죽이려는 아버지 사울과 그 손에서 도피해야만 살아남을 수 있는 남편 다윗 사이에서의 위태로운 줄타기와 심리적 갈등은 매우 컸을 것이다. 그러다가 미갈이 사울의 손에서 다윗을 구해낸 적도 있었다. 그러나 시간이 흐르면서 그녀는 남편보다 아버지 편으로 기운다. 도피기간 중 미갈의 오라비 요나단은 두 번이나 다윗을 찾아 만난 반면 미갈은 그런 노력을 했다는 이야기가 전혀 없기 때문이다. 물론 사울의 눈이 두려워서 그런 시도조차 하지 못했으리라는 추론도 해볼 수는 있다. 다윗도 미갈을 크게 사랑하지는 않았던 것으로 보인다.

　　도피생활을 시작할 즈음 다윗이 그의 부모를 모압 왕에게 데려가서 그 신변보호를 부탁할 때도 미갈에 관한 이야기는 전혀 보이지 않는다. 설상가상으로 사울은 미갈을 라이스라는 사람의 아들 발디엘에게 아내로 주어버렸다. 다윗이 미갈을 통해 왕좌를 내다볼 수 있는 길을 원천봉쇄해버린 셈이다. 그러나 사울이 죽고 유다의 왕좌에 오른 다윗은 아브넬이 북쪽의 이스라엘과의 통합을 요청해왔을 때 자기의 본처 미갈을 먼저 데려오라는 조건을 붙인다. 힘이 없는 발디는 자기 아내를 뺏기면서도 그냥 슬퍼하며 돌아설 수밖에 없었다. 이제 미갈은 왕의 딸이 아니라 왕의 정비가 된 것이었다. 왕위에 오른 다윗을 다시 만난 미갈은 처음에는 기대에 차 있었을지 모른다. 다시 자기를 찾아준 것이 고마웠을 수도 있다. 그러나 다윗은 이미 다른 여러 아내를 두었고 그들에게서 많은 자녀들도 얻었다. 미갈은 자녀도 낳지 못했는데, 다윗이 하나님의 궤를 예루살렘으로 메고 올 때 그 궤 앞에서 춤추는 것을 보고 왕의 위신이 서지 않는다고 비방하고 업신여긴 기사는 그녀의 다윗을 향한 마음이 어땠는지 짐작이 가능한 부분이다.

미갈의 일생은 우여곡절로 짐철된 생이었다. 님몰래 흘린 눈물의 양도 결코 적지 않았을 것이다. 다른 사람들 눈에 비친 화려한 삶 뒤에서 혼자 외로움에 시달리며 괴로워 했을 것이다. 그런데 무엇보다 미갈은 다윗이 하나님을 사랑한 것처럼 하나님을 사랑하지 않았다. 어려서부터 철저한 하나님 신앙으로 무장하고 살았던 다윗과 달리 미갈의 신앙은 형식적이고 미온적 신앙이었을 것으로 본다.

053

엔돌의 신접한 여인

죽은 사무엘의 영을 부른 무녀

◇ Endor, 뜻 : 거주의 샘
◇ 사울이 그의 신하들에게 이르되 나를 위하여 신접한 여인을 찾으라 내가
  그리로 가서 그에게 물으리라 하니 그의 신하들이 그에게 이르되 보소서
  엔돌에 신접한 여인이 있나이다 **삼상28:7**

사울과 엔돌의 신접한 여인

사무엘은 죽어 장사되었고 비교할 만한 사람이 없었던 멋쟁이 남자 사울도 육체적으로는 노쇠한 데다가 영적으로는 생명력을 잃어버리고 있었다. 사람들의 촉망을 받으며 초대 왕의 자리에 앉았을 때 겸손했던 그에게 백성들은 나라의 번영을 가져다주리라고 기대했다. 그러나 권력은 사람이 타락하도록 만드는 속성이 있다. 그 덫에 걸려들지 않으려면 그만큼 각고의 노력을 기울여야만 한다. 사울은 거기에 실패한 사람이었다. 이스라엘의 숙적 블레셋의 대군이 침략해 왔을 때 그는 어찌할 바를 몰랐다. 하나님의 도움을 받지 못하면 바로 망할 것만 같았다. 그는 하나님께 부르짖어 기도했지만 하나님께서는 꿈으로도 선지자를 통해서도 응답해주지 않으셨다. 절망에 빠진 사울은 자기의 통치기간 동안 이스라엘의 파멸을 막아준 사무엘의 영을 불러 자문을 받으려고 한다. 두려움에 떨던 그에게 회개의 기미는 보이지 않았다. 결국 그는 변장을 하고서 신접한 여인, 즉 점쟁이를 찾아갔다. 하나님께 등을 돌리고 신들린 여인을 찾아가 자문을 구한 것이다. 자기를 떠나버린 사무엘의 영을 불러 만나려는 것이었다.

이 신접한 여인이 어떤 여인이었는지는 알 수 없으나 원래 이스라엘에는 귀신 들려 행하는 그런 일이 있을 수 없었고 그런 일을 행하는 사람은 죽여야만 했다.^{신22:18} 그러므로 그런 점술이나 귀신에게 묻는 전통은 가나안 원주민들에게서 전래된 일이었을 것이고, 그 여인도 이스라엘 경내에 거주하던 원주민 계통의 사람이었을 것이다. 여인은 사무엘의 영을 불러내는데 성공했다. 그리고 사울은 자기의 운명에 관한 예고를 듣게 된다.

여기에서 하나의 의문은 그 여인이 어떻게 사무엘의 영을 불러올 수 있었을까 하는 점이다. 우리의 종말론에 관한 지식에 따르면 사람이 죽음을 맞게 되면 영과 육이 분리되어 신앙인의 영은 하나님의 영역으로 들어가고 불신자들의 영은 사탄이 관할하는 영역에 들어간다. 그래서 점쟁이들이나 무당들이 불러내는 영은 불신자들의 영들이다. 마귀들은 이 세상에서는 신자들을 괴롭힐 수 있으나 하나님의 영역에 들어가 있는 영들을 건드릴 수 없다는 것이다. 그러므로 이런 이론으로는 귀신에 붙들려 있는 사람이 하나님의 나라에 들어가 있는 영을 불러낼 수 없다. 그래서 이 신접한 여인도 사무엘의 영이 나타났을 때 놀랄 수밖에 없었다. 그러나 신접한 여인의 능력으로 그렇게 한 것이 아니라 무소불위無所不爲하신 하나님께서 사울을 불쌍히 여기셔서 그렇게 하셨다면 의문은 해결된다.

054&055   스루야와 아비가일

다윗의 누이들

◇ Zeraiah, 뜻 : 분열 | Abigail, 뜻 : 내 부친이 기뻐함
◇ 그들의 자매는 스루야와 아비가일이라 스루야의 아들은 아비새와 요압과
　아사헬 삼형제요 아비가일은 아마사를 낳았으니 아마사의 아버지는 이스
　마엘 사람 예델이었더라**대상2:16-17**

다윗의 주변에는 수많은 여인들이 있었다. 먼저 그의 어머니가 어떤
사람이었는지를 이야기하는 것이 바른 순서일 것이다. 그러나 그의 어
머니에 관해서는 전혀 아는 것이 없다. 알 수 있는 것은 그녀가 이새의
아내였고, 다윗을 포함하여 아들 일곱과 딸 스루야와 아비가일을 낳았
다는 것 정도이다. 반면에 그 딸 스루야의 이름은 성경에 여러 번 등장
한다. 한 가지 제기되는 문제는 다른 성경**삼하17:25**에는 이 자매가 나하스
의 딸로 소개되고 있다는 점이다. 그래서 학자들은 일반적으로 이들이
다윗의 형제들에게는 아버지가 다른 누이들이었으리라고 추정하기도
한다. 그 스루야는 요압, 아비새, 아사헬 삼 형제를 낳았고 이들은 모두
무장들이었으며 다윗의 호위무사 역할을 충실히 해냈다. 막내 외삼촌
을 도운 셈이다. 그리고 스루야는 아들들을 잘 둔 덕분에 상당한 혜택
과 특권을 누렸다고 할 수 있다. 절대왕권 시대에 왕의 누나라는 지위
와 왕의 최측근 무장들인 아들들을 둔 어머니의 위세는 당당했을 것이
다. 그러나 그녀의 남편에 관해서는 성경은 침묵하고 있다. 아마 중요
인물이 아니었을 것이다. 아들들을 이야기할 때도 아버지의 이름은 생
략된 채 '스루야의 아들'로 소개되고 있다.

아비가일은 아비갈이라는 이름으로도 나온다.**삼하17:25** 아비가일은 스루
야와는 친 자매관계였고 이스마엘 사람 예델과 결혼하여 아마사라는

아들을 낳았다. 아마사는 후일에 다윗의 군장으로 등용되기도 했으나 요압에 의해 살해되고 말았다. 그들은 이종사촌 사이였지만 다윗을 중심으로 군장 자리를 두고 적수 관계에 있었던 것이다. 아비가일의 남편은 이스라엘 사람 이드라라고 하는 성경^{삼하17:25}과 이스마엘 사람 예델이라고 하는 성경말씀이 있어^{대하2:17} 조화시키기 어렵다.

056

다윗의 아내 **아비가일**

총명하고 용모가 아름다우며 화평케 한 여인

◇ Abigail, 뜻 : 내 부친이 기뻐함
◇ 그 사람의 이름은 나발이요 그의 아내의 이름은 아비가일이라 그 여자는
  총명하고 용모가 아름다우나 남자는 완고하고 행실이 악하며 그는 갈렙
  족속이었더라**삼상25:3**

또 한 사람의 아비가일이 있다. 다윗의 아내 아비가일이다. 아비가일
은 원래 갈멜 사람 나발의 아내였다. 나발은 마온이라는 지역에 큰 목
장을 가진 부유한 목축업자였다. 다윗과 그를 따르는 사람들이 때때로
나발의 목장지에 가까운 곳에서 야영을 했는데, 나발의 양들과 목동들
을 도와 약탈자들로부터 그들을 지켜주어 돈독한 관계에 있었던 인물
이다. 그러던 어느 날 양털 깎는 계절이 되어 다윗이 그의 사람 몇을 나
발에게 보내 먹을거리를 좀 보내달라고 청하게 됐다. 그런데 나발은
자기 목자들과 목동들의 증언을 듣고도 그 청을 단호히 거절하고 오
히려 모욕적인 말로 응수했다. 그 보고를 듣고 분노가 끓어오른 다윗
은 그를 따르는 사람들과 함께 그 집을 쓸어버리려고 나섰다. 그런 주
인의 모습을 보고 두려움에 사로잡힌 목동들은 그 사실을 나발이 아닌
그 여주인 아비가일에게 알렸다. 즉시 먹을거리를 준비하여 다윗 일행
을 맞으러 나간 아비가일은 다윗을 만나 절을 올리고 남편의 어리석음
과 무례함을 용서해달라고 빈다. 그런 즉각적인 대응은 아비가일의 지
혜와 바른 처신을 보여주었다. 다윗은 그 말과 처신에 감동을 받고 마
음을 바꾸어 돌아갔다. 아비가일은 다윗에게 하나님께서 보내신 사자
였던 셈이다. 나중에 그 이야기를 전해들은 나발은 충격을 받아 죽고
말았다.

말과 행동으로 다윗을 감동시켜 그 마음을 바꾸게 한 아비가일은 무엇보다 먼저 다윗이 쫓기는 몸이지만 그가 옳다는 것을 인정했고 하나님께서도 그를 지켜주시리라고 했다. 그리고 다윗의 요구를 그대로 수행하는 것 이상으로 그의 일생을 긍정적으로 평가해준다. 이제 다윗은 더 이상 도피생활을 하는 망명객이 아니고, 유다와 온 이스라엘의 왕이 되리라는 예언의 말까지 해주었다. 이어서 나발 같은 사람을 죽이는 일은 현명한 처사가 아니라는 것을 일깨워주기도 했다. 다윗은 자기가 직접 징벌에 나서지 못하게 막아주신 하나님께 감사했고, 그렇게 일깨워준 아비가일을 칭찬했다.

그 후에 나발이 죽었다는 것을 알게 된 다윗은 아비가일을 불러 자기 아내로 삼는다. 다윗의 여덟 아내미갈, 밧세바, 아비노암, 마아가, 학깃, 아비달, 에글라:삼하3:2-5 중의 한 명이 된 것이다. 아비가일은 다윗의 여러 아내들 중에 다윗의 삶에 가장 선한 영향을 미친 사람이었다. 악한 남편과 다윗 사이를 중재함으로써 피를 흘리는 일을 막고 화평케 하는 사람으로서의 역할을 한 그녀는 다윗의 아내가 된 후 다윗의 둘째 아들 길르압을 낳았다. 길르압은 후일 왕권을 두고 벌이는 왕자의 난에도 등장하지 않고 형 암논처럼 도덕적 허물로 문제를 일으키지도 않았다. 어머니의 성품과 지혜를 물려받았기 때문이라고 보아도 큰 무리가 없을 것 같다.

057

밧세바

시작은 불경했으나 왕의 모친이 된 여인

◇ Paddan-aram, 뜻 : 맹약의 여자
◇ 다윗이 사람을 보내 그 여인을 알아보게 하였더니 그가 아뢰되 그는 엘리암의 딸이요 헷 사람 우리아의 아내 밧세바가 아니니이까 **삼하11:3**

밧세바는 밧수아**대상3:5**라는 이름으로도 나오는 여인이다. 다윗의 여러 아내들 중 왕위를 물려받은 솔로몬의 어머니였으므로 중요한 인물이 되었다. 그녀의 아버지는 엘리암**또는 암미엘;삼하11:3,대상3:5**이었고, 남편은 헷 사람 우리아로 그는 다윗 군대의 장수로 매우 충직한 인물이었다. 우리아가 암몬 족속과의 전투에 참전하고 밧세바가 홀로 집을 지키고 있었을 때의 일이다. 저녁 때가 되어 더위를 피하려고 마당에 나가 간단한 목욕을 했는데 그 광경을 보고 있던 사람이 있었다. 다윗이었다. 다윗은 왕궁 옥상을 거닐면서 이런저런 생각에 잠겨 있다가 저 아래에 있는 집에서 젊은 여인이 옷을 벗고 물을 끼얹고 있는 광경을 보게 되었다. 호기심이 발동한 그는 그 여인이 누구인지 알아보게 했다. 밧세바는, 남편 우리아가 전장에 나가고 그녀 혼자 집을 지키고 있다는 것을 알게 된 다윗에게 불려나간다. 그 밤에 둘은 잠자리를 같이 했고, 밧세바는 그 한 번의 관계로 임신했다.

　　밧세바의 태중에 있는 아기를 다윗은 남편 우리아의 아이로 만들기 위해 술책을 꾸며 보지만 실패하고, 결국 다윗은 우리아를 전장터에서 죽음에로 몰아넣었다. 남편이 전사했다는 소식을 듣고 밧세바는 매우 슬퍼하며 울었다. 그리고 장례를 마치고는 다시 왕궁으로 불려가 다윗의 아내가 되었다. 밧세바는 자기 남편을 두고 벌인 다윗의 술책들과 그를 죽음에로 몰아넣은 사실들에 대해서는 전혀 알아채지 못 했다. 시간이 지나고 그녀는 아기를 낳았다. 그러나 아이는 태어나자마자 심하게 앓다가 죽고 말았다. 하나님께서 치신 것이다. 슬퍼하는 밧세바에게 다윗이 위로하고 두 사람 사이에서 다시 아들이 태어나는데 그 아기가 솔로몬이다.

　　　밧세바를 좋은 여인으로 볼 것인가, 아니면 행실이 정숙하지 못한 여인으로 볼 것인가에 대한 양론의 주장은 여전히 팽팽하다. 다른 사람의 아내와 불륜을 행하여 '간음하지 말라'는 계명을 어겼고, 그 남편을 죽음으로 몰아넣었으니 '살인하지 말라'는 계명을 범하였으며, 그런 것들을 덮으려고 계략을 썼으니 '거짓 증거하지 말라'는 계명을 범한 다윗은 선지자 나단의 지혜로운 질책을 듣고 철저한 회개를 함으로써 죄 사함의 은혜를 입었다. 성경은 이런 과정에서 밧세바는 어떤 생각을 했으며 어떤 느낌을 가졌을지에 대해서는 침묵한다.

솔로몬을 낳은 후에도 밧세바는 아들 셋을 더 낳았다. 시므아^{삼무아}, 소밥과 나단이 그들이다. 그러나 그녀의 이름이 존귀하게 되는 것은 솔로몬 때문이다. 솔로몬 때문에 밧세바는 예수의 족보에 오르게 되었다. 그러나 솔로몬이 다윗의 뒤를 이어 왕위를 계승하는 데 그의 생모인 밧세바의 공로는 매우 컸다. 왕위 계승을 두고 왕자들 간의 경쟁은 치열했던 상황에서, 다윗의 나이가 많아 죽음이 멀지 않아 보일 때 밧세바가 아들의 왕위 계승을 위해 한 일은 그녀가 일생 동안 행한 어떤 일보다 용감했으며 중요한 역할이었다. 다윗에 반역을 꾀했던 마아가의 아들 압살롬^{다윗의 셋째 아들}은 요압의 창날에 죽임을 당했고, 다윗의 다른 아내 학깃의 아들 아도니야^{다윗의 넷째 아들}가 군사령관 요압과 제사장 아비아달의 지지를 받아 왕위를 차지하려고 모의를 하던 혼란의 시절이었다. 이때 밧세바가 나선 것이다. 그녀는 선지자 나단의 도움을 얻어, 나이 들어 아들들을 통제 못하는 다윗에게 지난 날의 약속을 상기시키며 자기 아들 솔로몬에게 왕위를 계승해 달라고 청한다.

성경에서 밧세바에 대한 마지막 이야기는 솔로몬이 왕좌에 오르고 한 번 재등장한다. 다윗 왕이 죽은 후에 왕위 경쟁에서 밀려난 아도니야의 청을 받아 다윗의 말년 수발을 들었던 아비삭을 그의 아내로 주라고 청을 전한 이야기이다. 솔로몬은 그 청을 받아주지 않았다. 오히려 그런 청을 하는 어머니에게 핀잔을 주어 돌려 보냈다. 그리고 아도니야는 그것이 빌미가 되어 죽임을 당했다. 고대의 관습에 따르면 죽은 선왕의 여인을 물려받는 사람은 왕위도 계승받는 것을 의미한다. 밧세바가 그것을 인지했든 못했든 그런 청은 솔로몬 입장에서는 왕권에 대한 도전으로 받아들여졌다.

성경에는 다윗의 여러 아내들의 이름이 나오는데, 모두가 아들을 낳고 그 아들들과 함께 거론되어 나온다. 맏아들 암논을 낳은 이스르엘 여인 아히노암, 압살롬의 어머니 마아가, 아도니아의 어머니 학깃, 스바다를 낳은 아비달, 이드르암의 어머니 에글라 등이 그들이다. 그 외에도 다윗에게는 많은 아들들과 딸들이 있었으나 그들을 낳은 여인들의 이름은 기록되지 않았다. 또 다윗은 그 수를 알 수 없는^{적어도 열 명:삼하15:6} 후궁들도 있었지만 그들 모두는 우리의 주의를 끌 만큼 그리 중요한 인물들은 아니었던 것 같다.

다윗의 아내들을 이야기할 때 흥미로운 한 가지 사실은 이름이 알려져 있는 중요한 위치를 차지한 아내들이 모두 두 번씩 결혼한 여인들이었다는 것이다. 첫째 아내 사울의 딸 미갈, 나발의 아내였던 아비가일, 우리야의 아내였던 밧세바가 모두 그렇다.

058

다말

암논이 연모한 다윗의 딸

◇ Tamar, 뜻 : 종려나무
◇ 다말이 재를 자기의 머리에 덮어쓰고 그의 채색옷을 찢고 손을 머리 위에 얹고 가서 크게 울부짖으니라 미갈이며**삼하13:19**

압살롬의 죽음에 통곡하는 다윗

다말은 다윗의 딸 가운데 성경에 등장하는 유일한 여성으로 압살롬의 누이동생이기도 하다. 어머니는 다윗의 둘째 부인 마아가다. 마아가의 외모가 어땠는지 알 수 없으나 성경에 의하면 그녀가 낳은 자식들은 모두 외모가 출중했다. 오라비 압살롬도 성경에서 보기드문 미남자로 묘사되는데 다말도 그 미색이 뛰어났다. 그런 그녀에게 반한 사람이 있었는데 다윗의 맏아들 암논**어머니가 다른**이었다. 그는 짝사랑에 빠져 급기야 상사병에 기력도 잃어갔다. 그런 암논에게 도움을 줄 사람이 찾아오는데 그가 하필 요나답이었다. 요나답은 다윗의 셋째 형 시므아의 아들이었는데, 문제는 그가 술수에 능한 교활한 사람이었다는 데 있었다. 그는 상사병을 앓고 있는 암논에게 문제해결의 방법을 제시했다.

암논은 요나답이 일러준 대로 병들어 앓는 시늉을 하다가 다윗이 보러 오자 자기 집에서 누이동생 다말의 요리를 먹게 해달라는 청을 했다. 그녀가 와서 해준 요리를 먹으면 병이 나을 것 같다는 것이었다. 앞뒤 사정을 전혀 모르는 다윗은 다말에게 사람을 보내 그렇게 하도록 하라고 전갈했다. 다말 역시 아무 것도 모르고 누워있는 암논의 집에 가서 그가 보는 데서 밀가루로 과자를 구워 압논에게 가져다 준다. 그러나 암논은 먹지도 않고 투정을 부리는가 하면 시중드는 사람들을 모두 집에서 내보내고, 다말에게 만든 과자를 가져와서 직접 먹여 달라고 한다. 부왕의 전갈을 받고 왔던 다말은 아무 의심 않고 암논이 시키는 대로 과자를 들고 침실로 들어갔다. 그러자 암논은 다말을 붙잡고 성관계를 갖자고 요구했다. 다말이 어리석은 일이라면서 거절했으나 욕정에 사로잡힌 암논은 완력으로 다말을 겁탈했다. 그후 암논은 다말을 집에서 쫓아내고 문빗장을 지르게 했다.

쫓겨난 다말은 공주가 입는 채색 옷을 찢고 머리에 재를 덮어쓰고 손을 머리 위에 얹고 가서 큰소리로 울부짖었다. 그녀의 오빠인 압살롬은 바로 사건의 전말을 파악했다. 그리고 다말을 진정시키고 내색은 하지 않으면서 누이동생의 한을 풀어줄 기회를 노렸다. 암논을 죽일 심산이었다. 결국 만 2년 후에 암논은 압살롬에 의해 죽임을 당했다. 압살롬 왕위 계승의 강력한 정적 하나가 제거된 것이었다. 이것이 성경에 나오는 다말 관련 마지막 이야기이다.

다말은 강인한 성품의 소유자로 도덕적인 성 관념을 가지고 있던 지혜로운 여인이었다. 아버지의 말씀에 토를 달지 않고 순종한 딸이었고 동기간의 생활에서도 같은 어머니나 다른 어머니를 가진 형제를 구분하지 않고 좋은 관계를 가진 누이였다. 뭇 사람들의 사랑받는 공주 다말은 암논과의 일 후에 여러 모로 상처를 가지고 살았을 것으로 본다. 아버지 다윗은 분별없이 그녀를 그런 상황에로 몰아넣은 사람이었고, 압살롬은 그녀의 한을 풀어준다는 명분으로 가장 강력했던 정적적장자의 왕위 계승권을 제거하는 일을 수행했으니 누이동생의 불행한 경험을 자기 목적달성의 수단으로 삼았으며, 이복 오라비 암논은 그녀에게 평생 잊을 수 없는 끔찍한 일을 겪게 한 장본인이었다. 그리고 사촌 오라비 요나답은 다말을 성적 노리개가 되도록 일을 꾸민 사람이었다. 주위에는 도움을 주려는 사람보다 그녀를 불행하게 하는 데 기여했거나 역할을 한 사람들뿐이라 받아들였을 여지도 있다. 다말의 이야기를 기록으로 남긴 성서 기자도 그 중심인물 다말 중심으로 쓰기보다는 다윗과 압살롬, 그리고 암논 중심의 이야기에서 다말은 조역이 되는 데 그쳤다. 남성 중심의 역사기록이었기 때문이다.

059   드고아의 지혜로운 여인

압살롬과 다윗의 회친을 도운 여인

◇ Tekoa, 뜻 : 나팔 소리
◇ 드고아 여인이 왕께 아뢰되 내 주 왕이여 그 죄는 나와 내 아버지의 집으로 돌릴 것이니 왕과 왕위는 허물이 없으리이다 **삼하14:9**

드고아는 예루살렘 남쪽으로 16킬로미터 정도의 거리에 있는 마을이었다. 거기에는 사무엘하서에 등장하는 지혜로운 두 여인 가운데 한 사람이 살고 있었다. 그들의 지혜로운 속성은 말을 조리 있게 해서 상대방을 설득하는 것으로 나타난다. 어떤 의미에서 일반적으로 이런 지혜로운 면을 여성들이 남성들보다 훨씬 뛰어나게 발휘한다고 해도 크게 틀린 말은 아닐 것이다. 이 여인이 등장하는 때는 다윗의 맏아들 암논이 압살롬의 누이 다말을 성폭행한 후에 그 보복으로 압살롬이 암논을 죽인 후 왕의 처벌이 두려워 외가인 그술왕 달매에게로 도피하여 있던 때였다. 다윗은 죽은 아들과 도망친 아들 때문에 슬픔에 잠긴 나날을 보냈다. 3년의 세월이 훌쩍 지나 왕의 심경을 간파한 요압이 다윗왕과 왕자 압살롬 사이의 화해를 추진하려고 계략을 세우는데, 여기에 드고아에 살고 있던 이 지혜로운 여인을 왕에게 보내 그 계획을 성사시킨다.

여인은, 자기 아들 형제간에 다툼이 생겨 한 아들이 다른 아들을 죽였고 주변의 사람들이 그 남은 아들마저 죽이려고 한다고 꾸며댔다. 다윗은 그 여인의 의도를 알게 되었고, 요압을 보내 아들 압살롬을 데려오게 했다. 지혜가 번득이는 그녀의 언변에 다윗이 압살롬의 귀환을 허락한 것이다. 그러나 왕은 돌아온 아들을 만나주지는 않았다. 부자간

의 화해는 반쪽짜리 화해였다. 다시 부자가 완전한 화해를 이루는 데
는 2년의 시간이 더 걸렸다. 그리고 그 다음 2년 후에는 압살롬의 반역
이 벌어지면서 그는 비명에 죽음을 맞았다. 드고아 여인의 화해를 위
한 노력의 결말은 아름다운 것이 되지 못한 셈이다. 여인은 자기 역할
을 충분히 수행했으나 인간의 권력욕이 비극을 낳고 만 것이다. 여인
이 다윗에게 왔을 때 그녀는 중년 이상의 나이든 여인이었을 것으로
추측된다.

060 벧마아가의 지혜로운 여인

지도력으로 역사에 남은 무명의 여인

◇ Bethmaachah(아벨 벧 마아가를 보라), 뜻 : 아벨의 고을
◇ 나는 이스라엘의 화평하고 충성된 자 중 하나이거늘 당신이 이스라엘 가운데 어머니 같은 성을 멸하고자 하시는도다 어찌하여 당신이 여호와의 기업을 삼키고자 하시나이까 삼하20:19

벧마아가는 왕국의 북쪽에 있던 요새화된 성읍이었다. 다윗이 아들의 쿠데타 후 다시 왕좌로 돌아올 때 다윗이 속한 유다족속이 그 복귀를 돕는 중심에 서게 되었고 그런 유다족속과 왕국의 북쪽에 기업의 터전을 잡은 다른 이스라엘 지파들 사이에는 정치적 갈등관계가 표면화되고 있었다. 표면적으로는 다윗의 복귀를 반기고 있었지만 일부에서는 불만을 그대로 표출시킨 것이다. 그 중에서 베냐민 지파에 속한 비그리의 아들 세바가 반기의 기치를 들고 나왔다. 그는 불량배 출신이었고, 기치를 들고 앞서 나설 만큼 용기가 있는 사람이었다. 불만을 갖고 있던 민중들이 그를 따라 나섰다. 이에 다윗이 아비새에게 세바를 추격하라고 명을 내렸고 세바와 그를 따르는 무리가 벧마아가에 속한 아벨 성으로 도피해 들어갔다. 다윗군인 요압과 아비새는 군대를 인솔해 가서 그 성읍을 함락시키기 위해 토성을 쌓고 성벽을 공격했다.

벧마아가의 지혜로운 여인이 등장하는 장면이 여기서부터다. 그 성에 살고 있던 한 여인이 이 때 성벽 위에 나와서 요압에게 협상을 요청했다. 요압은 즉시 그 협상에 응했고 여인은 그의 요구를 인지하고 지혜롭게 성읍 지도자들과 백성들을 설득한다. 그리고 나서 반역자의 목을 베어 성 아래로 던지게 함으로써 문제를 평화롭게 해결할 수 있게 했다. 삼하20:14-22 드고아의 지혜로운 여인의 경우나 이 여인의 경우를 미루

어 생각해보면 다윗 시대에도 정치 사회적으로 여인들의 역할이 활발하게 이루어졌음을 알 수 있다. 활동적이었으며 지혜로운 여성, 기지를 훌륭하게 발휘하는 여성들의 모습을 왕왕 볼 수 있다. 아마 그 여인도 상당한 지도력을 발휘할 수 있는 마을 지도자들 중의 한 사람이었으리라고 봐진다.

061 리스바

사울의 후궁에서 세 아들을 정치적 희생양으로 보낸 비운의 여인

◇ Rizbah, 뜻 : 뜨거운 돌
◇ 아야의 딸 사울의 첩 리스바가 행한 일이 다윗에게 알려지매 다윗이 가서
  사울의 뼈와 그의 아들 요나단의 뼈를 길르앗 야베스 사람에게서 가져가
  니 **삼하21:11-12**

세 아들의 시신 아래서 애통해 하는 리스바

리스바는 호리족속에 속한 아야의 딸이었
다. 사울 왕의 후궁 중 한 사람으로 왕궁에
들어온 그녀는 사울의 아들 알모니와 므비
보셋을 낳았다. 사울의 다른 아들 이스보셋
이 사울의 뒤를 이어 얼마 동안 왕위에 있
을 때 군사령관 아브넬이 실권을 잡고 리스
바와 관계한 사실을 두고 책망하자 아브넬
은 사울왕가에 대한 충성심을 버리고 다윗
에게로 돌아서버렸다. 결국 사울왕가의 패망을 가져오는 데 리스바가
그 중심에 있었다고 할 수 있다.

이후 리스바의 이름은 두 아들이 죽는 자리에서 등장한다. 사울이 기
브온 사람들을 멸족시키려고 한 일이 원인이 되었다. 이 일은 이후 이
스라엘 전국에 극심한 기근을 불러왔다. 왜냐하면 기브온은 여호수아
이후 하나님께서 이스라엘 민족에게 주신 거룩한 땅의 경내에 거주가
허락된 유일한 이민족이었기 때문이다. 다윗은 이 인과관계를 알고 있
었다. 그래서 살아남은 기브온 사람들을 불러 어떻게 해주면 이스라
엘을 위해 복을 빌어주겠느냐고 물었다. 그들은 다윗에게 그들의 원수
사울의 자손 일곱 사람을 내 달라고 했다. 다윗은 요나단과의 맹세를

생각하고 요나단의 아들인 므비보셋은 내주지 않았다. 그리고 사울의 딸 매랍의 다섯 아들과 리스바가 낳은 두 아들, 알모니와 므비보셋을 그들의 손에 넘겨주고 그들은 죽음을 맞게 했다. 기브온 사람들은 모든 사람들이 볼 수 있게 그들을 언덕^{작은 산} 위로 데려가서 나무에 매달아 죽였다. 사울의 죄로 무고한 그의 자손 일곱이 목숨을 잃은 것이다.

리스바는 아들들이 죽음을 맞는 현상을 시켜봐야 했다. 아들들이 한꺼번에 나무에 목메어달려 죽는 현장을 지켜보는 어머니로서의 리스바는 가슴이 찢어지는 아픔을 겪었다. 알모니와 므비보셋이 처형된 것은 막 보리를 거두기 시작한 추수철이었다. 리스바는 상복을 가져다가 바위 위에 펴놓고 그 위에 앉아 추수가 시작될 때부터 하늘에서 빗방울이 떨어질 때까지 주검을 지켜 낮에는 공중의 새가 내려 앉지 못하게 하고 밤에는 들짐승이 달려들지 못하게 하였다. 큰 고생 모르고 살아오던 여인이 외로움과 두려움에 떨며 나날을 보내고 있던 중 그녀의 이야기를 전해들은 다윗은 그들의 장례를 치러주었다. 리스바의 애도 생활도 막을 내렸다.

그녀의 그런 모습을 멀리서 바라보면서 사람들은 별별 소리를 다했을 것이다. 동정을 표하며 불쌍하게 여기는 사람들도 있었지만 미쳤다고 욕하는 사람들도 있었을 것이다. 그런데 그녀의 모습은 골고다 언덕으로 십자가를 지고 올라가던 예수를 따르던 그리고 십자가에 못 박혀 달리던 아들을 바라보던 그 어머니 마리아를 생각나게 한다. 리스바는 스스로 어떤 죄나 악을 행하지 않았으나 다른 사람의 잘못 때문에 대신 고통을 겪어야 했던 희생양이었다.

062

아비삭

주체적 삶을 살 수 없었던 왕실 여인

◇ Abishag, 뜻 : 내 부친이 표류함
◇ 솔로몬 왕이 그의 어머니에게 대답하여 이르되 어찌하여 아도니야를 위하여 수넴 여자 아비삭을 구하시나이까 그는 나의 형이오니 그를 위하여 왕권도 구하옵소서 **왕상2:22**

다윗 왕이 나이 많아 늙어 건강상태가 예전과 같지 못한 때 신하들은 아름다운 젊은 처녀를 구하여 왕을 모시게 했다. 아비삭은 그때 이스라엘 전국에서 찾아 간택된 여인이 수넴 여자다. 그녀는 다윗 왕의 마지막 후궁으로 왕궁에 들어온 셈이었다. 그러나 왕은 이미 늙고 체력이 쇠잔하여 그녀와 잠자리를 같이 하지는 않았다. 그리고 그것은 정치적 통제력도 약화되었음을 의미하기도 한다. 성경은 바로 이어서 그의 넷째 부인 학깃의 아들 아도니야가 그의 왕위를 탐내어 스스로 왕이 되려고 한 이야기를 전해주기 때문이다. 그리고 그것은 다윗이 솔로몬에게 왕위를 양위하도록 하는 도화선에 불을 붙이는 일이 된다. 솔로몬의 어머니 밧세바가 아도니야가 벌인 왕위 계승을 위한 잔치 이야기를 왕에게 전함으로 왕위 양위가 급속히 이루어진 것이다. 그리고 그런 일이 진행되는 현장 중앙에는 아비삭이 있었다. 얼마 후 다윗은 죽었고 다윗 왕이 누렸던 모든 것과 함께 당시의 관습대로 아비삭은 솔로몬 왕의 소유가 되었다.

솔로몬이 왕위에 오르고 아도니야 사이에도 얼마간 화해가 이루어져 충돌 없이 흘러갔다. 그런데 아도니야의 운명을 결정하는 사건이 아비삭을 중심으로 벌어졌다. 아도니야가 태후의 자리에 있던 밧세바를 찾아와서 자신이 아버지의 노후에 시중을 맡았던 아비삭과 결혼할 수 있도록 솔로몬 왕의 허락을 받아달라고 청탁을 한 것이다. 밧세바의 청탁 내용을 들은 솔로몬 왕의 반응은 즉각적이고 엄중했다. 아도니야의 목숨을 뺏어버린 것이다. 의문을 제기할 수도 있는 대목인데, 부왕의 여자를 차지한다는 것은 왕위를 계승한 사람이라는 것을 상징적으로 보여주는 것이기 때문에 그것은 반역의 시발로 볼 수 있었던 것이다. 현실적으로는 정치적 힘을 잃은 사람이 쉽게 벌일 수 있는 일은 아니었을 뿐더러 그와 같은 사회적 통념이 있던 시대에서는 충분히 문제로 삼을 수 있는 일이었다.

아바삭은 자기 재능과 능력을 발휘해보거나 여성으로서의 행복한 삶을 추구할 수 있는 기회가 차단된 채 수동적으로 산 여인이었다. 왕실에 들어오기는 했으나 왕권을 마음껏 행사할 수 없던 노쇠한 왕의 시중을 드는 여인이었고, 나중에는 권력다툼에서 패배자였던 아도니야의 청혼에도 의견조차 낼 수 없었던 무력한 여인이었다. 전국에서 빼어난 미모와 상냥한 미소로 뽑혀왔던 생기발랄했던 여인은, 그러나 제대로 피어보지도 못하고 역사의 뒤안길로 사라졌다. 그것이 아비삭의 일생이었다.

제6장

왕국 시대의
여성들2

063&064

창기 두 여자

솔로몬의 재판으로 유명해진 여자들

◇ -
◇ 왕이 이르되 산 아이를 둘로 나누어 반은 이 여자에게 주고 반은 저 여자에게 주라 **왕상3:25**

두 창기와 솔로몬의 판결

솔로몬이 왕위에 오르고 하나님께로부터 지혜를 허락받은 후에 그를 찾아와 재판받은 두 창기 이야기는 널리 알려진 이야기다. 즉위 초 솔로몬의 궁정에는 두 여인이 한 아기를 안고 찾아와서 억울한 사정을 하소연한 사건이 있었다. 두 사람은 창기였다. 창기란 기본적으로 몸을 파는 일을 직업으로 삼는 사람들을 말한다. 그들은 때로 두 세 사람이 함께 살기도 했고, 아기를 낳아 기르기도 했다. 재판장에 나온 두 여인들이 바로 그런 사람들이었다. 그들에게 남편이 있었는지 아니면 아기의 아버지가 누구였는지에 대한 언급은 없다. 단지 데리고 온 아기에 대한 그들의 주장이 서로 달랐다는 것밖에 그들을 구별해 볼 수 있는 정보는 없다.

두 사람은 비슷한 시기에 각기 아들을 낳았고 함께 산 집에 다른 사람은 없었다. 한 여인의 주장에 따르면 어느 밤에 자기가 잠들었을 때 다른 여자가 일부러 그런 것은 아니지만 실수로 자기 아기를 깔고 누워버려 아기가 죽자 죽은 아기와 살아 있는 아기를 바꿔치기했다는 것이었다. 서로 남은 한 아기가 자기 아들이라고 우기는 상황이었다. 증인이 되어줄 사람은 아무도 없었다. 유전자 검사를 통해 친자 확인을 하는 기술은 꿈도 꿀 수 없는 시대였다. 증인도 증거도 전무하고 주장이 서로 팽팽한 상태에서 재판을 해야 했던 왕은 뜬금없이 칼^{sword:겁}을 가져오라고 했다. 그리고 칼을 가져오자 살아있는 아기를 반으로 갈라 나눠주라고 했다. 여인들의 반응은 엇갈렸다. 한 여인은 그렇게 하자고 했고, 다른 여인은 아기를 죽이지 말고 상대 여자에게 주라고 했다.

　　왕은 후자가 아기의 어머니라고 판결했다. 어머니로서의 모정을 판단의 기준으로 삼았던 것이다. 뭇 사람이 주목하는 가운데 재판은 명 판결로 끝났다. 참 어머니가 아니었던 여인은 살아있는 아기에 대한 시기심이 발동하여 자기 본심을 드러냈고, 참 어머니였던 여인 또한 모성애라는 본능을 그대로 드러낸 사건이었다. 왕은 그런 인간 본성을 드러내게 하여 명 판결을 했다.

065 스바의 여왕

여성 리더십의 포스를 보여준 여성

◇ Sheba, 남부 아라비아
◇ 스바의 여왕이 여호와의 이름으로 말미암은 솔로몬의 명성을 듣고 와서
  어려운 문제로 그를 시험하고자 하여 ^{왕상10:1}

세바의 여왕을 맞는 솔로몬

스바는 유다 남방 홍해 변으로부터 이디오피아 지역에까지 퍼져 있던 대제국으로 엄청난 부를 누렸던 나라로 알려져 있다. 낙타를 이용해 사막 지역을 장악하고 통상을 함으로써 부를 축적했던 나라다. 그런 나라의 여왕이 솔로몬 왕을 국빈으로 방문했다는 것은 당시 솔로몬이 누린 부와 명성, 그 지혜에 관한 소문이 국제적으로 널리 알려졌음을 보여준다. 또 그 여왕의 방문 이야기는 솔로몬의 지혜와 영광뿐만 아니라 그 여왕이 누린 부와 지성의 힘까지도 보여준다. 성경에서 보여주는 이야기만이 아니라 이집트와 메소포타미아의 역사에서도 그 여왕의 치세를 기록이 발견된다. 여러 설이 있기는 하지만 그녀의 정확한 이름이나 출신을 확인할 수는 없다. 대체로는 아프리카 출신이라는 데 동의하는 정도이다. 그리고 후기의 전통에서는 아가서에 나오는 솔로몬의 '검으나 아름다운'^{아1:5} 여인을 스바의 여왕과 관련시켜 이해하려는 흐름도 있다. 또 둘 사이의 관계는 선을 넘었고, 그래서 아기를 낳았다는 이야기까지 만들어져 내려오기도 했다. 후일 그리스도인들은 그녀를 '남방 여왕'^{마12:42;눅11:31}이나 에티오피아의 여왕 간다게^{행8:27}의 한 사람으로 보기도 했다. 간다게란 개인의 이름이 아니라 애

굽의 바로나 중국의 황제처럼 에티오피아의 왕을 가리키는 칭호였다.

　　스바 여왕 이야기는 초기 기독교 역사가였던 요세프스의 역사 책**Antiquities of Josephus**에도 나온다. 거기에 따르면 그녀의 이름은 니콜리스**Nicaulis**였고 이집트나 다른 아프리카 출신이었다. 그녀의 존재는 이슬람의 쿠란에도 나올 정도로 유명 인사였다. 종합해 보면 스바의 여왕은 남성들이 통치하는 것이 일반화되어 있던 시대에 정확한 경계를 알 수 없지만 당시 유다 남방에 있던 대제국의 유능한 통치자였던 것은 분명한 듯하다. 그녀는 많은 예물**금,은, 각종 보석**과 특산품**향품**을 싣고 솔로몬을 찾아왔고 솔로몬의 부와 귀, 영화, 궁궐의 웅장함, 그 신하들의 직제 등에 감탄을 보냈다. 그리고 그녀의 귀국길에는 솔로몬이 준 그의 격에 어울리는 답례품이 그 뒤를 따랐다.

여로보암의 아내

왕인 남편과 선지자 사이 메시지 중개자

◇ Jeroboam, 뜻 : 백성이 많음
◇ 여로보암의 아내가 일어나 디르사로 돌아가서 집 문지방에 이를 때에 그 아이가 죽은지라 **왕상14:17**

여로보암은 솔로몬 사후 통일 왕국이 남북 **유다와** **이스라엘**으로 분열되고 북왕국에 세워진 초대왕이다. 그의 아내에 관해서는 한 가지 이야기만 전해진다. 여로보암의 아들 아비야가 병들어 죽어갈 때 왕비인 자신의 아내에게 실로에 있는 선지자 아히야를 찾아가라고 하는데, 그때 왕은 아내에게 사람들이 왕비임을 알아차리지 못하게 변장을 하고 가서 아이의 병이 어떻게 될지를 물어보라고 한다. 선지자 아히야는 그 전에 여로보암이 이스라엘 왕이 될 것을 미리 알려준 인물이었다. 그의 아내는 남편의 말대로 예물을 준비해서 아히야를 찾아갔다.

아히야는 나이로 인하여 앞을 거의 볼 수 없는 상황이었다. 그러나 그는 그녀의 발소리만 듣고도 여로보암의 아내인 것을 알아보았다. 그가 왕비에게 전해준 이야기는 섬뜩한 내용이었다. 여로보암의 우상숭배 때문에 그 집이 완전히 멸절될 것을 예고한 것이다. 그리고 그 병든 아들은 그녀가 그 도성으로 들어갈 때에 죽으리라고 한다. 심지어 여로보암의 집에서 그 아이만 정당한 장례절차에 따라 장사될 것이라고 전한다. 그런데 성경에서는 그녀가 남편에게 이 내용을 전했는지에 대해서는 침묵한다. 결국 아이는 선지자의 예고대로 죽었으며 장례가 치러졌다. 그리고 여로보암의 집을 향한 예언도 그대로 성취되었다.

이런 역사적 흐름에서 여로보암의 아내의 역할은 철저히 수동적이다.

그녀는 남편의 지시대로 했을 뿐이다. 선지자 아히야를 찾아가서도 인사를 하고 무엇을 물어본 기록은 전혀 없다. 그냥 선지자가 전하는 메시지를 듣고 왔을 뿐이다. 구약에 나오는 다른 비운의 여인들처럼 그녀 역시 그랬다. 남편 여로보암이 왕위에 있는 동안^{22년 간} 왕비로서 어느 정도의 영화를 누리기는 했겠지만 어린 아들의 죽음을 알고도 속수무책으로 보고 있어야만 했고, 남편과 그 집이 몰락해가는 것을 몸소 겪어야만 했었다. 왕으로서의 남편과 선지자 사이에서 메시지의 중개자 역할은 했지만 역사의 흐름에 기여한 것은 없다. 적극적이고 능동적인 어떤 역할을 할 만한 인물은 아니었던 것이다.

067 사르밧의 여인

확고한 믿음을 보여준 이방 여인

◇ Zarephath(Sarpta), 뜻 : 부어넣음
◇ 여인이 엘리야에게 이르되 내가 이제야 당신은 하나님의 사람이시요 당
  신의 입에 있는 여호와의 말씀이 진실한 줄 아노라**왕상17:24**

이사야 예언자

사르밧에 살았던 이 여인은 구약의 대표적인 선지자 엘리야가 활동하던 시대에 살았던 사람이다. 이 여인에 관한 이야기에서 엘리야의 사역은 세 가지로 소개된다. 첫째는 이스라엘 왕 아합과 그 백성들이 하나님을 버리고 우상숭배에 빠진 벌로 이스라엘 땅에 수 년 동안 가뭄이 있으리라고 예언한 것이었다. 이 예언대로 그 땅에는 극심한 가뭄이 들게 되어 결과적으로 온 나라가 기근에 시달렸다. 둘째로 엘리야는 하나님의 명에 따라 그릿 시냇가에 머물며 까마귀들이 물어다주는 음식을 먹고 그 시냇물을 마시며 지냈다. 그리고 수년 동안 가뭄이 계속되자 그 시내마저 말라버렸던 이야기다. 마지막 이야기가 사르밧**사렙다:눅4:20**의 여인 이야기이다. 성경에는 사르밧 과부로 소개된다.

그릿 시내가 말라버렸을 때 하나님은 엘리야에게 이방에 속하는 시돈 지방의 사르밧으로 가라고 하셨다. 그가 사르밧 성문에 이르렀을 때 나뭇가지를 줍고 있는 그 과부를 만나는데, 그는 다짜고짜 그녀에게 마실 물을 조금 갖다달라고 한다. 가뭄과 기근으로 지쳐있었지만 여인은 낯선 나그네의 황당한 청을 듣고도 되받거나 주춤거리지 않고 바로

엘리야에게 먹을 것을 주는 천사

나선다. 그런 여인을 엘리야는 다시 불러 물과 함께 떡도 조금 가져오라고 했다. 그 말을 들은 여인은 자기 집에는 먹을 떡이 없고 통에 가루 한 움큼과 병에 기름이 조금 있다고 했다. 그녀는 거기서 말을 끝내지 않고 그것으로 떡을 만들어 아들과 나누어 먹고 죽으려고 한다는 말을 한다. 그런데 그 말을 듣고도 엘리야는 먼저 자기를 위해 떡을 하나 만들어주고 그 다음에 모자가 먹을 떡을 만들라고 한다. 그러면서 이스라엘의 하나님께서 비를 내려 곡식과 열매를 거둘 수 있을 때까지 그 가루와 기름이 없어지지 않으리라고 전한다. 이방 여인인 그녀는 엘리야가 전한 이스라엘의 하나님께서 하신 약속을 믿었던 것 같다. 엘리야의 말을 수용했고 예언된 기적도 그대로 이루어졌다.

엘리야가 그 집에 머물고 있는 동안에 그녀의 어린 아들이 병에 들어 위중하다가 죽어버리는 일이 있었다. 이런 엄청난 일을 겪으면서도 그녀는 그것을 다른 사람, 특히 엘리야의 탓으로 돌려 원망하지 않고 오히려 자기의 죄 때문이라고 자책한다. 하나님을 원망하지도 않았다.

엘리야는 죽은 아이를 안고 자기가 거처하는 다락방에 올라가서 자기 침상에 눕히고 부르짖어 기도하여 아이가 되살아나는 기적을 보여주었다. 살아난 아들을 돌려받은 여인이 고백한다. "내가 이제야 당신은 하나님의 사람이시요 당신의 입에 있는 여호와의 말씀이 진실한 줄 아노라"고.

사르밧의 여인은 이방인이었지만 이스라엘의 하나님께 대한 확고한 믿음을 분명히 있어 보인다. 또 그것을 자신의 입으로 분명히 고백했다. 그녀는 불행한 삶을 살았다기보다는 확실한 승리의 삶을 보여주었다. 남편이 없이도 외로움에 몸부림치지도 않았고, 그녀의 삶의 이면을 성경은 전혀 이야기해 주지 않지만 그녀는 현명한 신앙인이었으리라고 추정할 수는 있다. 언약의 백성이 아닌 이방인이었지만 하나님의 선지자가 일러주는 말에 조건 없이 순종함으로 자신과 아들의 생명을 구했다.

068 빛에 쫓기던 과부

선지자의 아내

◇ －
◇ 여인이 하나님의 사람에게 나아가서 말하니 그가 이르되 너는 가서 기름을 팔아 빚을 갚고 남은 것으로 너와 네 두 아들이 생활하라 하였더라 ^{왕하4:7}

사르밧 여인의 이야기와 비슷한 이야기가 엘리야의 후계자 엘리사 시대에도 나온다. 정확히 어떤 선지자를 가리키는지 알 수 없으나 선지자의 제자들 중 한 사람이 빚만 잔뜩 남겨두고 죽은 사람의 아내 이야기다. 죽은 선지자 제자는 경건한 삶이 뛰어나 사람들에게 잘 알려져 있는 사람이었다. 일정액의 생활비를 받으면서 살았을 그가 죽은 뒤에 남은 그의 아내와 어린 두 아들은 생계가 막연한 상태에서 채권자에게 시달리게 되었다. 그러다가 빌려준 돈을 받을 가능성이 없다고 생각한 채권자는 빚 대신 그 두 아이를 데려다가 종으로 삼으려고 했다. 고대의 관습법은 빚 대신 자신이나 가족들의 몸을 팔아 빚을 갚게 했다. 빚이 적으면 일정 기간 종처럼 섬기면 되었지만 그 빚이 많으면 아예 종으로 팔리게 됐다.

과부는 엘리사를 찾아와서 사정을 하소연했다. 그러나 엘리사와 죽은 그녀의 남편과의 관계가 그 빚에 어떤 책임을 져야할 정도에 있었던 것은 아니었다. 그렇지만 엘리사도 그 죽은 남편을 알고는 있었던 것 같다. 딱한 사정 이야기를 들은 엘리사는 '고아와 과부를 돌보라'는 율법의 말씀을 기억하고 도와주기로 한다. 먼저 그는 그녀의 집에 무엇이 있는지를 묻는다. 여인이 기름 한 병 외에는 아무 것도 없다고 답하자 엘리사는 그 여인에게 이웃사람들로부터 빈 그릇들을 될 수 있는 대로 많이 빌려 오라고 한다. 그리고 방에 들어가 그 기름^{감람유}을 빈 그릇에 차도록 부으라고 했다. 여인은 엘리사가 시키는 대로 그 기름을 계속 부었다. 그런데 기름을 계속 부어도 병의 기름은 줄어들지 않았고, 빈 그릇들이 모두 기름으로 가득 차게 되었을 때에야 병의 기름도 바닥이 났다. 엘리사는 여인에게 그 기름을 팔아 빚을 갚고 생활비로 쓰라고 했다. 문제를 하나님의 사람에게로 가져옴으로 해결 받은 여인의 이야기다.

069　수넴 여인

대선지자 엘리사와 각별했던 민간인

◇ Shunem, 뜻 : 동생의 땅
◇ 여인이 과연 잉태하여 한 해가 지나 이 때쯤에 엘리사가 여인에게 말한
　대로 아들을 낳았더라^{왕하4:17}

수넴 여인 이야기는 성경에 두 번^{왕하5:8-37,8:1-6} 나온다. 역시 선지자 엘리사 시대였다. 수넴여인은 상당히 부유한 농부의 아내였고, 하나님의 사람 엘리사를 잘 섬긴 여인으로 하나님이 보여주신 기적도 여러 번 체험했다. 그녀는 엘리사가 하나님의 사람임을 알아보았고 그가 그 지역을 지나갈 때마다 음식을 대접했을 뿐 아니라 남편에게 부탁하여 지붕 위에 작은 방을 하나 만들고 침구를 비롯한 가구까지 들여놓아 필요할 때는 기거하며 사용할 수 있게 해주었다.

　　그녀에게는 자녀가 없었다. 그것을 안 엘리사는 그녀의 배려에 보답하는 마음으로 그들에게 아들이 태어나리라고 예고해 주었다. 그 말을 들은 그녀는 "내 주 하나님의 사람이여, 당신의 계집종을 속이지 마옵소서"^{왕하4:16}라며 예고를 받아들이지 못하는 듯한 태도를 보인다. 불신으로 이해할 것인지 아니면 그녀의 겸허한 태도로 보아야할 것인지 하는 양론이 있으나 앞 뒤 이야기들에 비추어 보면 후자로 이해하는 것이 맞을 것이다.

　　때가 되어 그녀는 엘리사가 예고한 대로 아들을 낳았다. 그런데 아이가 조금 자라 걸어다닐 수 있게 되었을 때, 그 아버지와 추수꾼들이 일하는 농장으로 나갔던 어느 날, 아이가 갑자기 두통을 호소하다가 그 어머니 품에 안겨 있다가 결국 죽고 말았다. 아이의 엄마는 죽은 아이를 엘리사의 침상에 눕혀둔 뒤 남편에게 나귀 한 마리와 사환

한 명을 보내달라고 해서 엘리사에게 갔다 오겠다고 한다. 그런데 여인이 남편에게 아이가 죽은 사실을 알렸는지의 여부를 성경은 밝혀두지 않는다. 갈멜산에 머물던 엘리사에게로 달려갔을 때 멀리서 그녀가 급히 오는 것을 본 엘리사는 그의 사환 게하시를 보내 안부를 묻게 했다. 그녀는 사연을 밝히지 않고 바로 엘리사에게로 가서 그 발 앞에 엎드렸다. 아이가 죽은 것을 알게 된 엘리사는 먼저 사환 게하시에게 자기 지팡이를 주어 보내면서 죽은 아이 위에 그 지팡이를 놓아보라고 했다. 그러나 그 여인은 엘리사에게 직접 가달라고 고집했다. 엘리사가 함께 그녀의 집으로 가는 도중에 돌아오는 게하시를 만나는데, 시키는 대로 했으나 아무런 변화가 없었다는 보고를 받는다. 수넴여인의 집에 도착한 엘리사는 죽은 아이가 누워있는 자기 방에 들어가 문을 닫고 아무도 들어오지 못하게 한 후에 하나님께 기도하고 죽은 아이의 위에 엎드려 있는다. 아이의 몸은 따뜻해졌고, 엘리사가 잠시 밖에 나와 숨을 고른 뒤에 다시 아이 위에 엎드렸을 때 아이는 재채기를 일곱 번 하고 살아났다.

이후 수넴여인은 엘리사로부터 7년 동안 기근이 들 것이니 다른 곳으로 이주해 지내라는 말을 듣는 장면에서 재등장한다. 그녀와 가족은 블레셋 사람들의 땅으로 가서 7년을 살다가 기근 후에 돌아오는데, 왕에게 가서 그동안 다른 사람들이 점거하고 있는 자기 집과 농지를 돌려달라고 호소한다. 그 때 왕은 엘리사의 사환 게하시로부터 엘리사가 행한 기적들 이야기를 듣던 중이었다. 마침 그가 죽은 아이를 살린 이야기를 하고 있을 때 여인이 청원을 위해서 왕에게 나아오는데 여인을 알고 있던 게하시는 바로 왕에게 여인과 아이가 엘리사 기적의 주인공이라고 증언해준다. 그 여인의 청원은 바로 실행되었다.

070&071　나아만의 아내와 여종

◇ Naaman, 뜻 : 즐겁다
◇ 전에 아람 사람이 떼를 지어 나가서 이스라엘 땅에서 어린 소녀 하나를
　사로잡으매 그가 나아만의 아내에게 수종들더니^{왕하5:2}

아람왕국시리아의 군사령관 나아만의 아내는 그 남편의 지위 때문에 당
시의 대부분의 여인들보다는 훨씬 큰 사회적 지위와 부를 누린 사람이
다. 반면 그녀의 종으로 있던 소녀는 이스라엘에서 전쟁포로로 잡혀와
사회적으로 가장 어려운 처지에서 살고 있었다. 어린 소녀가 전쟁을
겪는 중에 부모를 잃고 포로로 잡혀왔을 수도 있으나, 고관대작이었다
할 수 있는 집의 여종이 되어 비참한 삶을 살던 다른 전쟁 포로 아이들
에 비해 당장의 생활고는 겪지 않고 살고 있었다.

　　　그런데 나아만의 집에 커다란 우환상황이 찾아왔다. 집주인
나아만 장군이 나병에 걸린 것이다. 지금은 아예 인류 사회에서 퇴치
된 병이라 할 수 있지만 수 십 년 전까지만 해도 불치의 병으로, 사회에
서 격리되어 살아야만 했던 병이었으므로 아무리 전승국의 최고 지위
에 있는 사람이라고 해도 불치의 병 앞에는 장수가 없었다. 그 지위 때
문에 격리수용은 면했을 것으로 보인다.

　　　그때 그 집에 희망의 불씨를 살려준 것은 이스라엘에서 잡혀
온 그 소녀였다. 소녀는 그 주인이 자기의 고국 이스라엘에 하나님의
사람 엘리사가 있는데 그에게 가면 고침을 받을 수 있으리라고 전한
다. 아마 어린 시절 어른들이 하던 엘리사 이야기가 생각났을 것이다.
소녀에게서 그 말을 들은 여주인은 바로 남편에게 알린다. 나아만은
아람왕을 통해 이스라엘에 왕의 서신을 들고 가서 엘리사를 찾아가나

엘리사는 적국의 장군을 만나야 하는 부담을 줄이고 대신 요단강물에 일곱 번 몸을 씻으라는 전갈만 보내준다. 엘레사의 대우에 처음에는 화를 냈던 나아만은 결국 엘리사의 지시대로 요단강물에 몸을 씻소 고침을 받을 수 있었다. 이 일로 나아만은 이방인이었으나 여호와 하나님을 예배하는 사람이 되었다. 아마 그 집안 전체가 이스라엘의 하나님을 예배하는 사람들이 되었을 것이다.

작은 소녀 한 명이 한 나라의 재상과 그 집안을 구원에로 인도한 이야기이다. 소녀는 비록 어릴 때 포로로 잡혀왔지만 그 안에 살아계신 하나님께 대한 확고한 신앙을 잃지 않고 있었던 것 같다. 또 하나님의 사람 엘리사의 능력에 대한 확신도 가지고 있었다. 나아만의 아내와 그에게 시중들던 소녀 이야기는 주님 다시 오시는 그날까지 그리스도인들의 귀에 늘 들리고 있을 것이다.

072 이세벨

세대를 뛰어 넘은 악녀

◇ Jezebel, 뜻 : 고상한, 정숙한
◇ 이세벨에게 대하여도 여호와께서 말씀하여 이르시되 개들이 이스르엘 성읍 곁에서 이세벨을 먹을지라**왕상21:23**

예후에 의해 창밖에 내던져져 죽임을
당하는 이세벨

권력은 그 결과로 열매를 거두게 된다. 선한 열매를 남기기도 하고 나쁜 열매를 남기기도 한다. 성경에서 권력을 잡은 사람들은 다른 사람들이 하나님을 잘 섬기게 하기도 하고 때로는 하나님을 등지게도 한다. 여기에 등장하는 여인은 후자에 속한다. 구약의 대표적 악녀인 이세벨은 시돈 사람의 왕 엣바알의 딸로서 악한 왕 아합의 아내였다. 그녀는 자신의 모국에서 섬기던 바알 숭배에 깊이 빠져 있었다. 결혼 후 남편 아합에게도 바로 악한 영향력을 행사했고, 결국 그들은 온 이스라엘이 잘못된 우상숭배에 빠지게 하는 악행을 저질렀다.

솔로몬이 이방 여인들을 아내로 삼으면서 그 여인들이 섬기던 신들을 섬기는 과오를 범한 이래로 이스라엘은 이웃나라들에서 섬기던 우상들을 섬기는 죄를 끊임없이 범했다. 그 중의 대표적인 우상들이 바알과 아세라였다. 바알은 농경생활을 하던 가나안 원주민들이 섬기던 남신男神으로 땅의 생산력과 가축의 번식력을 주관하는 풍요의 신으로 섬겨졌다. 출애굽한 이스라엘이 가나안 땅에 정착하면서 원주민들이 섬기는 바알을 섬김고, 유일하신 여호와 하나님 외에 다른 신을 섬기지 말라는 계명을 어기기 시작했던 것이다. 아세라는 여신으로 바알신상과 함께 신상을 만들어 그 곁에 세워 섬겼던 신이었다. 이 둘 이외에도 아스다롯이라는 여신과 애굽에서 섬기던 송아지 우상 등이 이스라엘이 섬기던 대표적인 우상들이었다.

아합은 이방의 우상을 신으로 섬기는 여자와 결혼해서는 안 되었다. 그러나 그 결혼이 정치적인 이익이 된다고 생각하고 이세벨과 결혼했다. 아합은 처음부터 여호와 하나님 앞에서 악을 행하는 왕이었다. 거기에다가 아내 이세벨의 영향을 받아 더욱 많은 악을 자행해서 이스라엘 왕들 중 최악의 왕으로 남았다. 이세벨은 아합으로 하여금 아세라 목상을 만들어 세우고 그것을 섬기게 했다. 그 목상은 보통 알몸의 여신 모습을 한 형상이었고, 사람들은 그런 목상을 중심으로 음행하는 것을 하나의 예배의식으로 행하기도 했다.

이세벨은 권력을 과시하고 우상숭배를 강화하기 위해서 많은 하나님의 선지자들을 죽이고 그 씨를 말리려고 했다. 그리고 밤이면 왕궁에서 바알과 아세라 선지자들을 위한 연회를 열기도 했다. 그 결과 엘리야 이외의 모든 사람들이 그녀를 두려워하게 되었다. 결국 엘리야는 이세벨과 아합이 가장 싫어하는 원수가 되었다. 그러던 중에 엘리야는 아합에게 가뭄을 예고했고, 그 가뭄 끝에 그 유명한 갈멜산 위에서의 대결이 있었다. 엘리야의 완승이었지만 이로 인해 이세벨은 더욱 그를 죽이려고 했다. 그녀가 섬기는 바알 신의 제사장들과 선지자들을 엘리야가 죽여버렸기 때문이었다. 당연히 그녀는 그 일을 그녀에 대한 정면 도전이고 모욕을 주는 일로 받아들였다. 그녀의 살의에 찬 엄포에 엘리야는 두려워서 이세벨의 손이 미치지 않는 멀리 떨어진 곳으로 도피해갔다. 말 한마디에 전국에 가뭄이 들고 하늘에서 불이 내려와 제물을 불사르게 하던 능력의 사자가 두려움에 사로잡혀 도피 행각에 나설 만큼 이세벨의 위세는 대단했다. 이세벨의 권세는 온 땅과 백성들 위에 군림하고 있었고, 정작 왕이었던 아합이 악한 왕의 길로 가도록 그 왕을 뒤에서 조종하는 실력자는 왕비 이세벨이었다고 할 수 있다.

성경에는 이세벨의 악행에 관한 이야기가 하나 더 기록되어 있다. 이스르엘의 아합 왕궁 옆에는 나봇이라는 사람의 좋은 포도원이 있었다. 왕궁에서 그 포도원을 바라보던 아합은 그 포도원이 탐났다. 그래서 나봇을 불러 그 포도원을 자기에게 팔든지 다른 좋은 포도원과 바꾸든지 하라고 권했다. 왕궁의 채소밭으로 삼겠다는 것이었다. 그러나 나봇은 조상들의 유산을 그렇게 할 수는 없다고 하면서 그 요청을 거절했다. 그 말을 들은 소심한 아합은 식사도 하지 않고 수심에 잠겼다. 이 모습을 보고 이세벨은 무엇 때문에 그러는지를 캐물었고 그 원인을 알게 된 그녀는 왕권을 이용하여 나봇을 죽음으로 내몬다. 그리고 그 포도원을 차지하라고 아합을 종용했다.

　　이 전 과정을 전해들을 엘리야가 이번에는 아합의 집과 이세벨에게 하나님께서 내리실 징벌을 예고한다. 어쩐 일인지 아합은 그 예언을 듣고 금식하며 회개해 징벌이 바로 내리는 것은 피하지만 전장에서 그 생을 마감했다. 그렇지만 그 장례는 왕으로서의 예우를 갖추어 치러지지 않았고, 그의 시신은 사마리아 성 어딘가에 묻혔다.

남편이 죽고 이세벨은 얼마간 그 삶을 더 이어갔지만 결국 엘리야의 예고대로 비참한 죽음을 맞는다. 아합의 집이 완전히 멸절하는 데는 새로 왕위에 오른 예후를 통해였는데, 이세벨도 예후에 의해 죽음을 맞았다. 당시 군대장이었던 예후는 이스라엘에 입성하여 아합과 관계되는 사람을 모두 죽이는 중에 먼저 이세벨이 머물던 집으로 갔다. 이세벨은 끝까지 회개나 뉘우침의 모습을 보이지 않았다. 파국이 오는데도 오히려 예후의 입성 소식을 듣고는 먼저 화장을 고치고 창문을 열고 내다보다가 예후가 들어오는 것을 보고 독한 말로 인사를 건넸다. 이세벨의 도발에 예후는 '거기에 누가 없느냐'고 한다. 시중들던 두어

명의 내시가 내다보는 것을 본 예후는 그들에게 '그녀를 내려던지라'고 명했다. 성경은, 내시 둘이 명대로 이세벨을 창밖으로 내려던지니 그 피가 담과 말에 튀었고 전한다. 이세벨의 시신은, 찾아 장사하려했지만 그 두골과 발과 손 외에는 찾지 못했다고 한다. 아마 피 냄새를 맡은 들 개들이 몰려와서 뜯어 먹어버렸던 것 같다. 그 때까지도 개는 완전히 가축화 되지 못했으므로 들개들이 몰려다니며 먹을 것을 찾았다.

073 아달랴

스스로 왕위에 올라 6년간 재위한 유대 유일의 여왕

◇ Athaliah, 뜻 : 여호와는 크심
◇ 그 땅의 모든 백성이 즐거워하고 성중이 평온하더라 아달랴를 무리가 칼로 죽였었더라 대하23:21

아달랴의 죽음

아달랴는 아합과 이세벨의 딸이자 스스로도 악명을 떨친 여인이다. 그녀는 유다의 왕 여호람과 결혼한 사이였다. 역시 두 나라간의 평화를 위한 정략적인 결혼이었다. 이 결혼의 결과로 바알숭배는 유다에까지 퍼져 들어간다. 이세벨이 북 왕국 이스라엘이 바알숭배에 빠지게 했다면 그 딸 아달랴는 남 왕국 유다가 바알숭배에 빠지게 했다. 유다의 왕 여호사밧은 훌륭한 왕이었으나 그의 아들 여호람은 아달랴와의 결혼으로 아내의 꾐을 받아 이스라엘 왕의 길, 곧 악한 왕의 길을 걷게 되었다. 그리고 결국 하나님의 치심을 받아 창자에 고칠 수 없는 병이 들어 고생하다가 나이 40에 죽음을 맞았다. 그의 막내아들 아하시야가 아버지를 이어 왕이 되었으나 일 년 만에 이스라엘의 왕이 된 예후에게 죽임을 당했다.

아들이 죽은 것을 보고 아달랴는 아하시야왕의 왕자를 다 죽이고 스스로 왕위에 올라 6년 동안 유다의 여왕으로 행세한다. 왕의 아들이 왕위를 계승하는 것이 정상적인 일이지만, 야망이 있던 아달랴는 그것을 자기에게 주어진 기회로 생각했던 것이다.

그러나 다 죽은 줄 알았던 아하시아왕의 혈육이 남아 있었다. 아달랴의 딸이면서 아하시야의 누이이며 대제사장 여호야다의 아내였던 여호사브앗이, 그 피비린내 나는 시절에 아하시야의 아들 요아스를 6년간 몰래 숨겨 키운 것이다. 그리고 요아스는 후에 유다의 왕위에 오른다. 대제사장 여호야다와 그의 아내 여호사브앗의 공로로 유다의 왕통이 이어지게 된 것이었다. 아달랴는 딸과 사위의 버림을 받고, 또 백성들로부터도 버림을 받아 그녀의 손자 요아스 왕의 즉위식이 있던 날 죽임을 당했다.

074 훌다

◇ Heldah, 뜻 : 족제비
◇ 힐기야와 왕이 보낸 사람들이 여선지자 훌다에게로 나아가니 그는 하스라의 손자 독핫의 아들로서 예복을 관리하는 살룸의 아내라^{대하34:22}

훌다는 남 왕국 유다가 바람 앞의 등불처럼 멸망의 위기를 앞두고 있던 요시야 왕 때의 사람이다. 훌다의 남편은 예복^{왕의 예복이나 제사장의 예복을}주관하는 살룸이라는 사람이었다. 히스기야 이후로 반세기가 넘도록 왕들은 하나님께 충성하는 길을 버렸고, 따라서 백성들은 이교도들의 풍속을 따르고 있었다. 왕좌에 오른 요시야는 그 백성들이 하나님께로 돌아서게 하려는 뜻을 펴려고 했다. 그 일환으로 성전을 수리하는데 그 과정에서 하나님의 율법 책^{일반적으로 신명기 사본이었으리라고 추정}을 발견한다. 잃어버렸던 율법 책을 읽고 요시야는 완전히 이해하지는 못했지만 큰 충격을 받는다. 그 백성들이 하나님을 등지고 살아온 죄가 얼마나 큰지, 또 그 죄에 대하여 선포된 형벌이 어떤 것인지를 완전히 이해할 수 없었던 요시야는 하나님의 뜻을 바로 깨닫기 위해 즉시 대표단을 꾸려 그들을 여선지자 훌다에게로 보냈다.

훌다는 선지자 하박국과 동시대의 여선지자로 알려져 있다. 당시 그녀는 하나님의 뜻을 바로 전하는 하나님의 대변인으로서의 명성을 얻고 있었기 때문에 요시야는 하박국이 아닌 훌다에게 도움을 받기로 판단했다. 왕은 훌다의 영적 능력을 믿고 있었다. 그녀의 집은 예루살렘 둘째 구역에 있었는데, 그 곳은 성전 앞쪽을 가리키는 것으로 알려져 있다. 훌다는 하나님께서 주신 메시지를 분명히 가지고 있었다. 그녀는 깊은 영성과 박식한 지성을 갖춘 여인이었다. 요시야가 훌다에게 보낸 사람 중에는 대제사장 힐기야도 있었는데, 그 대제사장도 그녀에게 조언과 율법에 대한 해석을 들어야만 할 정도의 뛰어난 여성이었다.

훌다는 발견된 율법서 두루마리가 참된 율법서라는 것을 확증해주었고 미래에 일어날 일들에 관한 예언도 한다. 그 백성들이 하나님을 버리고 우상숭배에 빠졌으므로 하나님은 그들에게 화를 내리시리라는 것이었다. 그 대신 요시야가 하나님의 말씀을 듣고 겸손한 태도를 보였으므로 그 화를 직접 겪지는 않게 해주신다고 전한다. 훌다는 자신이 순전히 하나님의 말씀이 전해지는 통로에 불과하다는 점을 분명히 한다. 이스라엘의 하나님 여호와의 말씀왕하22:15,16,18,19이라는 것을 밝히고 있기 때문이다.

요시야가 선정을 베풀고 우상숭배를 폐지했으며 백성들로 하여금 율법을 지키도록 하는 등 개혁운동을 펼칠 수 있었던 것은 여선지 훌다의 공이었다고 해도 틀린 말은 아닐 것이다.

075 고멜

◇ Gomer, 뜻 : 마지막, 끝
◇ 여호와께서 호세아에게 이르시되 너는 가서 음란한 여자를 맞이하여 음란한 자식들을 낳으라 이 나라가 여호와를 떠나 크게 음란함이니라 하시니 호1:2

고멜은 호세아서에 등장하는 여인이다. 그녀가 호세아의 아내였는지 첩이었는지는 분명하지 않다. 고멜은 디블라임이라는 사람의 딸이었지만 그 이상 그 신상에 관해 알려져 있는 정보도 없다. 단지 그녀는 색욕에 사로잡혀 남편이나 가정에 충실하지 못했고 순결과는 거리가 먼, 그래서 그 행실이 깨끗하지 못한 여인으로 악명을 남겼다. 그런 고멜이 선지자 호세아의 아내가 되고 그의 자녀를 낳은 것은, 하나님이 호세아에게 명령한 이유때문이다. 선지자였던 호세아로서는 받아들이기 어려운 말씀이었다. 그렇게 하면 그에 대한 평판은 나빠질 것이고 친구들도 외면할 것이며, 하나님의 사람으로서 받던 존경도 기대할 수 없게 될 것이 확실하기 때문이다. 그러나 하나님은 고멜을 통해 이스라엘 백성들이 이방 신들을 섬기는 것을 상징적으로 경고하시기로 했다. 고멜도 하나님께 쓰임을 받기는 한 셈이다.

하나님은 호세아에게 결혼 후에도 고멜이 그 행실을 고치지 못 할 것이라고 했다. 그런 아내를 보고 있어야 하는 호세아의 입장도 무척 괴로운 일이었다. 하나님은 그런 고멜을 돈을 쓰면서까지 번번이 다시 데려오라고 하셨다. 이것은 결혼생활이 주는 갈등과 스트레스라는 면을 보여주는 것이기도 했다. 고멜은 서로 사랑해야 하는 부부관계를 허물어뜨림으로 호세아에게는 일방적인 이해와 사랑이 요구되었고, 이것은 하나님의 우리를 향하신 사랑을 보여주는 비유가 되었다.

고멜은 호세아와의 사이에서 세 자녀를 낳았다. 첫 아들의 이름은 이스르엘이었다. "하나님께서 심으신다"는 의미를 가진 이름이었다. 둘째는 로루하마**"긍휼히 여김을 받지 못하는 사람"이라는 뜻**라는 딸이었고 셋째는 로암미**"내 백성이 아니다"라는 뜻**라는 아들이었다. 고멜은 창녀였으므로 그 아이들**특히 둘째와 셋째**이 호세아의 아이들이 아니었을지도 모른다는 주장도 있다. 그리고 이 이야기가 실제적인 이야기이기보다는 하나님의 뜻을 분명히 전하기 위해 호세아가 만들어낸 하나의 비유였다는 주상도 있다.

O76 술람미 여자

실존과 가상 사이의 여인

◇ Shulamite, 뜻 : 수넴마을 출신
◇ 돌아오고 돌아오라 술람미 여자야 돌아오고 돌아오라 우리가 너를 보게
  하라^{아6:13}

술람미 여자는 솔로몬이 쓴 것으로 알려져 있는 성경 아가서에 나오는
여인이다. 술람미는 일반적으로 수넴이라는 마을의 다른 이름이라고
생각한다. 술람미 여자는 그곳 출신의 아름답고 젊은 여인이었다. 솔
로몬 시대의 왕은 주변에 많은 여자를 두고 살았다. 그에게는 후궁이
700명, 첩이 300명이었다고^{왕상11:3} 전하니 더 말할 필요가 없다. 술람
미 여자는 그 미모가 특출하여 왕궁에 들어왔으며, 그 가운데서도 왕
의 총애를 받은 여인이었으므로 왕의 여자들이 함께 기거하던 곳이 아
닌 다른 특별한 곳에 거처를 마련하고 왕과의 사랑을 나누었으리라 추
측한다. 솔로몬과 술람미 여자 사이에도 모든 가정에서 부부들이 가지
는 애증의 관계와 같은 것이 있었다. 깊은 사랑에 빠져 있으면서도 실
망하고 환멸을 느끼기도 하였고 참된 기쁨을 구가하기도 했다. 아가서
에는 그런 감정들이 적나라하게 표현되고 있다.

　　　그러나 전혀 다른 반론도 있다. 술람미 여자는 실존했던 여인
이 아니라 솔로몬이 쓴 사랑의 장편 서사시에 등장하는 가상의 여인일
뿐이라는 것이다. 여호와 하나님과 그의 백성 이스라엘 사이의 사랑의
관계를 결혼생활이라는 상징을 도입하여 표현한 하나의 아름다운 이
야기라는 해석이다. 신약에서 그리스도와 그의 교회의 관계를 결혼관
계라는 비유를 통해 설명하는 것과 같은 논리다. 아가서를 그렇게 설
명하면 술람미 여자는 서사시의 주인공에 지나지 않게 된다.

077

에스더

이스라엘 민족의 영웅으로 성장한 고아

◇ Esther, 뜻 : 별
◇ 나도 나의 시녀와 더불어 이렇게 금식한 후에 규례를 어기고 왕에게 나아가리니 죽으면 죽으리이다 하니라^{에4:16}

하만을 고발하는 에스더

구약성경에는 여성의 이름을 제목으로 한 성경이 두 권 있다. 룻기와 에스더이다. 우리 성경에서는 룻에 관한 기록이라는 뜻으로 룻기라고 했으므로 순수히 여성의 이름만으로 된 성경은 에스더뿐이다. 에스더라는 이름은 페르시아식 이름으로 별 a star을 의미했다. 실제로 에스더는 페르시아에 거주하던 이스라엘 백성들에게 '소망의 별the star of hope'이었고 '기쁨의 별the star of joy'이었다. 또는 그 이름은 '숨기다to hide'를 의미하는 것이기도 했다. 그 의미처럼 에스더는 자기 민족의 뿌리nationality를 감추고 그 민족 구원을 획책했었다. 에스더의 본래 이름 하닷사는 은매화myrtle를 의미하는 이름이었고 아름다움을 상징적으로 보여주는 꽃이었다. 나열한 이름처럼 한 때 포로로 잡혀온 소녀였던 에스더를 대제국 페르시아의 왕후의 자리에까지 올라 자기 민족을 구원하는 여왕이 된다. 성경의 이름들은 대체로 그 사람의 삶을 상징적으로 보여주는 셈이다.

에스더는 시대적으로 구약성경에 등장하는 최후의 여성이다. 유다 사람들이 포로생활을 하던 시대의 여성이었기 때문이다. 아하수에로는 페르시아 제국을 21년간^{486-465 BC} 통치한 왕이었다. 그의 제국은 인도지금의 서 **파키스탄**로부터 구스**에티오피아**에 이르는 거대 영토를 가진 대제국이었다. 그는 그 나라의 부강함과 자기 권세의 혁혁함을 과시하기 위해 자기의 문무백관과 귀족들을 궁궐로 불러 180일에 걸친 잔치를 베풀었다. 그 180일 동안 같은 사람들이 모여 연회를 즐기지는 않았을 것이다. 참석자는 왕명에 따라 초대되는 사람들로 대부분 바뀌곤 했을 것이고, 그렇게 함으로써 왕은 그 나라의 주요 인물들 모두를 왕이 베푼 연회에 참석하도록 할 수 있게 했을 것이다. 그리고 이어서 도성 수산에 있는 모든 백성들을 위한 풍성한 잔치를 7일 동안 베풀었다.

이 국면에서 한 사람의 여성이 등장한다. 와스디라는 황후이다. 와스디의 신상에 관해서는 알려진 것이 없고, 성경은 단지 페르시아 제국의 황후였다는 것과 미모가 역시 뛰어났다는 것만 말해준다. 연회 기간 왕후인 와스디도 왕궁에서 여인들을 위한 잔치를 열어 즐기고 있었다. 그런데 술에 얼큰하게 취한 아하수에로는 왕후에게 전갈을 보내서 왕후로서의 의관을 갖추어 입고 와서 그 미모를 만백성 앞에 자랑하라고 한다. 그런데 그녀는 그 왕명을 따르지 않는다.

왜 그렇게 했을까? 성경은 그 이유도 밝혀주지 않는다. 왕명이 부당하다거나 부도덕한 어떤 것을 요구한 것은 아니었다. 결국 왕명에 대한 거부는 얼큰하게 취한 왕의 분노를 자아냈다. 분개한 아하수에로는 신하들의 조언을 따라 즉석에서 그녀의 폐위를 결정했다. 그런 왕후의 행위는 제국 내의 모든 남편들의 권위를 떨어뜨리게 되리라는 것이었다. 측근 대신들은 그 기회에 그 제국에서 남성들의 지위를 더 확고히 세우려고 했다. 그런 즉각적인 폐위 결정에는 술기운도 작용했을 것이다. 어쨌든 와스디는 사소한 자존심 때문에 대제국의 황후라는 지위를 잃은 것이었다. 요즘의 시각에서 본다면 그런 처사는 이해하기 힘든 부당한 결정이지만 그것이 절대왕권이 행해지던 옛날 이야기라면 다르다. 와스디는 불운했던 한 이방 여인에 불과했던 것이다. 단지 사소한 실수가 얼마나 큰 결과를 가져다주는지를 극명히 보여준 사례다.

에스더는 그 와스디의 빈 자리를 대신할 여인으로 등장다. 와스디가 폐위된 후 4년의 세월이 흘렀다. 왕은 수많은 여인을 주변에 두고 있었지만 사랑하는 한 여인 왕후를 그리워하게 되었다. 그런 것을 눈치 챈 신하들은 혹시 와스디의 복위가 이루어질지 모른다는 생각을 하면서 그런 상황을 두려워해 새로운 왕비 간택을 서둘러 신행하도록 정원을 올렸다. 만일 와스디가 복위되면 그녀의 폐위를 주도했던 측근 대신들의 처벌은 피할 수 없을 것이기 때문이다. 새로운 왕비 간택을 위해 전국에서 많은 아름다운 처자들이 물색되어 왕궁으로 모아들였다. 이런 국면에서 모르드개라는 인물이 소개된다. 그는 예루살렘에서 잡혀온 베냐민 지파에 속한 사람이었고 당시에 도성 수산에 살고 있던 40세 전후의 인물이었을 것으로 추정된다. 그는 부모를 잃고 고아가 된 에스더라는 4촌 동생을 딸처럼 양육하고 있었다. 미모 역시 빼어났던 에스더도 새로운 왕후 후보로 뽑혀 왕궁으로 불려갔다. 그리고 1년간의 관리를 받은 후 많은 후보들을 물리치고 새로운 왕비로 간택되었다. 그 때의 나이가 20세 정도였다.

에스더의 일상적인 궁중생활은 누구나 예상할 수 있는 그런 생활이었을 것이다. 성경은 당시의 페르시아 최고의 권력자 하만이 이스라엘 민족을 말살하려는 음모 이야기와 모르드개의 바른 대처 이야기가 중심을 이룬다. 에스더는 모르드개의 가르침을 따라 자기 민족을 밝히지 않았고 결국은 모르드개와 에스더의 합작품으로 이스라엘 민족을 구원해내는 대업을 이루어냈다. "죽으면 죽으리이다"라는 에스더의 자기 민족을 구하려는 생명을 건 결단은 이 글을 읽는 사람이라면 누구나 알고 있는 이야기이다.

하나님의 이스라엘 민족을 멸절의 위기로부터 구해내시려는 계획은 사람들의 손길을 통해 이루어졌다. 에스더 관련 이야기에서는 모르드개와 에스더라는 한 남자와 여자를 통해 하나님의 크신 계획들이 이루어진 것을 볼 수 있다.

078

세레스

남편을 파멸로 이끈 헛똑똑녀

◇ Zeresh, 뜻 : 금
◇ 그의 아내 세레스가 이르되 모르드개가 과연 유다 사람의 후손이면 당신
   이 그 앞에서 굴욕을 당하기 시작하였으니 능히 그를 이기지 못하고 분명
   히 그 앞에 엎드러지리이다 ^{에6:13}

에스더 이야기에 또 다른 한 여인이 등장한다. 유대인들의 원수로 성
경에 기록되면서 그 이름이 악인의 명부에 오른 하만의 아내이다. 그
이름은 세레스였다. 한 때는 페르시아 제국의 총리대신의 아내로 부귀
영화를 다 누린 여인이었지만 그 남편과 열 아들이 장대에 매달려 교
수형을 당하는 모습을 보아야만 했던 비극의 여주인공이다.

세레스가 남편으로부터 모르드개 이야기, 곧 모든 사람이 자
기에게 허리를 굽혀 절하는데 유다 사람 모르드개는 그렇게 하지 않는
것 때문에 자존심이 상한다는 말을 듣는다. 이야기를 들은 그녀는 남
편에게 높이가 50규빗 **20-25m**되는 장대를 세우고 왕께 구하여 허락을
받아 당당하게 모르드개를 거기에 매달아 죽이라고 조언한다. 아내의
그 조언을 듣고 그 청원을 하려고 어전에 나갔던 하만은 도리어 그 모
르드개를 왕의 행차처럼 꾸려 모시고 시내를 돌아다니는 수모를 당했
다. 한풀 꺾여 집으로 돌아와서 그가 당한 일을 이야기했을 때 세레스
와 그의 친구들은 그가 모르드개 앞에서 수모를 당했으니 결국 그 앞
에서 몰락하게 되리라고 예고한다.

결국 세레스는 남편 하만과 그의 가문이 파멸의 길을 가도록
불을 지핀 어리석은 아내가 된 셈이다. 역사에서는 아내의 조언이 남
편을 성공의 길로 가도록 한 이야기를 많이 읽을 수 있지만 세레스처
럼 남편과 그 집을 파멸로 이끈 여인들도 있다.

제 2 부
신약의 여성들

제7장

예수와
여성들

079

나사렛의 **마리아**

예수의 어머니

◇ Mary, 뜻 : 높여진 자
◇ 천사 가브리엘이 하나님의 보내심을 받아 갈릴리 나사렛이란 동네에 가
  서 다윗의 자손 요셉이라 하는 사람과 약혼한 처녀에게 이르니 그 처녀의
  이름은 마리아라^{눅1:26-27}

수태고지

인류 역사에서 찬양의 대상으로 가장 사랑
받아온 여인은 예수의 어머니 마리아다. 흔
히 성모 마리아라 일컬어지는 여성이다. 비
그리스도인들에게까지 숭앙崇仰의 대상이
되기도 했고 미술과 조각, 음악과 문학 등
예술과 문예의 다양한 분야에서 중요주제
로 다루어온 인물이다. 세계 역사에서 마리
아만큼 추앙과 존경의 대상이 되어온 여성
은 없을 것이다. 마리아에 대한 그런 태도는 시대의 고금을 넘어서고
남녀노소 빈부귀천을 망라해서 이루어져 왔다.

　　마리아의 위대함은 겸비한 출발점에서 시작된다. 마리아는 나
사렛이라는 시골 마을에 살고 있던, 집안 배경도 그리 분명하지 않은
처자였다. 그러나 또래 여자들보다 하나님의 능력을 확고히 믿는 매우
신실하고 경건한 삶을 살고 있었을 것이다. 그런 마리아가 인간의 이
성으로는 이해할 수 없는 동정녀 수태 출산이라는 신비한 체험을 했
다. 아직 10대 후반이나 20을 갓 넘겼을 마리아는 자기보다 나이가 좀
더 많은 요셉이라는 청년과의 결혼을 앞두고 있었다. 그러던 어느 날
하나님의 메신저 역할을 하는 천사 가브리엘이 그녀를 찾아와 인사를
건넸다. 두려움에 사로잡혀 당혹스러워하는 마리아를 진정시키고 천

학살되는 베들레헴의 아기들

사는 그녀가 잉태하여 아들을 낳을 것이라고 이야기한다. 아직 남자와 관계를 한 적이 없는 마리아를 천사는 안심시키기 위해 그 수태는 성령의 능력으로 이루어진 것이라고 설명했다. 그리고 그 아들이 바로 이스라엘 민족이 오래 기다려오던 메시야라고도 했다. 마리아는 이 수태고시受胎告知를 단순한 믿음으로 받아들였다. 그녀는 천사에게 "주의 여종이오니 말씀대로 내게 이루어지이다."눅 1: 38라고 응답하는데, 그것은 엄청난 모험이었다. 우선 약혼자 요셉이 자신의 불륜을 의심할 것이었고 다음은 동네 사람들의 수군거림을 견뎌야 하는 것이었다. 그런 마리아의 입장을 지켜주기 위하여 하나님은 요셉의 꿈에 나타나 마리아의 임신이 성령의 능력으로 이루어졌다고 확인해주신다. 그녀를 주저하지 말고 데려와 아내로 삼으라고 해주셨다.

그 후 마리아는 유대의 한 산골 마을에 살고 있던 제사장 사가랴의 집을 방문했다. 당시에 임신한 젊은 여인이 그런 여행을 하는 것도 모험이었다. 사흘 이상 걸어가야 했던 그 길에는 수많은 어려움도 있었을 것이다. 그러나 마리아는 그런 모든 어려움을 극복하고 여행을 감행했다. 꼭 만나 보아야할 사람이 있었다. 사가랴의 아내 엘리사벳이었다. 마리아의 친척이었던 엘리사벳이 많은 나이에 성령의 능력을 힘입어 아기를 임신했다는 소식을 들었기 때문이다. 엘리사벳은 후에 예수님의 선구자로 요단강에서 회개의 세례를 베풀었던, 세례요한의 어머니다. 마리아는 석 달쯤 그 집에서 엘리사벳과 함께 지내면서 하나님의 역사하심과 그 은혜에 관한 대화를 나누었다. 그 때에 했던 마리아의 찬가눅1:46-55는 성경에 기록되어 전해지고 있다. 엘리사벳과의 시간을 보내고 다시 나사렛으로 돌아온 마리아는 요셉과 바로 결혼하지 못했다. 당시의 관습으로 그들의 약혼定婚 기간은 일 년 동안 유지되어야 했기 때문이다.

예수의 탄생

그 무렵 마리아는 또 한 번의 긴 여행을 해야 했다. 로마의 아우구스투스 황제 치하에서 제국 내의 모든 사람은 호적을 정리해야 했는데, 요셉은 다윗의 자손이었으므로 베들레헴까지 가서 호적을 해야 했고 당시의 약혼은 결혼과 법적으로 같은 효력을 지니는 것이었으므로 마리아도 그와 동행할 수밖에 없었다. 만삭의 임신부가 140킬로미터가 넘는 먼 길을, 나귀를 타고 때로는 노숙을 하며 비 오는 12월우기 때였다의 여행을 감행했다. 이제 만삭의 임신부로서는 힘들고 위험한 여행이었다. 베들레헴에 도착해서도 어려움은 계속되었다. 묵을 곳이 없었다. 그 옛날에 숙박시설이 제대로 있었을 수도 없었고 몇몇 묵을 수 있는 집들도 이미 사람들이 먼저 자리 잡고 있었다. 어려움은 겹쳐 찾아왔다. 마리아의 진통이 시작된 것이다. 간신히 찾아든 외양간 한쪽에서 출산을 해야 했다. 간신히 아기를 낳아 구유에 뉘였는데 아기의 얼굴에서 광채가 나는 것을 보았다. 부부는 먼저 하나님께 감사기도를 드렸을 것이다.

그 밤에 들에서 양을 지키던 목자들이 "주님의 영광the glory of the Lord"이 그들을 두루 비추는 것을 보고 천사가 일러준 "오늘 다윗의 동네에 너희를 위하여 구주가 나셨으니 곧 그리스도 주시니라"눅 2:11는 말씀을 따라 서둘러 베들레헴으로 가서 구유에 누인 아기와 그 부모에게 자기들이 보고 들은 것을 전했다. 마리아는 그 모든 말을 마음에 새겨두었다. 자신이 이제 구세주the Savior로 오신 분의 어머니가 되었다는 의식을 가졌을 것이다.

힘든 며칠을 보내고 이제 묵을 방도 구해서 안정을 찾게 되었고 율법에 따라 8일만에 아기에게 할례를 행하고 천사가 일러준 대로 이름을 예수라고 지었다. 40일이 될 때는 예루살렘 성전으로 아기를

별의 인도로 아기 예수를 찾아가는
동방박사들

데리고 가서 정결 예식을 치렀다. 맏아들을 구별하여 하나님께 드리는 의식이었고[출13:2,12], 아들을 낳은 여인은 정결 예식을 행함으로 부정에서 벗어날 수 있었기 때문이다.[레12:8] 거기에서 의롭고 경건한 삶을 살던 시므온이라는 노인을 만나 그 아기와 어머니가 훗날 겪게 될 일들에 대한 예언도 들었다. 또 안나라는 나이 많은 여선지자도 만났다. 역시 아기에 대한 이야기를 들려주었다.

다시 베들레헴으로 돌아온 마리아와 요셉은 얼마 동안 그곳에 더 머물렀는데, 동방박사들의 내방도 그 즈음에 있었을 것이다. 그 후 헤롯이 아기를 찾아 죽이려 했기 때문에 천사의 안내와 도움을 받아 세 식구는 애굽으로 피난길을 떠나야 했다. 높은 언덕 위에 있던 베들레헴에서 내려와 길도 제대로 없는 사막 길을 통해 아기를 안고 애굽까지 가는 길은 결코 쉬운 일이 아니었을 것이다. 그들은 애굽에서 아기의 생명을 위협했던 헤롯이 죽을 때까지 머물러 있었다. 그리고 역시 천사의 안내에 따라 그 사막 길을 되짚어 돌아왔다. 떠났던 유대 지방의 베들레헴이 아니라 그들의 고향 갈릴리의 나사렛으로 돌아왔다. 그래서 아기는 요셉과 마리아의 맏아들로 나사렛에서 성장했다.

예수가 열두 살이 되었을 때 그의 부모는 유월절을 기해 그를 예루살렘 성전에 데리고 갔다. 열두 살은 성인으로 인정되는 나이였고, '율법의 아들'로 율법을 지킬 의무가 주어지는 나이였기 때문이다. 문제는 지켜야 할 유월절의 절차를 다 마치고 돌아오는 길에서 일어났다. 부모는 고향으로 돌아오는 무리에 섞여 하루 길을 가서야 아들을 찾아보았다. 무리지어 오던 대열은 꽤 길었다. 걷는 사람, 나귀를 탄 사람, 낙타를 탄 사람들이 엉켜 길은 붐볐다. 어딘가에 있으리라 생각했던 아들을 어디서도 찾을 수 없게 되자 당황한 부모가 아들을 찾으며

요셉과 함께 예수를 데리고
이집트로 피신하는 마리아

예루살렘 성전까지 간 것은 사흘 후였다. 밤길을 나서지는 못 했고, 다음 날 하루 종일 수소문 해가며 길을 갔으며, 셋째 날에야 예루살렘에 도착했다. 부모는 성전에서 율법 교사들과 함께 문답식 공부를 하고 있는 아들을 만나 고향으로 돌아왔다. 성경에는 이 기록 이후는 요셉에 관한 언급이 없다. 마리아가 오래지 않아 남편과 사별했으리라고 추정된다.

성경에 마리아가 다시 등장하는 것은 유명한 '갈릴리 가나의 혼인잔치' 기사에서다. 이 사건은 마리아가 아들 예수와 헤어지는 자리가 되었다. 이 날의 잔치는 예수가 첫 이적 '물로 포도주를 만든' 자리였고, 사생활을 버리고 공생애를 시작한 자리였다. 그 때 마리아는 50대에 가까워지는 나이였을 것이다. 잔치 집에 예수와 함께 참석한 마리아는 포도주가 떨어진 것을 알고 아들에게 그 사실을 알렸고 하인들에게는 그가 시키는 대로 하라고 했다. 그의 첫 이적으로 그가 공생애의 길로 나서게 문을 열어준 것이 그의 모친 마리아였다고 할 수도 있을 것이다.

그 이후로 마리아는 무대에서 사라졌다가 예수가 사역에 몰두하고 있을 때 재등장한다. 예수의 동생들과 함께 그를 찾아왔지만 예수는 그 어머니를 만나주지 않았다. 마리아 입장에서는 아들과의 혈육의 정을 멀리하는 훈련을 하고 있었던 셈이다. 그 동생들이 마리아가 낳은 자녀인지에 관해서는 여러 가지 주장들이 있다. 요셉이 마리아와 결혼하기 전에 다른 여자에게서 낳은 자녀들, 또는 요셉이 예수를 낳은 후에 다른 여자에게서 낳은 자녀들이라는 주장이다. 이는 마리아는 평생 동정녀로 지냈다는 주장을 뒷받침하기 위한 주장들이다. 그러나 일반적으로는 마리아가 낳은 예수님의 동생들이었다고 생각한다.

성전에서 토론하는 소년 예수

예수가 인류 구원이라는 대업을 이루기 위해 십자가에 달릴 때도 마리아는 멀찍이 서서 아들의 죽어가는 모습을 바라보며 눈물을 흘려야 했다. 골고다 언덕에 세워진 세 개의 십자가, 그 가운데 십자가에 마리아의 사랑하는 아들이 달려 피를 흘리고 있었다. 십자가 치형을 구경하려고 모여들었던 군중들도 하나둘 사라지고, 그 십자가 아래에는 처형을 지휘했던 백부장과 그의 부하 군인 몇 사람, 그가 사랑하던 제자와 마리아, 그리고 다른 여자들 몇 사람만 남아 있었다. 그들을 내려다보는 예수는 그의 어머니 마리아를 사랑하는 제자에게 부탁했다. 그 후로 마리아는 그 제자가 모셨다. 여기에서는 마리아의 다른 자녀들의 모습이 보이지 않는다. 그들이 있었으면 달라졌을까? 아마 그래도 달라지지 않았을 것이다.

마리아의 모습이 성경에서 마지막으로 등장하는 자리는 예수의 부활 승천 후 교회가 처음으로 태어나는 현장에서였다. 그 자리는 가룟 유다를 제외한 사도들과 마리아, 그리고 보이지 않던 예수님의 동생들 등 약 120명이 모여 합심해서 기도하는 자리였다. 여기에서 마리아의 특별한 역할은 보이지 않았지만 그 때 마리아의 마음에는 영원한 나라에 대한 확고한 믿음이 자리하고 있었을 것이다. 예수의 생전에는 미온적인 태도를 보여왔던 예수 동생들 중에 부활한 예수를 만난 사람도 있었고, 여러 사람들로부터 그를 만난 이야기들을 듣고 그의 제자들의 대열에 서게 되었으리라고 보는 것이 일반적이다. 마리아에 관한 이야기도 여기에서 마감을 한다. 그녀의 남은 여생이나 죽음에 관해서는 정확하게 알려진 것이 없다. 그러나 그것은 중요한 일이 아니다. 온 세상이 세상에서 가장 아름다운 어머니^{성모}로 추앙받아 왔기 때문이다.

십자가에서 내려지는 예수와
슬퍼하는 마리아

나사렛이라는 갈릴리 지방의 시골 마을 젊은 아낙네였던 평범한 여인 마리아의 이야기가 지금은 지구상 어디에서나 들을 수 있는 이야기가 되었다. 그녀는 살아 생전에 호의호식하지 못했고 공부를 많이 하지도 못했으며 자녀들을 그렇게 양육하지도 못했다. 오히려 맏아들 예수가 십자가에 달려 죽어가는 현장을 속수무책으로 지켜보면서 눈물 흘려야 했던, 인간적으로는 비련의 주인공이다. 그러나 마리아는 복음이 전해지는 곳 어디에서나 마리아 이야기도 아기 예수와 함께 전해져왔다. 교회는 그녀에 관한 이야기를 중요한 전통 중의 하나로 지켜왔다. 특히 가톨릭교회에서는 성모 마리아상 앞에서 기도하는 전통과 심지어 성모 승천설까지 만들어 받들기도 한다.

080

안나

아기예수를 보고 바로 그리스도라고 선언한 선지자

◇ Anna, 뜻 : 은혜
◇ 아셀 지파 바누엘의 딸 안나라 하는 선지자가 있어 나이가 매우 많았더라
눅2:36

안나는 결혼하여 7년을 남편과 함께 지냈으나 그와 사별하고 과부가 된 여인이다. 기록 당시 이제 나이가 84세가 된 여선지자였다.**어떤 번역본에 따르면 안나는 과부된지 84년이었다고 하는데 그렇다면 그 나이는 100세가 넘었다고 할 수 있다.** 안나는 예루살렘 성전에 머물러 있으면서 밤낮을 가리지 않고 금식하며 기도했던 여인이다. 그러던 중 요셉과 마리아가 아기 예수를 안고 정결예식을 위해 예루살렘 성전을 찾았을 때 처음으로 예수를 그리스도라고 선언한 사람이 되었다. 성경은 예루살렘의 속량을 바라는 모든 사람들에게 그에 대해 말했다고 하기 때문이다. 그가 구속주**the Redeemer**라고 말한 것으로 이해할 수 있는 것이다. 왜 이 늙고 크게 두드러지지 않는 여인이 그리스도를 만민 앞에 선포하는 첫 인물이 되었을까? 그러나 다시 깊이 생각해 보면 안나는 신약에 나오는 여선지자 중에 가장 두드러진 인물이었다고 해도 지나치지는 않을 것이다. 그녀의 나이가 중요한 것이 아니라 영성이 중요하다. 아마 그녀의 얼굴에서는 미움이나 악의, 냉소적 표정을 볼 수는 없었을 것이다. 비록 주름으로 뒤덮인 얼굴이었지만 부드러운 친밀함이 가득한 얼굴이었을 것이다.

안나는 성전을 떠나지 않았다. 그녀는 세상적인 이해관계를 초월해서 거룩한 삶을 추구하는 사람들과 함께 밤낮으로 드려지는 성전예배에 참석하고 자주 금식하며 기도하는 생활을 했다. 아마 안나가 늘 앉아있던 자리는 고정되어 있었을 것이고, 만일 그 자리가 비어 있

다면 다른 어떤 봉사할 일이나 다른 사람을 도와야 할 일이 있었음을 의미했을 것이다.

안나는 밤낮으로 금식하며 기도한 사람이었다. 한쪽 구석에서 숨어서 한 것이 아니라 다른 사람들이 쉽게 볼 수 있는 공개적인 자리에서 사람들이 알아들을 수 있도록 소리 내어 하는 기도였다. 그리고 그 응답으로 하나님의 계시를 음성으로 듣는 사람이었다. 기도와 금식으로 준비하지 않고 하나님의 계시를 바로 보지 못하는 사람이었다면 아기 예수가 어떤 분인지를 알아볼 수 없었을 것이다. 안나의 기도는 메시아의 오심을 기다리면서 드리는 기도였으므로 메시아로 오신 그 아기를 단번에 알아보았다. 시므온이 그 아기에 대해 하는 예언의 말을 들을 때 안나는 또한 확신을 가질 수 있었을 것이다. 그리고 그 기쁜 소식을 자기와 같은 소망과 믿음을 가지고 메시아의 오심을 기다리는 모든 사람들에게 그 소식을 선포하게 된 것이다.

081

엘리사벳

제사장 사가랴의 아내이자 세례요한의 어머니

◇ Elisabeth, 뜻 : 신의 맹약
◇ 엘리사벳이 마리아가 문안함을 들으매 아이가 복중에서 뛰노는지라 엘리사벳이 성령의 충만함을 받아^{눅1:41} 눅1:41

엘리사벳이 나이들어 낳은
선지자 세례요한

엘리사벳은 아론의 자손으로 제사장 집안 출신이자 아비야 반열에 속한 제사장 사가랴의 아내였다. 부부가 모두 제사장 집안의 혈통을 받은 사람들이다. 제사장은 율법에 따르면 경건하고 순결한 여자와 결혼해야만 했다.^{레 21: 7} 그들은 하나님 앞에서 의인으로 인정받고 하나님의 모든 계명과 규례를 잘 지켜 흠잡을 데 없는 사람들이었다.

이들 부부에게도 한 가지 걱정이 있었다. 그들에게 자녀가 없었고 나이도 많아 노경에 이른 것이다. 여러 해 동안 그들은 아기를 갖기 위해 기도해왔고 간절히 바랐다. 그러나 이제 그들은 나이가 많아 자연스럽게는 아기를 기대할 수 없게 되었다. 그래도 그들은 그 기도를 멈추지 않았고 하나님의 전증하심을 믿는 믿음으로 하나님의 때를 기다렸다. 엘리사벳에게는 제사장의 딸이고, 제사장의 아내로서 자녀가 없다는 것이 당시 문화로는 부끄러운 일이었다.

전통에 따르면 엘리사벳은 성모 마리아의 사촌이었다고 하지만 정확하게 그 관계가 무엇이었는지를 확실하게 말할 수는 없다. 하여간 그 사촌동생이 성령으로 아기를 가지게 해주신 것처럼 하나님께서는 엘리사벳을 위해서도 기적을 베풀어주셨다. 남편인 제사장 사가

랴가 제사장들의 직무수행 순서에 따라 성전에서 분향할 때 천사가 향단 오른쪽에 나타나서 그의 아내 엘리사벳이 아들을 낳을 것이니 그 이름을 요한이라고 하라고 일러준다. 마리아에게 수태소식을 알려주기 6개월 전이었다. 이렇게 해서 예수님의 선구자 역할을 했던 세례요한이 태어난다. 그러나 엘리사벳 부부는 그 아들이 예수의 선구자로서의 사역을 시작하기 전에 먼저 하늘나라로 갔으리라 추정한다.

다른 의미에서 엘리사벳은 복을 받아 누린 여인이었다. 우선 엘리사벳은 마리아의 몸을 통해 태어날 아기 곧 예수가 기다려오던 메시아라는 고백을 한 최초의 여성이 되었다. 메시아를 태중에 갖고 있는 마리아의 방문을 받았을 때 그녀는 '내 주의 어머니the mother of my Lord'가 내게 왔다며 아기가 그리스도라고 고백하는 대목에서 알 수 있다. 그 고백은 '성모 마리아의 송가the Magnificat 눅1:46-55라고 일컬어지는 찬가를 그 응답으로 받아낸 인사말이기도 했다.

엘리사벳이라는 이름은 오늘 날 영어권에서 가장 많은 여성들의 이름이 되기도 했다. 영국 여왕 엘리자베스 II세를 비롯해 미국에서는 거의 200만 명의 여성이 그 이름을 가지고 있다고 한다. 영어권 여성들이 가장 선호하는 이름인 셈이다.

마리아와 마르다

예수가 사랑한 자매

◇ Mary, 뜻 : 높여진 자 | Martha, 뜻 : 숙녀
◇ 마르다는 예수께서 오신다는 말을 듣고 곧 나가 맞이하되 마리아는 집에
　앉았더라 요11:20

예수와 마리아와 마르다

앞에서 다룬 여인들은 복음서의 첫머리에
나오는 여인들이다. 마리아와 마르다는 예
수의 사역기 중반 이후에 등장하는 주요한
여인들이다. 이들은 자매간으로 마르다가
언니, 마리아가 동생이다. 자매의 남자 형
제는 나사로였다. 그들 3남매는 예수님의
좋은 친구들이었다. 그들은 예루살렘에서
남동쪽으로 3킬로미터 정도 거리에 있는
베다니라는 마을에 살았다. 그들은 경제적으로는 어느 정도 여유 있는
생활을 했다고 볼 수 있다. 그래서 예수와 그의 제자들은 가끔 부담없
이 그 집에서 숙박을 하기도 했다. 나사로는 죽어서 무덤에 들어가 있
다가 4일 후에 예수가 다시 살린 사람으로, 다시 살아났다는 점에서 부
활했다고 할 수 있으나 스스로 살아난 것이 아니라 예수가 살려줬다는
점에서 부활한 것은 아니다.

마르다는 언니였지만 성경에서는 마리아를 더 중요한 역할을 하는 인
물로 다루고 있다. 두 자매는 예수를 믿고 따르는 제자들이었다. 그러
나 그들은 예수를 대할 때 서로 다른 면을 보여주기도 했다. 한 번은 예
수가 그들의 집에 들렀을 때 그의 제자들은 물론 따르는 많은 사람들

도 따라 들어왔다. 예수는 그들에게 계속 말씀으로 가르쳤고, 마르다는 전통적인 여성상에 따라 손님 접대 준비를 하고 있었다. 아마 음식 준비가 우선적인 일이었을 것이다. 다른 사람들은 몰라도 적어도 열두 제자들까지는 대접해야 할 형편이었다. 갑자기 그렇게 하는 것이 쉬운 일은 아니었다. 마음부터 분주했다. 그런데 동생 마리아는 그런 언니를 도울 생각은 않고 예수 앞에 앉아 그가 전하는 말씀에 귀를 기울이고 있었다. 그것을 본 마르다는 예수님에게 동생더러 언니 좀 도와주라고 해달라고 했다. 그러나 예수는 도리어 마리아가 더 좋은 선택을 했다고 마리아를 두둔했다. 봉사의 길과 말씀을 듣고 순종하려는 제자의 길이 갈라진 셈이다. 예수는 봉사의 삶도 중요하지만 제자로서의 삶이 더 우선한다고 선언한 것이다. 몸에 좋은 음식도 중요하지만 영혼의 양식이 훨씬 중요하다는 선언이었다.

마르다는 미혼의 삼 남매가 사는 집에서 살림을 책임지는 주부역할을 해왔던 것 같다. 그녀는 그런 자신에 대한 일종의 자부심도 있었을 것이다. 나사로가 병들어 죽음이 임박했다는 소식을 듣고도 예수가 이틀이나 뒤에 그들 남매가 살던 베다니로 오자 마르다는 예수를 맞기 위해 마을 밖까지 뛰어나가 맞았다. 그러나 마리아는 집에 그냥 머물러 있었다. 그때 마르다는 그 자리에서 "나는 이제라도 주께서 구하시는 것을 하나님께서 주실 것을 아나이다"요11:22라고 훌륭한 신앙고백을 한다. 그리고 예수가 "네 오라비가 다시 살아나리라"고 하자 그녀는 "마지막 날 부활 때에는 다시 살아날 줄을 내가 아나이다"라고 하며 마지막 날의 부활신앙도 고백한다. 그 고백은 예수의 "나는 부활이요 생명이니 나를 믿는 자는 죽어도 살겠고 무릇 살아서 나를 믿는 자는 영원히 죽지 아니 하리라"는 가르침으로 이어졌다. 그에 대해 마르다는 "주는 그리스도시요 세상에 오시는 하나님의 아들이신 줄 내가 믿나이다"라고 고백함으로써 베드로의 위대한 신앙고백 "주는 그리스도시요 살아계신 하나님의 아들이시니이다"마16:16라는 고백과 동일한 고백을 했다. 그리고 동생 마리아를 예수가 부른다고 해서 그리로 불러냈다. 그리고 그들은 나사로의 무덤

예수와 죽었다가 살아난 나사로,
그리고 마리아와 마르다

이 있는 곳으로 갔다. 예수는 동굴로 된 무덤 앞에 이르러서 그 입구를 막아놓은 돌을 옮겨 놓으라고 했다. 마르다는 이미 죽은 지가 나흘이 되어서 시신에서 냄새가 날 것이라고 했지만 예수는 기도 후에 큰 소리로 "나사로야 나오라"고 부르고, 수의를 두르고 묶어신 상태의 나사로가 살아나 동굴 밖으로 걸어 나왔다.요11: 7-44 나사로의 부활사건과 함께 마르다의 신앙고백을 잘 보여준 이야기다.

마리아도 예수께 대한 믿음은 언니처럼 확실했다. 그 오라버니 나사로가 죽었을 때 예수를 만난 그녀가 "주께서 여기 계셨더라면 내 오라버니가 죽지 아니하였겠나이다."요11:32라고 한 고백에서 알 수 있다. 이 때 예수는 눈물을 흘렸다고 한다. 공생애의 예수가 운 이야기는 여기에서만 나온다.

마리아는 이후 다시 한 번 성경에 등장한다. 예수가 십자가에 달리기 전 예루살렘으로 올라갈 때 베다니에 들렀을 때였다. 그날은 유월절 이틀 전이었다. 나사로가 살아나오는 광경을 보고 믿게 된 그 마을의 다른 사람들과 함께 예수와 그의 일행을 위하여 마르다가 잔치 상을 차리느라 분주할 때 나사로는 예수와 함께 앉아 그들의 대화에 참여하고 있었다. 장소는 같은 마을에 살던 시몬이라는 사람의 집에서였다. 그는 나병환자로 마을에서 쫓겨났다가 예수의 고침을 받고 온전하게 되어 자기 집으로 돌아온 사람이었다. 예수가 온다는 소식을 듣고 자기 집에서 대접을 하겠다고 나섰고 그의 친척들과 친구들이 동참하다보니 잔치처럼 되어버렸을 것이다. 그날 마리아는 아주 비싸고 순전한 나드 향유 한 옥합한 르을 가져와 그 옥합을 깨뜨려 그것을 예수의 발에 붓고 자기 머리털로 그의 발을 닦았다. 나드는 인도산 향나

무 향유였고 값으로 치면 300데나리온이나 받을 수 있는 것이었으니 우리 돈으로 환산하면 수천 만원이나 나가는 귀한 것이었다. 마리아는 그것을 통해 자기의 몸과 마음, 그리고 물질을 모두 주께 바친다는 것을 보여주었고 다시 한 번 예수의 칭찬을 들었다.

　　마리아는 언니에 비해 좀 더 자유로운 성품의 소유자였다. 그래서 언니의 스타일로 사는 것을 거부했다. 아마 평소에는 언니를 도와 집안일을 거들기도 했을 것이다. 그러나 예수가 집이 방문했을 때는 집안일을 거들기보다 예수의 가르침을 듣는 것을 더 좋아했다. 그것이 훨씬 중요하다고 생각했을 것이다. 그리고 마리아는 예수가 정말로 필요로 하는 것을 충족시키는 재치도 발휘했다. 그의 발에 향유를 붓고 씻었을 때 예수는 그것이 바로 자신의 장례를 위한 것이라고 칭찬했다. 그녀는 좋은 일보다 가장 좋은 일을 찾아서 한to do the best thing than a good thing 여성이다.

제8장

복음서에
등장한
여성들

가나 혼인잔치의 신부

가나 혼인잔치의 신부

예수 공생애 첫 기적의 주인공

◇ -

◇ 천사 가브리엘이 하나님의 보내심을 받아 갈릴리 나사렛이란 동네에 가서 다윗의 자손 요셉이라 하는 사람과 약혼한 처녀에게 이르니 그 처녀의 이름은 마리아라 **눅1:26-27**

가나의 혼인잔치

어느 문화에서나 결혼식에서의 꽃은 신부다. 유대인들의 문화에서도 예외는 아니었다. 신랑이 왕이라면 신부는 왕비였다. 혼인잔치는 며칠씩 계속되었고 심지어 일주일 동안 계속되기도 했다. 또한 신부에게 있어서는 모든 여성들의 경우와 마찬가지로 결혼 예식이 일생에서 최고 정점을 이루는 일이었을 것이다.

혼인잔치를 하고 있는 신부의 집은 높은 신분의 집이거나 대단한 부잣집은 아니었던 것 같다. 평범한 보통 사람들 중의 하나였을 것이고 예상외로 손님이 많아 잔치를 하는 중에 준비한 포도주가 떨어지는 일 생겼다. 이스라엘에서 포도주는 혼인잔치에서 필수품이었다. 여기에서 말하는 포도주는 그 문화에서는 음료수였다. 술에 만취되어 소동을 부리는 일은 거의 없었고, 사람들이 일상적으로 마셨던 음료수였으므로 혼인예식 기간에는 충분히 제공되어야 했다. 준비를 많이 했겠지만 이런 일이 생겼고 다행히 예수의 어머니 마리아의 아들에 대한 믿음과 기민한 대처가 문제를 해결할 수 있게 했다. 예수라면 그런 일을 능히 해결해주리라고 신뢰했던 것이다.

성경에는 그 혼인예식의 신랑은 등장하지만 신부에 대해서는 언급 자체가 없다. 그리고 그녀는 그런 소동에 대해서도 바로 알지는 못했을지 모른다. 그러나 나중에라도 신랑으로부터 그 이야기를 들었을 것이다. 예수는 그녀와 그녀의 신랑, 그녀의 부모들 모두를 곤경에서 구해주었다.

085 베드로의 장모

열병에서 회복 후 곧바로 봉사한 열심

◇ −
◇ 예수께서 베드로의 집에 들어가사 그의 장모가 열병으로 앓아 누운 것을
 보시고^{마:8-14}

예수 주변에는 늘 많은 여성들이 있었다. 그 가운데 사역 초기에 만난 여성으로 베드로의 장모가 있다. 베드로는 예수보다 나이가 많고 기혼이었다. 그리고 결혼 후 그 장모를 집에 모시고 살았던 것으로 보인다.

어느 안식일에 예수는 베드로의 집이 있는 가버나움 회당에서 말씀을 전하고 더러운 귀신들린 사람에게서 귀신을 쫓아내주었다. 그런 후에 회당에서 나와 베드로의 집에 갔는데, 베드로의 장모가 심한 열병에 걸려 고열^{高熱}에 시달리고 있었다. 예수가 그 여인의 손을 잡아 일으키며 열병을 꾸짖으니 곧 낫게되었다. 고침 받은 베드로의 장모는 곧바로 예수 일행을 위해 섬기는 등 봉사하는 일에 나섰다. 섬긴다는 것은 말로만 섬기는 것^{lip-service}이 아니라 몸으로 섬겨야 한다는 뜻을 포함하고 있다.

O86

사마리아 여자

예수 증인이 된 부정한 지역의 외톨이

◇ Samaria, 뜻 : 살핌
◇ 사마리아 여자가 이르되 당신은 유대인으로서 어찌하여 사마리아 여자인 나에게 물을 달라 하나이까요4:9

사마리아 여인과 예수

예수가 유대지방을 떠나 갈릴리지방으로 갈 때였다. 그는 이스라엘 사람이라면 좀처럼 가지 않는 사마리아 지역을 통과해서 가는 길을 택했다. 사마리아 지역은 앗수르아 시리아가 이스라엘을 점령 통치할 때 혼혈정책을 쓰면서 대부분이 혼혈이 되었으므로 이후 순수 혈통의 유대인들은 그 땅을 부정하게 생각했던 곳이다. 그들은 혹시 유대지방에서 갈릴리로 갈 때 둘러가더라도 가까운 사마리아보다 강을 건너 더라도 요단강 동쪽 길로 돌아 갔다. 그런데 그런 관습을 깨고 예수가 사마리아를 통과해서 가는 길을 택한 것이다.

거기서 도중에 수가라 하는 동네를 지나가게 되었는데, 그 마을 동구 밖에는 조상 야곱시대로부터 내려오는 우물이 있었다. 먼 길을 걸어온 예수는 제자들이 먹을 것을 구하러 간 사이 길가에 있는 그 우물 옆에 앉아 있었다. 그 때 한사마리아인 여자가 물을 길으려고 우물 앞으로 나왔다. 그런데 한 유대인 남자가 여자에게 물을 좀 주어 목을 축이게 해달라고 한 것이다. 여자는 충격을 받았다. 그녀가 놀란 이유는, 보통 유대인 남자는 어떤 여자에게라도 직접 말을 거는 것을 꺼려왔기 때문이다. 더군다나 자기는 사마리아인 여자가 아닌가? 분명히 예수가 그 여자와 사적으로 대화를 한다는 것은 더 충격적인 일로 받아들일 수밖에 없었을 것이다. 그 일은 당시 바리새인들의 시각에서 보면 분명히 있을 수 없는 행동이었다. 먹을 것을 구하러 갔다가 돌아온 제자들이 그 광경을 보고 놀란 것도 그런 이유에서다.

여자는 예수와의 대화에서 예수가 자신의 신변에 대해 잘 알고 있다는 것을 밝히자 자기 앞에 있는 사람이 선지자라는 것을 확신했다. 그리고 그가 그 민족이 기다려오던 약속된 메시야라는 말을 듣고 마을로 뛰어 들어가서 사람들에게 자기가 만난 예수 이야기를 전했다. 예수가 자기의 살아온 모든 것을 말했다는 증언을 들은 많은 마을 사람들도 예수를 믿게 되었다. 예수는 그들의 요청을 받아들여 그 마을에 이틀을 더 머무르며 말씀을 전했다. 소외되고 고달팠던 사마리아 지역의 사람들은 그가 세상의 구세주로 온 그리스도라고 믿게 되었다.

사마리아 여자는 이름도 알려지지 않았지만 많은 사람들이 그리스도를 믿고 구원의 길로 들어오도록 하는 데 공로를 세운 자다. 그러나 그 여자의 과거의 삶은 도덕적으로 건전하지 못한 삶을 살았다. 예수는 그녀에게 "너에게 남편 다섯이 있었고 지금 있는 자도 네 남편이 아니다"라고 했다. 그녀는 사랑에 굶주려 지냈고 진심으로 그를 반겨주는 관계 맺기를 간절히 바라며 지냈다. 사마리아 지역에서조차 마을 사람들로부터 무시받고 외톨이로 지낸 여자였다. 그래서 아침 일찍 다른 여자들과 함께 물을 긷기 위한 대열에 끼지 못했고 한낮에 혼자 우물로 왔다가 예수를 만난 것이다. 그러나 예수를 만난 여자는 자신의 어두웠던 삶을 뒤로 하고 믿음의 자리에 들어설 수 있었다. 예수가 그녀의 위상을 완전히 바꾸어 자존감을 회복시켜 준 것이다.

자존감을 완전히 잃어버리고 살아가던 여자에게 예수는 '물 좀 달라'는 부탁을 한 것이다. 자기를 인정해주는 예수에게 여자는 질문을 할 용기를 얻어 대화를 이어갈 수 있었고, 이내 마을 사람들까지 예수를 만날 수 있도록 길을 열어주었다. 아마 이후로 이웃들과의 관계도 회복되었을 것이다. 사마리아 사람들도 유대인들과 같은 피를 나눈 사람들이었고 구약의 율법을 지키는 사람들이었다. 그런 마을 공동체에서 그 여자만 이웃과 정상적인 교류관계를 맺지 못하고 외톨이로 살아왔으나 예수를 만남으로 자신도 하나님의 택함 받은 백성이고 구원을 필요로 하는 죄인임을 깨닫게 되었다. 특별히 예수로부터 들은 "하나님께서 영적이고 참된 예배를 드리는 사람들을 찾고 계신다"는 놀라운 소식은 그 여자에게 깊은 감동을 주었다.

고단한 삶을 살았던 여자는 예수를 만난 그 이후 그렇게 그리스도를 성공적으로 전하는 증인이 되었다.

087

예수의 누이동생들

이름조차 남지 않은 인간 예수의 혈육

◇ −
◇ 무리가 예수를 둘러 앉았다가 여짜오되 보소서 당신의 어머니와 동생들과 누이들이 밖에서 찾나이다^{막:3-32}

예수의 누이동생들이 몇 명이 있었는지 또 그들이 어떤 여성들이었는지는 모른다. 그러나 예수에게 누이들이 있었던 것은 확실하다. 그가 사역 초기 어느 때에 그의 고향으로 가서 고향마을 회당에서 말씀을 가르칠 때, 거기에 모인 마을 사람들은 그의 지혜와 능력에 놀라워하면서 그가 바로 그들이 잘 알고 지내던 목수 요셉의 아들이고 그 어머니는 마리아이며 그의 남자 동생들 야고보, 요셉, 시몬과 유다의 이름을 말하면서 그 누이들이 모두 그들과 함께 있다고 했다.^{마13:53-58} 따라서 그의 누이동생은 적어도 둘 이상의 복수였음을 알 수 있다.

역시 갈릴리 지역에서 사역하고 있는데 사람들이 몰려와 그를 에워싸고 있을 때 그 어머니와 동생들이 그를 찾아온 적이 있다. 그가 그리스도인 것을 믿지 못했던 가족들이 그의 소문을 듣고 그가 혹시 잘못된 길로 가는 것은 아닌가 염려하여 집으로 데리고 가려고 왔을지도 모르는 상황이었다. 그들은 그를 너무 잘 알고 있으니까 소문대로라면 무엇인가 문제가 있다고 생각했던 것 같다. 성경은 그곳에 어머니와 형제들이 찾아왔다고 했는데, 누이들이 함께 왔지만 여자라 계수되지 않았을 수도 있고, 문자 그대로 함께 오지는 않고 집에서 염려만 하고 있었을 수도 있다.

그날 예수는 "누가 내 어머니이며 내 동생들이냐?"며 "누구든지 하늘에 계신 내 아버지의 뜻대로 하는 자가 내 형제요 자매요 어머니이니라"고 했다.^{마12:46-50;막3:31-35;눅8:19-21} 혈연으로 맺어진 형제자매나 가족을 뛰어넘어 하나님의 뜻을 행하는 모든 사람들, 곧 그의 자녀된 사람 모두가 영적으로 한 가족이며 형제자매들이라고 한 것이다.

088

음행 중에 잡혀온 여자

예수로부터 자유를 허락받은 여인

◇ -

◇ 예수께서 일어나사 여자 외에 아무도 없는 것을 보시고 이르시되 여자여 너를 고발하던 그들이 어디 있느냐 너를 정죄한 자가 없느냐요8:10

음행 중에 잡혀온 여자

어느 날 서기관들과 바리새인들이 음행 중에 현장에서 붙잡힌 여자를 예수에게 데려왔다. 그들은, 모세가 전해준 율법레20:10,신17:5-6에 따르면 그런 여자는 돌로 쳐 죽이라고 되어 있다며 예수는 어떻게 하겠느냐고 물었다. 그런데 그들이 음행 현장에서 붙잡아온 사람은 여인 한 명뿐이었다. 상대인 남자 이야기는 없었다. 율법은 두 사람을 함께 벌하도록 되어 있다. 거룩한 삶을 추구한다는 바리새인들이 음행 현장을 덮쳐 적발했다는 것도 이해하기 힘든 일이었고, 1세기의 현실을 생각해볼 때 로마 치하에서 쉽게 돌로 쳐 죽이는 결정을 사사로이 내릴 수도 없는 상황이었다.

이 사건에 등장하는 여인의 이름은 알려지지 않았다. 또 사복음서 중 요한복음요8:3-11을 통해서만 기록으로 전해졌다. 여자는 음행 현장에서 잡혀왔다고 한다. 상대 남자는 거론되지 않았는데, 그 남자는 바리새인 이 아니었을까 하는 해석도 있다. 대략의 정황으로 미루어 생각하면 그녀는 창녀였을 가능성도 크다. 따라서 그 현장은 사람들이 쉽게 접근할 수 있는 곳이었을 것이다. 역사적으로도 당시에 예루살렘에 창녀가 있었다는 기록이 있다. 여자가 창녀가 된 것은 생활고가 원인이었을 것이다. 사회적으로 소외되고 경멸 속에 살았을 것이고, 자존감을 없이 고개 한번 들어보고 살지 못했을 것이다.

그러나 여자가 죄인이었다는 것은 의심의 여지가 없다. 사람들이 욕하고 비난해도 반박하고 나설 처지가 아니었다. 역설적이게도 예수는 그녀를 데리고 온 바리새인들의 질문과 요구에 답하는 대신 '너희 중에 죄 없는 사람이 먼저 돌을 들어 그 여자를 치라'는 말로 그들을 제압한다. 그리고 몸을 굽혀 땅에 무엇인가를 쓰는데, 그때 기세등등하게 등장했던 바리새인들이 하나둘씩 말없이 그 자리를 떠났다. 그들 모두도 죄인들이었기 때문이다. 죄를 하루도 거르지 않고 범하며 살아가는 사람들이, 죄인이라고 손가락질을 해도 한 마디도 대꾸할 수 없는 여인의 처지를 악용해 전혀 죄가 없는 그리스도 앞으로 끌어왔던 것이다.

예수는 여자를 정죄하지 않았다. 정죄하던 무리가 사라지고 예수가 여자에게 "너를 정죄한 사람이 없느냐?"고 묻자 여자는 "주님, 아무도 없습니다"라고 대답했다.

089 18년을 척추장애인으로 산 여인

안식일 논쟁을 불러온 여인

◇ -
◇ 열여덟 해 동안이나 귀신 들려 앓으며 꼬부라져 조금도 펴지 못하는 한 여자가 있더라 눅13:11

병자들을 고치는 예수

어느 안식일에 예수가 한 회당에서 모인 사람들을 가르치고 있을 때였다. 거기에 18년 동안 병마로 허리가 굽어져서 몸을 제대로 펴지 못하는 여자가 찾아왔다. 그 여인이 불행한 인생을 살게 된 원인은 귀신이 들려서였다. 귀신이 그녀에게 지속적인 아픔을 주었고 불구자 장애인가 되게 했다. 그런 그녀를 예수가 보고 "여자여, 네가 네 병에서 놓였다"라고 손을 펴 안수해주니 그녀는 즉시 고침을 받고 똑바로 설 수 있게 되었다. 고침을 받은 여인은 너무 좋아서 하나님을 찬양했다.

여자의 고침을 두고 회당장은 그 날이 안식일이라는 것을 문제로 삼았지만 그런 것은 그 여인에게는 아무런 문제가 될 수 없었다. 예수도 안식일 규정보다 사탄의 종이 되어 고통 중에 있는 사람을 그 손에서 풀어주는 것, 곧 한 사람을 사탄의 손아귀에서 풀어주는 것이 훨씬 귀한 일이고 우선적으로 해야 할 일이라고 설명했다. 나아가 예수는 그녀를 "아브라함의 딸"이라고 호칭했다. "아브라함의 자손"이라는 말은 여러 곳에서 쓰였지만 신약성경에서 "아브라함의 딸"이라는 말은 이 여인에게만 사용된 표현이다. 아브라함의 자손들 the children of

Abraham에게 약속된 복창12:1-3이 이 여인에게도 적용되었음을 의미한다.

그녀가 고침받는 사건에서 특이점은 그녀의 신앙 상태는 전혀 고려 대상이 아니었다는 점이다. 흔히 볼 수 있는 '네 믿음이 너를 구원했다'거나 네 믿음대로 되라'는 말도 이 이야기에는 나오지 않는다. 전적으로 주님의 은혜로 이루어진 일이었다. 18년 동안 병마로 허리가 굽어 있었던 여인이 고침받는 이 사건은 행함이든 믿음보다 '오직 은혜'라는 고백sola gratia이 강조된 사례나.

나인성의 과부

090

아들 장례로 예수를 만난 여인

◇ Nain, 뜻 : 아름답다
◇ 주께서 과부를 보시고 불쌍히 여기사 울지 말라 하시고^{눅7:13}

예수가 나인이라는 성에 가는 날이었다. 성문에 가까이 이르렀을 때한 무리의 장례 행렬이 그 성에서 나오고 있는 것을 보게 된다. 한 젊은 청년의 장례 행렬이었다. 죽은 청년은 한 과부의 외 아들이었다. 여자는 젊어서 남편을 여의고 갖은 고생을 해가며 혼자서 아들 하나를 귀하게 키웠던 것 같다. 이제 그 아들이 장성하여 어머니에게 큰 힘이 될 때가 되었는데 죽은 것이다. 남편은 그 아들 하나만 남겨두고 떠나버렸었고, 이제 그 아들마저 떠났으니 그녀 곁에는 아무도 없었다.

주변 사람들의 도움을 받아 장례를 치르고 있을 때, 예수가 그들을 보았다. 그리고 통곡하며 아들의 장례행렬을 따라가는 처절한 여인을 본 예수가 죽은 시신을 향해 말했다. "청년아 내가 네게 말하노니 일어나라!" 그러자 죽은 청년이 예수의 말에 곧 일어나 앉고 말도 했다. 이 이야기에서 주목할 것은 우선 아무도 예수에게 도와달라고 부탁하지 않았다는 것이다. 그리고 아무도 그가 그 과부를 위해 무슨 일을 해달라는 기대도 하지 않았다. 이 이야기는 예수를 만난 사람이 겪는 새로운 삶의 모습을 보여준다. 기독교의 역사는 그리스도를 만난 사람들이 겪은 그리스도인들이 걸어온 행적의 역사다.

091 향유를 부은 여인

사람들에게는 지탄을 받았으나 예수에게는 칭찬을 듣다

◇ －
◇ 죄를 지은 한 여자가 있어 예수께서 바리새인의 집에 앉아 계심을 알고
  향유 담은 옥합을 가지고 와서^{눅7:37}

다른 복음서에는 없고 누가복음에서만 전해주는 이야기가 있는데, 그
일은 예수가 시몬이라는 바리새인의 초청을 받아 그의 집에 가서 식
사를 기다리는 자리에서 이루어졌다. 그 마을에 살던 죄인으로 알려져
있던 한 여인이 예수가 거기에 있는 것을 알고 귀한 향유가 담겨있는
옥합을 가지고와서 눈물로 예수의 발을 적시고 머리를 풀어 그것으로
그의 발을 닦았던 일이다. 그녀는 향유를 예수의 발에 붓고 거기에 입
을 계속하여 맞추었다. 상당히 선정적이고 천박한 행위였다. 그러나 그
것은 또한 참회의 행위였다. 그를 청했던 그 집 주인은 마음속으로 그
여인을 비난하면서 예수의 예언자적 지식에 의문을 가졌다. 그런 것
을 알게 된 예수는 그에게 용서와 사랑과 손님접대에 관한 교훈을 주
며 그 주인이 가진 의문에 답을 한다. 그리고 결국 예수를 향한 그 여인
의 큰 사랑이 그 많은 죄를 용서받게 했다는 결론에 도달한다. 예수가
여인에게 "네 죄 사함을 받았느니라"고 선언한 것이다. 그 광경을 보고
있던 사람들은 예수의 정체성에 대해 의문을 가지면서 '도대체 이 사람
이 누구이기에 죄도 사해줄 수 있는가?'라고 생각했다. 예수는 거기에
대한 답은 하지 않고 여인에게 "네 믿음이 너를 구원하였으니 평안히
가라"^{눅7:50}고 한다.

이 여인을 두고, 일곱 귀신이 들렸다가 예수가 그 귀신들을 쫓아내준

막달라 마리아라고 보는 주장도 있지만 확실하지는 않다. 오히려 그녀가 창녀로 보는 의견이 타당성이 있다. 여인의 과거는 변명할 여지없이 주변의 모든 사람들로부터 욕을 먹고 손가락질을 당해 마땅했다. 죄인이라는 딱지를 뗄 수 있는 길이 없었고 구원에 대한 희망도 없었다. 그러나 그녀의 미래는 예수로 인해 완전히 달라졌다. 예수가 바리새인에게 던졌던 질문이 수수께끼의 해답이다. 빚을 주는 사람이 한 사람에게는 500데나리온을 주었고 한 사람에게는 50데나리온을 주었는데 두 사람의 빚을 모두 탕감하여 주었다면 어느 쪽 사람이 빚 준 사람을 더 사랑했겠느냐는 질문이었다. 바리새인은, 더 많은 빚을 탕감받은 사람이라고 답했다. 결론적으로 그 죄 많은 여인이 주님을 더 많이 사랑했고 그것으로 그 죄가 사해졌다는 것이었다.

092 혈루증 앓은 여자

치유되리라는 믿음이 강했던 여인

◇ –
◇ 열두 해를 혈루증으로 앓아 온 한 여자가 있어^{마:25}

예수가 회당장 야이로의 집으로 갈 때 혈루증으로 12년 동안이나 고생
해오던 한 여인이 다가왔다. 혈루증이란, 여성들이 앓을 수 있는 병으
로 정상적인 생리기간 이외에 생리 때처럼 피를 흘리는 병이다. 율법^레
^{15:25-26}은 이 병을 앓는 사람을 부정한 사람으로 규정했다. 상황이 이러
니 12년 동안 여인은 가족들과도 직접 접촉할 수 없었고 성전에 가까
이 갈 수도 없었으며, 유월절 음식과 같은 절기의 예전에 참여할 수도
없었다. 한 마디로 유대인들의 공동체에서 배제될 수밖에 없었다. 치료
를 받아보려고 가진 돈도 모두 써버린 형편이었으니 어디서도 도움을
기대할 수 없는 형편이었다.

그 때 예수의 사역 소문을 들었다. 희망이 생긴 것이다. 그러나
떳떳하게 그에게 나설 수 있는 처지는 아니었다. 그러나 간절함 만큼
믿음이 컸다. 사람들 사이를 숨어 비집고 들어간 여인은 예수의 옷깃
만 만져도 그 병에서 치유되리라는 믿음을 갖고 그의 겉옷 가에 손을
댔다. 그리고 바로 자신의 고질병이 나았음을 느꼈다. 예수가 돌아보며
누가 내 옷에 손을 댔느냐고 묻자 그녀는 자신의 일을 그대로 밝힌다.
여자는 예수로부터 칭찬을 받는다.

"네 믿음이 너를 구원하였으니 평안히 가라."

093

수로보니게 여인

자신을 낮추고 영광을 누린 여인

◇ Syro-phoenciar, 뜻 : 붉다
◇ 여자가 이르되 주여 옳소이다마는 개들도 제 주인의 상에서 떨어지는 부
   스러기를 먹나이다 하니 마5:27

두로와 시돈의 경계지방에서였다. 가나안 족속에 속한 한 여인이 예수
에게 나아왔다. 시리아의 베니게 지방 출신의 여인으로 여자는 흉악한
귀신이 들린 자기 딸에게서 그 귀신을 쫓아내달라고 호소했다. 그러나
예수는 처음에 그 여자의 하소연을 못 들은 척 외면했다. 제자들이 그
여자가 그의 가르침을 방해하고 있으니 보내버려 달라고 하자 예수는
자신의 사명은 이스라엘 사람들 중의 잃어버린 양 외에 다른 사람에게
는 보내심을 받지 않았다면서 그 여인의 하소연을 무시해버렸다. 그러
자 여자는 예수 앞에 와서 절을 하면서 도와달라고 애걸했다. 이번에
는 예수가 그 여인을 개 취급하면서 모욕을 주었다. 그래도 여인은 그
런 모욕을 받아들이면서 "개들도 제 주인의 상에서 떨어지는 부스러기
를 먹는다"며 부스러기같은 은혜라도 입게 해달라고 매달렸다.

   그녀는 결국 자기의 인내심과 지혜로운 기지를 통해서 소원을
이룬다. 예수로부터 "네 믿음이 크도다. 네 소원대로 되리라"는 말을 들
은 것이다. 그녀의 딸은 바로 귀신에게서 벗어났다. 그녀의 딸이 나이
가 얼마고 어떤 모습을 하고 있었는지에 대해서는 전혀 알려진 바 없
다.여인이나 귀신들렸던 딸의 이름도 물론 알려져 있지 않다. 여자는
자신을 주인의 상에서 떨어지는 음식 부스러기를 주워 먹는 것으로 만
족하는 개라고 빗대어 낮춤으로써 그 이야기가 성경말씀에 포함되어
전해지는 영광을 누리게 되었다.

094

야이로의 딸

'달리다굼'의 주인공

◇ Jairus, 뜻 : 빛
◇ 아이의 손을 잡고 이르시되 달리다굼 하시니 번역하면 곧 내가 네게 말하노니 소녀야 일어나라 하심이라 소녀가 곧 일어나서 걸으니^{막5:41-42}

예수에게 고침받는 회당장의 딸 야이로

야이로는 가버나움 회당의 회당장이었다. 회당장은 회당을 관리하는 사람으로 회당예배를 주관했다. 회당예배는 제사 중심으로 이루어지는 성전예배와는 달리 구약성경의 두루마리를 읽고 기도를 하며 말씀을 전하기도 했으니 후일 교회에서 드리는 예배의 모체가 되었다. 회당장은 기도하고 말씀을 읽고 말씀 전할 사람을 택하여 부탁하기도 했다. 야이로는 그런 회당장이었다. 그에게는 외동딸이 있었는데 그 딸이 어느 날 죽어가는 상황에 놓이게 됐다. 야이로는 예수에게 와서 무릎을 꿇고 그의 딸에게 손을 얹어 살려달라고 간청했다. 예수가 청을 따라 그의 집으로 가던 도중에 혈루증 앓는 여인을 고친 일이 있었다. 바로 그 때 그 회당장의 집에서 사람들이 예수를 찾아와서 아이가 죽었다고 알려준다. 중간에 끼어든 여인 때문에 시간이 지체된 일은 야이로 입장에서 기분이 상할 일이었다. 그렇다고 불평할 수 있는 처지는 더욱 아니었다.

전갈을 듣고 온 예수는 야이로에게 "두려워하지 말고 믿기만 하라"고 했다. 그 집 가까이 가서는 베드로, 야고보, 요한, 세 제자만 함께 집에 들어가는 것을 허락했다. 이미 아이가 죽었으므로 사람들은 울고 있었다. 성경에서 언급되고 있지 않지만 아마 소녀의 어머니는 통곡하고 있었을 것이다. 소녀는 열두 살이었다. 도중에 고침을 받은 여인이 혈루증으로 고생하던 기간과 이 소녀가 살아온 햇수가 같은 것에도 무슨 상징적인 의미가 있을까? 예수는 집에 들어가서 사람들을 다 내보낸 후에 아이의 부모와 세 제자들과 함께 아이가 있는 곳에 들어가 아이의 손을 잡고 "달리다굼" **'소녀야 일어나라'는 뜻의 아람어**이라고 외쳤다. 죽어있던 소녀는 바로 일어나서 그들 앞에서 걷기도 했다.

후에 야이로는 멀리서나마 예수를 따르는 제자가 되었을 것이고, 죽었다가 살아난 야이로의 딸도 자라서 초대교회의 한 구성원이 되었으리라 추정한다. 어릴 때의 죽었다가 다시 살아난 그 일을 평생 잊을 수 없었을 것이고 성인이 된 후에는 예수공동체의 일원이 되어 살았을 가능성은 충분하기 때문이다.

O95&O96

헤로디아와 살로메

신약 최악의 여인들

◇ Herodias, 뜻 : 영웅의 딸 | Salome, 뜻 : 평화
◇ 마침 헤롯의 생일이 되어 헤로디아의 딸이 연석 가운데서 춤을 추어 헤롯을 기쁘게 하니^{마14:6}

세례자 요한의 죽음에 관한한 헤로디아와 살로메

살로메라는 이름은 솔로몬이라는 이름과 같은 뜻을 가진 여성의 이름으로 평화 Shalom라는 말에서 나온 이름이다. 살로메는 아기 예수를 죽이려 했던 헤롯 대왕의 아들 중 한 명인 헤롯 빌립과 헤로디아라는 여인 사이에서 태어난 딸이다. 성경에는 살로메라는 이름이 나오지 않고 헤로디아의 딸로만 나오지만 역사가 요세푸스는 기록을 통해 그 이름을 살로메라고 밝혔다. 헤로디아 역시 헤롯 대왕의 손녀 중 한 명이다. 삼촌이던 빌립과 첫 결혼을 해서 딸 살로메를 낳았고 다시 빌립의 이복형제이면서 갈릴리 지역을 통치한 헤롯 안티파스^{안디바}와 재혼했다.

헤로디아^{헤롯이라는 이름의 여성형 이름}는 신약에 나오는 대표적인 악녀라 할 수 있다. 구약에서 이세벨이라는 악녀가 있었다면 신약을 대표하는 악녀는 헤로디아다. 궁중에서 그녀의 악명이 높았으므로 그녀를 거슬러 말하는 사람은 없었다. 그러나 두려움을 모르고 바른 말을 하는 사람이 있었으니 바로 세례요한이었다.

세례요한은 헤롯이 이복형제인 빌립의 아내를 맞아 재혼한 것

이 옳지 않다고 공공연히 질책했다. 헤롯은 한편으로 요한을 잡아 죽이려 하면서도 다른 한편으로는 그를 두려워해서 옥에 가두기만 하고 처형을 하지는 않고 있었다. 악하고 교활한 헤로디아의 마음은 요한에 대한 미움으로 부글부글 끓고 있었다. 요한의 질책은 바로 자기를 향한 것이라고 받아들였던 것이다. 마음이 여린 헤롯이 양심의 가책을 느껴 자기를 내친다면 자신의 목숨이 위태로울 수도 있는 형편이었다. 아직 전 남편도 살아 있었으니 사방에 위험 요인이 있었다. 그래서 헤롯을 구슬러 요한을 감옥에 수감하도록 했다. 그러나 그의 목숨까지 거두지는 못했다. 그가 살아 있다는 것이 그 여자에게는 부담을 주는 일이었다. 그 부담이 세례요한의 생명을 앗아가게 했다. 악하고 교활한 여인이 예수가 선지자들 중에서 가장 위대하다고 높인 하나님의 사람을 죽음으로 내몬 것이었다.

기회는 멀지 않아 찾아왔다. 헤롯의 생일잔치를 하는 자리였다. 헤로디아는 헤롯의 성품이나 기질을 잘 알고 있었다. 자기 딸 살로메로 하여금 속이 훤히 보이는 옷을 입고 연회석상에서 춤을 추게 하여 헤롯의 마음을 사로잡게 하고 무엇인가를 하려는 술책을 썼다. 예상대로 흥에 겨워진 헤롯은 살로메에게 무엇이든 소원을 들어주겠다고 연회에 참석한 모든 사람들 앞에서 약속을 했다. 소녀는 무엇을 구할지 몰라 하다가 엄마인 헤로디아에게 뛰어가 물었다. 헤로디아는 기회를 놓치지 않았다. 즉석에서 세례요한의 머리를 소반에 얹어 바로 그 자리에서 달라고 하라고 종용했다. 그 자리에 있는 모든 사람들이 보고 듣는 자리에서 소녀는 엄마가 지시한 그대로를 헤롯에게 요구했고 뜻밖의 요구에 잠시 당황한 헤롯은 본인의 체면을 구길 수 수 없어 살로메의 요청을 수락했다. 그리고 명령을 받은 사람들은 그대로 시행을 했다.

헤로디아의 계획은 그렇게 차질없이 실행되었다. 어린 딸을 이용하여 자신의 복수를 계획하고 실행한 여인과 겁도 없이 움직인 그 딸에 대한 후일담은 더 이상 찾을 수 없다.

　　헤로디아는 자기가 한 것이 하나님의 법을 어긴 죄라는 사실을 스스로도 알고 있었다. 그러나 그 잘못을 지적하고 회개를 촉구하는 세례요한의 목숨까지 뺐고 말았다. 한 가지 죄를 깨달았을 때 그것을 회개하지 않고 감추려하거나 빠져나가려고 하면 더 큰 죄를 범하는 길로 가게 되는 법이다.

두 렙돈 헌금한 여인

육적으로는 가난했으나 영적으로는 부유했던 여인

◇ －
◇ 이 과부는 그 가난한 중에서 자기가 가지고 있는 생활비 전부를 넣었느니
   라ㆍ눅21:4

두 렙돈을 헌금하는 가난한 여인

성전에 들어가는 입구 쪽 여인들의 뜰에 헌금궤가 놓여 있었다. 놋쇠로 만든 궤로 뚜껑에 여러 개의 구멍이 있어 성전에 들어가는 사람들이 헌금을 넣을 수 있게 한 궤였다. 예수는 사람들과 열띤 변론을 한 뒤에 잠시 쉬려고 헌금함을 쉽게 볼 수 있는 곳에 앉아 있었다. 제자들도 둘러앉거나 서서 보고 있었을 것이다. 부자 여러 명이 많은 헌금을 넣고 지나갔다. 그 뒤에 수줍은 듯 한 여인이 고개를 숙이고 와서 두 렙돈을 넣고 지나갔다. 그 모습이 예수의 주의를 끌었다. 두 렙돈을 넣은 여인은 가난한 과부였다. 가난한 사람들 가운데 가장 가난한 사람에 속했을 것이다. 성경에서 고아와 과부는 불쌍히 여겨야 할 대표적인 사람들이다. 당시로서는 경제적인 능력과 자기보호 능력이 거의 없었던 사람들이었기 때문이다. 렙돈이란 가장 작은 화폐 단위였다. 두 렙돈은 동전 두 닢 정도의 가치다. 그런데 그것이 그녀가 가지고 있던 돈의 전부였다는 것을 예수는 알고 있었다. 예수가, "부자들은 넉넉한 형편에서 소유 중의 극히 일부를 드렸지만 그 과부는 가진 돈 전부를 바쳤으니 그 헌금이 더욱 귀하다"고 칭찬한 이유가 여기에 있다.

098 막달라 마리아

어떤 상황에서도 신앙에 흔들림이 없었던 여인

◇ Magdalene, 뜻 : 망대
◇ 마침 헤롯의 생일이 되어 헤로디아의 딸이 연석 가운데서 춤을 추어 헤롯을 기쁘게 하니 ^{마14:6}

막달라 마리아의 통회

막달라 마리아는 어떤 다른 여인들보다 복음서에 자주 등장한 여인이다. 또 성경에 나오는 마리아들 가운데 이 여인의 이름에는 막달라라는 말이 앞에 붙어 있다. 막달라는 "힘을 보여주는 탑^{the tower of strength}"이라는 의미를 가진 말로 마리아의 출신 지역을 나타낸다. 예수라는 이름을 가진 사람이 많았으므로 예수를 나사렛^{출신의} 예수라고 부른 것과 같은 논리다.

막달라 마리아는 전에 일곱 귀신이 들려 고생하던 여인이었다. 그러다가 예수를 만나 귀신들에게서 놓임을 받고 그의 제자가 되어 그를 따랐다. 또 다른 몇 여인들^{헤롯의 청지기 구사의 아내 요안나와 수산나 등}과 함께 자신의 소유로 예수와 그의 일행들을 섬겼다.^{눅8:2-3} 막달라 마리아는 예수가 십자가에 달린 그 현장을 지켜보던 여인들 가운데도 있었다. 예수의 최후를 함께하며 눈물을 흘렸다. 예수가 재판을 받던 자리에도 따라가 멀리서 지켜보았고, 십자가를 지고 골고다 언덕으로 올라가는 행렬에도 슬피 울던 여인들 가운데 함께 있었을 것이다. 예수의 시신을 십자가에서 내려 동굴로 된 무덤에 안치하는 현장에 그녀는 있었다. 그리고 부활의 아침, 날이 아직 밝기도 전인 제 3일에 다시 살아

예수가 무덤에 묻히는 현장에 함께한
막달라 마리아

나리라는 예수의 말을 기억하고 다른 사람들보다 먼저 그 무덤을 찾은 이들 가운데에도 막달라 마리아가 있었다. 부활의 날, 무덤 앞에 막아두었던 큰 바위가 굴려져버리고 무덤 문이 열리는 것을 본 것도 막달라 마리아와 요안나와 다른 마리아 등의 여인들이었다. 돌을 굴려내고 그 위에 앉아있던 천사는 그 형상이 번개같이 빛나고 그 옷은 눈같이 흰 빛으로 빛났다고 했다. 그 천사는 예수가 다시 살아났다는 소식을 전해주면서 그것을 그의 제자들에게 일러주라고 했다.

이 다음 이야기는 복음서마다 차이가 있다. 약간 무리를 해 종합하면, 막달라 마리아와 함께 무덤으로 갔던 다른 여인들은 달려가서 그 소식을 제자들에게 전했고, 그 말을 들은 베드로와 요한이 무덤으로 달려갈 때 막달라 마리아는 다시 그들을 따라 무덤으로 갔다. 제자들이 빈 무덤을 보고 돌아간 후에도 그녀는 돌아가지 않고 무덤 밖에서 울고 있다가 부활한 예수를 만났다. 막달라 마리아는 부활한 예수를 처음 만난 인물인 것이다. 헌신적인 사랑과 충성이 그녀를 그런 영광의 주인공이 되게 한 셈이다.

예수를 만난 후의 막달라 마리아의 삶은 그리스도를 향한 철저한 헌신의 삶이었다. 예수가 가는 곳에는 열두 제자들과 함께 따르던 여인들 가운데 항상 막달라 마리아도 있었다. 예수는 당시의 다른 유대인들처럼 여인들을 무시하지도 않았고 따르는 것을 막거나 피하지도 않았다. 그 여인들의 선봉에 막달라 마리아가 있었을 것이다. 그리고 물질적으로도 예수와 그 일행을 돕는 훌륭한 후원자로서의 사명을 감당했다. 예수의 부활 후에는 맨 먼저 그 소식을 들었고 전했으니 그녀는 그리스도의 부활을 알린 첫 복음전도자이기도 하다.

막달라 마리아는 예수 때문에 그 인생이 변화된 여인이었다. 예수는 그녀의 삶을 지배하던 일곱 귀신을 내쫓아주었다. 귀신들린 사람들은 정상적인 삶을 살아갈 수 없었고 흔히 육체적으로도 고통을 겪었다. 더군다나 일곱 귀신이 들어와 그녀를 괴롭혔으니 그 상황은 매우 심각했을 것이다. 그녀가 그 후에 보인 헌신은 바로 그런 연유에서였다고 할 수 있다. 그녀는 그를 따르는 여자 제자들에 속해 있었고 예수의 사역을 후원하기 위해서 경제적으로도 뒷바라지를 했다.

막달라 마리아는 어떤 상황에서도 그 신앙생활의 강도가 약해지지 않았던 여인이다. 오순절의 다락방 기도회에도 참여했을 것이고 성령 충만의 체험도 했을 것이다.

099 　　　　　　　　 빌라도의 아내

예수의 처형을 말렸던 여인

◇ Pilate, 뜻 : 창을 가짐
◇ 그의 아내가 사람을 보내어 이르되 저 옳은 사람에게 아무 상관도 하지
　 마옵소서 오늘 꿈에 내가 그 사람으로 인하여 애를 많이 태웠나이다 하더
　 라.마27:19

빌라도라는 이름은 지난 2000여 년 동안 그리스도인들의 입에 가장
많이 오르내린 이름 중의 하나일 것이다. 물론 그 이름은 결코 좋은 의
미에서 일컬어지지 않았다. 그는 그리스도를 십자가에 매달도록 선고
해준 인물이다. 그런데 당시 그의 아내는 전혀 다른 모습을 보여주었
었다. 그가 정죄되기 전에 마지막으로 그를 변호해준 인물이 바로 빌
라도의 아내였기 때문이다. 그녀의 이름은 물론 그 신상에 관한 어떤
것도 알 수 없지만 성경에서 그녀는 매우 중요한 순간에 등장한다. 외
경인 니고데모 복음The Gospel of Negodemus에서는 그녀가 아우구스투스 황
제의 손녀였고, 이름은 클라우디아 프로큘라Claudia Procula였으며 이스라
엘에 와서 유대교에 입교한 이방인a proselyte이었다고 전한다. 그리고 예
수의 가르침을 따르게 된 후에는 그리스도인이 되었다고도 전한다.

　　　성경에 딱 한 번 등장 그녀는, 예수 재판을 위해 재판석에 앉
은 빌라도에게 사람을 보내서 "저 옳은 사람에게 아무 상관도 하지 마
옵소서. 오늘 꿈에 내가 그 사람으로 인하여 애를 많이 태웠나이다"마
27:19라고 한 것으로 임택트를 남겼다. 고대인들에게 꿈은 신들이 보여
주는 현상으로 받아들여졌었다. 빌라도는 그 아내의 꿈을 통해 보여준
경고를 무시하고 유대인 지도자들의 압박에 굴복함으로 역사에 씻을
수 없는 오명을 남기고 말았다.

성경에는 아내의 말을 듣고 실패한 이야기들도 있다. 아담이 하와의 말을 듣고 선악을 알게 하는 과일을 따먹어서 인류를 멸망의 길로 가게 하였고, 믿음의 조상 아브라함은 아내의 말을 듣고 하갈을 취하여 이스마엘을 낳음으로 중동 분쟁이라는 어려움을 역사에 남겼다. 그러나 빌라도의 경우는 아내의 말을 들었더라면 천추에 남는 오명을 역사에 남기지는 않았을 것이다.

100 가야바 집의 여종

◇ Caiaphas, 뜻 : 오목하다, 비어있다
◇ 그의 아내가 사람을 보내어 이르되 저 옳은 사람에게 아무 상관도 하지
마옵소서 오늘 꿈에 내가 그 사람으로 인하여 애를 많이 태웠나이다 하더
라 마27:19

예수를 부인하는 베드로

예수가 십자가에 달리기 전날 밤이었다. 예수는 겟세마네 동산에서 기도 후에 제자 중 하나인 가룟 유다의 배신으로 대제사장들과 백성의 장로들이 보낸 사람들에게 잡혔다. 원래 대제사장은 아론의 후손 중 장자가 승계하는 종신직이었다. 그러나 바벨론 포로기 이후로 그 성격이 변해 예수 공생애 당시에는 유대의 왕 헤롯이나 로마 정부에 의해 임의로 교체되기도 했다. 그리고 대제사장에게도 전직이 나오게 됐고 그들까지도 모두 대제사장으로 불려졌다. 예수가 수난을 당하던 때의 현직 대제사장은 가야바였다. 그런데 예수는 현직 대제사장인 가야바의 장인이며 직전 대제사장이었던 안나스에게 먼저 끌려간다. 그리고 다음으로 현직 대제사장이었던 가야바의 집으로 끌려갔다. 거기에는 이미 공회 위원들인 서기관들과 장로들이 모여 있었다. 아마 전직 대제사장들도 여럿 와 있었을 것이다. 예수가 그곳의 안으로 끌려가 심문을 받는 동안 제자 베드로도 바깥뜰까지 따라가서 그 결말을 보려고 했다. 될 수 있는 대로 사람들의 눈에 띄지 않으려고 그 집의 하인들과 어울리는 척하고 있을 때였다.

그 집의 여종이 등장했다. 그리고 베드로를 보고 "당신도 갈릴리 사람 예수와 함께 있었다"고 한 것이다. 놀라고 당황한 베드로는 이를 완강히 부인했다. 그리고 돌아서서 나가려고 하는데 이번에는 다른 여종**또는 그 여종**이 사람들에게 그를 가리켜며 "이 사람은 나사렛 예수와 함께 있던 사람이다"라고 폭로했다. 그러자 베드로는 맹세까지 하며 다시 한 번 사실을 부인했다. 조금 후 거기에 있던 사람**남자**까지 합류해 그가 예수와 한 패거리라고 지적하자, 이번엔 저주와 맹세까시 하면서 예수를 모르는 사람이라고 변명했다.

복음서들이 전하는 이야기들은 약간의 차이점들을 보이기는 하지만 분명한 것은 베드로를 저격한 그들의 신분이 최하위층에 속했을 것으로 본다. 여성들을 사람 수에도 계산하지 않던 시대의 여성, 그것도 나이 많은 사람이 아니라 아마 젊은 처녀들이었으리라고 추정한다. 그들은 평소에도 당시 유명했던 예수에 관한 이야기들을 서로 나누었을 것이다. 그들은 비록 종의 신분이었지만 최고의 종교적 권력자 대제사장 집의 종이라는 것으로 자부심을 가지고 살았다. 그들에게는 그들 자신이 아니라 그들의 뒤에 있는 그 사람이 얼마나 큰 권세를 가진 사람인가가 중요했다. 그리고 그들의 주인이 미워하는 사람은 그들도 미워해야 하는 사람이었다. 예수는 그들의 주인이 적으로 생각하는 사람이니까 그들의 적도 되었다. 비록 종이라는 비천한 신분이었지만 주인의 적이라고 생각하는 사람을 서슴없이 고발하는 용기가 있었다.

101

살로메

세베대의 아내

◇ Salome, 뜻 : 평화
◇ 나의 이 두 아들을 주의 나라에서 하나는 주의 우편에, 하나는 주의 좌편
에 앉게 명하소서^{마20:21}

예수 부활 후 예수의 무덤에 찾아온
살로메 등 여인들

앞에서 다룬 살로메 외에 신약에는 또다른 살로메가 한 명 더 있다. 일부 사람들이 예수의 어머니 마리아와 자매간이었다고 생각하는 여인이다.^{요19:25} 그녀는 세베대라는 사람과 결혼하여 두 아들을 낳았는데 그들이 예수가 아끼던 두 제자 야고보와 요한이다. 그녀의 아들들만 예수의 제자들이 된 것이 아니라 그녀 자신도 예수를 따르던 여자 제자들에 속해 있었다. 그 아들들이 예수가 공생애 사역을 시작하시는 자리에 등장하여 그의 첫 제자들이 되던 때^{마4:21-22;요1: 35-40, 그 두 제자 중의 하나가 요한이었다고 알려져 있}다로부터 그녀 역시 그를 알고 따랐을 것이다. 그 때 세베대의 집이 있던 벳세다에서 예수는 이미 잘 알려져 있던 사람이었다. 세베대도 두 아들이 그 부모와 생업을 버리고 예수를 따라가는 것을 말리지 않았다. 온 집안이 젊은 선생 예수를 알고 있었고 호감을 가지고 대했던 것이다. 살로메는 그녀의 두 아들을 통해 예수에 관해 더 잘 알 수 있었을 것이며, 예수를 그들 집에 초대해 식사를 함께 한 적도 있었을 것이다. 그러면서 두 아들과 함께 예수를 따르는 제자의 무리에 속했다고 보여진다.

살로메는 매우 헌신적인 제자였고 예수가 메시야라는 사실을 조금도 의심하지 않았다. 그녀를 중심에 두고 생각해본다면 두 아들에게 예수를 따라가자고 먼저 권한 쪽이 그녀였을 수도 있다. 두 아들이 예수를 따르도록 남편의 허락을 끌어낸 것도 그녀였을 수 있다. 자녀가 훌륭한 신앙인이 되는데 미치는 어머니의 영향력을 교회 역사는 분명히 보여주고 있기 때문이다.

성황이 이러하다 보니 예수가 십자가에 달려 죽던 유월절이 임박해 왔던 어느 날, 살로메는 예수에게 그녀의 두 아들을 특별히 보살펴 달라며 청탁과 같은 부탁을 한다. 그가 왕으로 등극하는 그의 나라에서 그녀의 두 아들을 좌우 측근으로 앉혀 달라는 것이었다. 두 아들에 대한 기대와 꿈을 담은 그런 요청을 할 때 그녀는 크게 부담을 느끼지 않은 듯했다. 그 자신 스스로도 충실한 그의 제자였고, 예수와 스스럼없이 이야기를 나눌 수 있는 사이였다고 보아야 하기 때문이다. 물론 그녀의 이 부탁에 예수의 반응은 싸늘했다. 그 광경을 보고 있던 다른 제자들도 시기심을 드러냈다. 이때 예수는 야고보와 요한을 포함하여 그의 제자들에게 "너희 중에 누구든지 으뜸이 되고자 하는 자는 너희의 종이 되어야 하리라"마20:26는 중요한 교훈을 한다.

살로메는 예수가 십자가에 달리던 최후까지도 몇몇의 다른 여성들과 함께 십자가 주변에서 죽어가던 예수를 바라봤던 인물이다. 아리마대 요셉이 예수의 시신을 십자가에서 내려 굴로 된 새 무덤에 장례를 치를 때도 따라가서 보았을 것이다. 그녀는 부활의 아침에 예수의 시신에 바를향품을 준비해 무덤을 찾아갔던 여인들 중에도 있었으며, 천사들로부터 부활의 소식을 직접 듣고 제자들에게 알린 여인들 중에도 있었다. 막15:46 - 16:7; 눅23:55 - 24:10

살로메는 예수의 공생애 초기로부터 부활의 아침까지 그를 가장 가까이에서 따르며 후원했던 제자였다. 그녀는 훌륭한 지도자로서

의 제자는 아니었다. 평범한 어머니와 아내로 살아가던 여인이 예수를
알고 만난 후에는 가장 충실한 제자로 거듭난 것이다.

102

야고보와 요세의 어머니 **마리아**

야고보와 요세(요셉)의 어머니

◇ Mary, 뜻 : 높여진 자
◇ 예수의 십자가 곁에는 그 어머니와 이모와 글로바의 아내 마리아와 막달
라 마리아가 섰는지라^{요19:25}

이미 여러 사람의 마리아**성모 마리아, 마르다의 자매 마리아, 막달라 마리아**를 살펴
보았다. 여기에 또 한 사람의 마리아가 복음서에 등장한다. 야고보와
요세의 어머니 마리아이다. 요세라는 이름은 복음서에 따라 요셉^{마27:56}
으로 나오기도 한다. 그녀의 다른 아들 야고보는 작은 야고보로 알려
지기도 했다.^{막15:40} 알패오의 아들로 알려진 야고보를 말한다. 예수의
열두 제자 중에 요한의 형 야고보와 구별하기 위해서였을 것이다. 복
음서에서는 이 마리아를 다른 마리아들로부터 구별하기 위해 아들^{복수}
의 이름을 앞세워 소개하고 있다. 그러나 그녀 역시 예수의 충실한 여
제자의 무리에 속해 있었다. 막달라 마리아와 함께 예수가 십자가에
달린 곳에 있었고, 부활의 아침에 향품을 준비하여 빈 무덤을 찾아갈
때에도 함께 했었다. 거기에서 예수의 시신은 보지 못하고 천사가 그
의 부활을 알려주는 말로 도망쳤던 여인 중에도 포함되어 있었다. 그
러나 누가복음에서 밝힌 '예수의 갈릴리 사역기간에 예수를 섬긴 여인
들' 중에는 포함되어 있었을 것으로 보인다.^{눅8:2-3} 그녀의 집안과 예수
의 집안이 인척 관계에 있었으리라는 주장도 있지만 그 정보는 신빙성
이 거의 없다. 그 대신 요한복음에서 십자가 곁에 서 있었다고 하는 글
로바의 아내 마리아^{요19:25}가 바로 이 마리아였다는 주장은 대체로 받아
들여지고 있다. 그렇게 되면 알패오와 글로바는 동일인이어야 한다는
어려움은 있다.

103　예수의 어머니를 칭송한 여인

예수의 가르침에 감동한 여인

◇ -
◇ 무리 중에서 한 여자가 음성을 높여 이르되 당신을 밴 태와 당신을 먹인
젖이 복이 있나이다 하니^{눅11:27}

이 여인은 누가복음에서만 소개되는 여인이다. 예수가 군중들 사이에
서 말씀을 전하고 있을 때 갑자기 "당신을 밴 태와 당신을 먹인 젖이
복이 있나이다"^{눅11:27}라고 외친 장면이 있다. 거기에서 말씀을 듣고 있
던 한 여인이 말씀에 감동하여 예수와 더불어 그의 모친인 마리아를
칭송한 것이다. 당시의 관습으로는 어떤 사람을 칭송할 때 그 부모를
칭송하는 일은 흔히 있었다고 한다. 그런데 정작 그 말을 듣고 예수는
그녀를 칭찬하지도 않고 그렇다고 책망하지도 않았다. 그리고 그의 어
머니를 무시해버리지는 않으면서 주위에 있는 사람들에게 참으로 복
있는 사람들이 어떤 사람들인지를 깨우쳐준다. "오히려 하나님의 말씀
을 듣고 지키는 사람이 복이 있는 사람이라"^{눅11:28}고 선언한 것이다.

　　군중 속에 있던 그 여인에 관해 성경기자는 이름이나 출신을
밝히지 않았다. 그러나 분명한 것은 그녀가 예수의 가르침을 들으려고
따르던 무리들 중에 속해 있었고 그의 가르침을 경청하다가 너무 큰
감동을 받아 자신도 모르게 큰 소리로 그렇게 외쳤으며, 나아가 무명
인이기는 하지만 성경에 남았다는 것이다.

104&105 요안나와 수산나

예수와 그의 일행을 섬긴 이들

◇ Joanna, 뜻 : 하나님의 은사 | Susanna, 뜻 : 백합화
◇ 헤롯의 청지기 구사의 아내 요안나와 수산나와 다른 여러 여자가 함께 하
여 자기들의 소유로 그들을 섬기더라^{눅8:3}

요안나와 수산나는 누가복음에서 예수를 따르며 자신들의 물질로 예수와 그의 일행을 섬긴 사람들로 소개된다.^{눅8:3} 이들은 또한 부활의 새벽 아직 날이 밝기도 전에 향품을 들고 빈 무덤을 찾아갔다가 무덤이 비어있는 것을 보았고 천사가 그의 부활의 소식을 전해주는 것을 들은 여인들 중에 있었다. 요안나라는 이름은 요한이라는 이름의 여성형 이름으로 '하나님은 은혜로우시다'는 의미의 이름이다. 요안나의 이름은 밝혀져 있으나 수산나의 이름은, 신분이 밝혀지지 않은 다른 여자들 중에 그녀가 포함되었으리라는 것이 일반적으로 받아들여지는 이야기이다. 또 요안나는 헤롯의 청지기 구사의 아내로 소개되어 있기도 하다.^{눅8:3;24:10} 아마 갈릴리 지역을 통치하던 헤롯의 집에서 종들과 재산을 관리하던 사람이었을 것이다. 그래서 그 집은 신분을 떠나 경제적으로는 그런대로 부유층에 속했다고 볼 수 있다. 요안나가 예수의 여제자로 따를 때에 그 남편도 함께했으리라는 흔적은 전혀 없으나 아내의 행로를 금하거나 방해하지도 않았던 것 같다.

수산나^{흰 백합이라는 뜻}는 요안나와 함께 나오는 여인이다. 막달라 마리아가 일곱 귀신으로부터 해방된 후에 제자의 길에 들어선 것처럼 요안나와 수산나도 몹쓸 병으로 고생하던 중 예수에게 병 고침을 받은 후에 제자가 되었을 것으로 보기도 한다.^{눅8:2} 역시 물질로 예수 일행을 후원했고 공생애 기간은 물론 십자가 곁에도, 부활의 아침에 빈 무

덤에도 함께 했으리라고 추정한다. 왜 거기에는 이름이 밝혀지지 않았는지에 대해서는 전혀 알려진 것이 없다. 그러나 후대에 그 이름을 본받아 서구 사회에서 수산나나 그 축약형인 수잔이라는 이름은 흔히 볼 수 있는 이름이 되었다. 감리교회를 일으킨 웨슬리 형제^{John and Charles Wesley}의 어머니의 이름이 수산나였다는 것도 기억해둘 만한 일이다.

제9장

사도행전의
여성들

106 기도하는 여제자들

초기교회 발전과 성장의 핵심 세력

◇ –
◇ 여자들과 예수의 어머니 마리아와 예수의 아우들과 더불어 마음을 같이
하여 오로지 기도에 힘쓰더라^{행1:14}

사도행전에 처음 등장하는 여인들은 기도하는 여인들이다. 부활한 예수가 승천한 후에 다락방 기도회가 소집되었을 때 거기에는 '열 한 제자들과 여자들과 예수의 어머니와 아우들'이 함께 참여했다고 한다.^{행1:14} 최초의 제자들로 따른 사람들 이야기를 하면서 열 한 제자들의 이름 뒤에 바로 여자들을 언급한 것은 의미 있는 일이다. 그만큼 그들이 열정적인 추종자들이었음을 의미한다고 볼 수 있다. 거론된 그들은 무엇보다도 기도하는 여인들이었다. 그 기도회에 주류 그룹으로 참여한 사람들이었다. 그들 중의 한 사람도 그 이름이 알려져 있지 않기 때문에 그들이 어떤 사람들이었는지는 모른다. 그러나 그 가운데 갈릴리에서부터 예수 운동의 경제적 후원을 하였고 십자가에 달린 예수를 멀리서 바라보며 눈물을 흘리던 여인들이 모두 포함되었을 것이다. 한 마디로 그들은 드러나지 않고 뒤에서 기도하던 예수의 제자들이다. 오늘의 교회에서도 앞에 드러나게 나서지 않고 뒤에서 묵묵히 기도하는 여신도들의 공로는 결코 무시할 수 없다.

예수의 어머니 마리아는 아들의 공생애 기간에도 그리 열렬히 따르는 무리에 있지 않았다. 멀리서 아들의 안위를 염려하면서 바라보았다. 그러나 그가 십자가에 달려 최후를 맞는 모습을 보고, 다시 살아났다는 이야기를 전해들은 후로 그의 아우들과 함께 가장 가까운 제자들의 무리에 포함되었다. 누가는 사도행전에서 마리아와 그의 다른 아

들들을 특별히 추켜세우지는 않았으나 그들의 태도가 완전히 달라졌음을 보여준다. 그들은 예수를 주로 믿고 따르는 무리의 중심에 서서 오순절의 성령 체험까지 확실하게 했을 것이다. 그들은 초기 교회의 발전과 성장의 핵심 세력이 되어 활동한 것은 의심할 여지가 없다.

107 마가의 어머니 **마리아**

마가다락방의 주인

◇ Mary, 뜻 : 높여진 자
◇ 깨닫고 마가라 하는 요한의 어머니 마리아의 집에 가니 여러 사람이 거기
에 모여 기도하고 있더라^{행12:12}

성령 강림

이 여인의 이름은 성경에서 한 번만 등
장한다.^{행12:12} 그러나 그것 때문에 그녀
가 신약에 등장하는 훌륭한 여성들 가운
데 한 사람으로 우리에게까지 전해져 오
고 있다. 사도행전 12장에서는 베드로가
감옥에 갇혔다가 천사의 손에 이끌려 나
오는 과정을 읽을 수 있다. 그날 밤에 천
사가 떠나고 제 정신이 든 베드로가 곧바
로 마가^{마가라 하는} ^{요한}의 어머니 마리아의 집

으로 간 이야기다. 그것은 당시 그 집이 성도들이 모여 기도하는 집으
로 알려져 있었음을 의미한다. 베드로는 그 집에 가면 성도들의 소식
을 가장 쉽게 들을 수 있으리라고 생각하고 찾아갔을 것이다. 집은 상
당히 크고, 많은 사람들이 모일 수 있는 방이 있었을 것이다. 예수가 제
자들과 함께 최후의 만찬을 했고, 오순절에 120명이나 되는 사람들이
모여 기도를 하던 중에 성령충만의 체험을 했던 곳을 바로 이 집 다락
방이었을 것으로 보고 있다. 이 집은 로데라는 이름의 여자아이가 시
중을 드는 아이로 있었던 집이기도 했다. 그런 점에서 마리아는 큰 부
자는 아니었어도 넉넉하게 살던 여인이었다고 추정한다.

마리아는 마가 요한의 어머니였다. 마가는 그가 따르던 바울과 베드로가 전하는 구술과 정보를 토대로 최초의 예수 공생애 사역을 기록으로 남겼다. 마가복음을 기록했던 것이다. 비록 예수를 따른 직접 제자는 아니었지만 그 다음 세대의 대표적인 인물로 성장했다. 그는 초대교회 영향력이 지대했던 바울과 바나바의 선교 여행에서 동역자로 일했고**행 15:36-41**, 베드로는 그를 가리켜 '내 아들'**벧전 5:13**이라고 부를 정도로 애성이 각별했다.

마리아는 이런 신앙의 아들을 둔 어머니로 그녀 역시 신앙인이었을 것이다. 단순히 큰 집을 가진 여인이 아니라 자기 집을 초기 그리스도인들이 부담 없이 이용하고 모임을 가질 수 있도록 내놓을 정도로 관대한 마음을 가진 여인이기도 했다. 당시는 그리스도인들이 박해를 받던 때였으므로 그것이 밖으로 알려지면 큰 위험에 빠질 수도 있는 모험을 감수한 용기를 가진 신앙인이었다.

여러 가지를 미루어 생각할 때 그녀는 남편을 먼저 보낸 과부였고, 기독교 역사에서 최초의 교회가 자기 집에서 태동하게 한 잊을 수 없는 인물이 되었다. 예루살렘 교회가 처음 태동할 때 소수의 박해받는 그리스도인들의 든든한 후원자였고 방패막이가 되어주었던 영향력 있는 여인이었다. 성경에서는 마가를 바나바의 생질이라고 소개한다.**골4:10** 바울과 함께 안디옥 교회의 파송을 받고 최초의 선교사로 나갔던 바나바의 누이인 것이다. 마가가 바울의 선교여행 중에 버가에서 그들 일행을 떠나 예루살렘으로 돌아갔던**행13:13** 이유 중의 하나가 혼자 남아 있는 어머니를 생각했기 때문이었으리라고 생각하는 사람들도 있다. 초대교회 역사에서 커다란 비중을 차지하는 사람이었음에는 의심할 여지가 없다.

108 삽비라

거짓 자랑이 부른 참극의 주인공

◇ Sapphira, 뜻 : 즐거움
◇ 아나니아라 하는 사람이 그의 아내 삽비라와 더불어 소유를 팔아 그 값에서 얼마를 감추매 ^{행5:1-2}

예수의 부활 후에 그를 믿는 사람들은 그들의 신앙을 주변에 나누고 싶어 했다. 그 결과 그리스도인들의 수는 빠른 속도로 늘어났다. 그들은 점차 그리스도인들의 공동체를 형성하게 되었고 그것이 바로 우리가 첫 교회라고 부르는 예루살렘 교회였다. 그 교회는 계층이나 세대, 빈부간의 갈등이 거의 없었다. 재산이나 재물이 있는 사람들은 그것을 팔아 사도들 앞으로 가져왔고 사람들은 필요에 따라 자유롭게 그것을 나누어 이용할 수 있었다. 그것은 유무상통有無相通의 공동체였고 이상적인 공산주의의 실현이었다. 강제로 이룬 공산사회가 아니라 사랑 때문에 자발적으로 이룬 공산사회였다.

아나니아와 삽비라 부부는 그 교회에서 유력한 지도자의 무리에 속한 사람들이었다. 그들은 경제적으로도 부유한 편에 속했다. 당연히 그 교회공동체에서 일어나고 있는 흐름에 동참해야만 하는 분위기였다. 그래서 그들은 재산을 처분해서 사도들 앞에 가져왔다. 문제는 돈에 대한 욕심이었다. 그 전부를 내놓은 뒤에 자기들의 생활이 염려가 된 것이다. 필요한 만큼 기본적인 생활이야 다른 사람들처럼 하면 되겠지만 지금까지 누렸던 풍요를 누리지는 못할 것이기 때문이었다. 그래서 재산을 처분한 뒤 돈의 일부를 숨겨두고 나머지를 사도들 앞으로 가져왔다. 삽비라의 남편인 아나니아가 그 돈을 먼저 가져다 내놓았다. 그런데 베드로는 성령의 일깨워주심을 통해 그 사실을 간파하고 그것이 처분한 돈 전부인지를 물었다. 아나니아는 그만 그렇다고 거짓말을 했다. 하나님과 사도들 앞에서 거짓말을 하고 사람들 앞에서 위선을 하는 죄를 범한 아나니아를 베드로는 바로 지적했다. 따로 저주를 하지 않았지만 그는 즉석에서 죽음을 맞고 말았다. 하나님께서 교회의 정화를 위해 직접 개입하신 사건이다. 그 자리에서 그 사건을 본 젊은 사람들은 그 시신을 메고나가 장례를 치렀다고 한다.

그런데 이 사실을 모르고 있던 아내 삽비라가 세 시간쯤 지나 그 자리에 나타났다. 여기에서 우리로서는 이해하기 어려운 면이 있다. 남편이 죽었으면 우리의 문화로는 당연히 먼저 그 아내에게 그 사실을 알리고 함께 장례를 치렀을 것이기 때문이다. 그러나 성경은 그 아내 삽비라가 그 사실을 모르고 나타났다고 이야기하고 있다. 역시 베드로는 그녀에게 같은 질문을 했다. 그런데 그녀 역시 남편과 같은 대답을 했다. 누구도 그들 부부에게 재산을 처분해서 바치라고 강요하지도 권유하지도 않았다. 그들이 그 교회공동체의 흐름에 동조하기 싫다면 따르지 않아도 비난할 사람은 없었다. 교회에 속해 있던 사람들이 빠짐없이 재산을 처분해서 내놓지도 않았을 것이다. 그런데 부부는 실제로는 그렇게 하지 않으면서 자기 재산을 처분해 내놓는 사람들이 받는 존경과 칭송을 욕심 내 거짓말을 했던 것이고, 베드로 앞에서 사실대로 고백하고 회개할 수 있는 기회마저 놓치고 말았다.

부부는 "욕심이 잉태한즉 죄를 낳고 죄가 장성한즉 사망을 낳느니라"약 1:15는 말씀을 실증적으로 보여준 사람들이 되었다. 삽비라라는 이름은 아름답다는 의미를 지닌 이름이었으므로 그녀는 이름값을 전혀 못한 인물이 되기도 했다. 이름은 부모가 지어준 이름만이 아니다. 부모라는 이름, 성도라는 이름, 목사나 장로라는 이름, 선생이나 팀장이라는 이름, 국회의원이나 대통령이라는 이름들에 어울리는 삶의 모습을 드러내는 것도 이름값 하면서 사는 것이 될 것이다.

안타까운 일은 이들 부부도 오순절의 성령 충만을 체험한 사람들이었을 수도 있고, 비록 아니라도 그 시기는 성령 충만하여 활동하던 사람들이 주위에 많이 있었다. 그들이 그런 결단을 하고 산을 처분한 동기도 다른 사람들이 성령 충만하여 그렇게 함으로써 사람들의 칭송을 받는 것^{행2:44-47}을 본 것도 한 몫을 했을 것이다. 그들의 동료로 성령 충만한 삶을 살던 바나바^{행 4:36 - 37,11:24}가 그렇게 한 것이 직접적인 동기가 될 수 있었기 때문이다. 아마 그들도 그들의 재산을 처분할 때까지는 순수한 마음에서 그리고 바른 동기에서 그렇게 했을 수 있다. 문제는 견물생심見物生心의 심리 때문에 막상 돈 뭉치를 보자 욕심이 발동하여 일을 그르쳤다. 여기에서 이들 부부는 그 일을 벌이는데 마음을 같이 했다는 점도 주목해야 한다. 부부 중 한 사람이라도 바른 사고를 했다면 그런 참혹한 일은 일어나지 않았을 것이다.

109&110 헬라파 과부들과 히브리파 과부들

집사 직분의 역사적 배경을 만든 이들

◇ -
◇ 그 때에 제자가 더 많아졌는데 헬라파 유대인들이 자기의 과부들이 매일
의 구제에 빠지므로 히브리파 사람을 원망하니 섰는지라 **행6:1**

성경에서 과부들은 고아들과 더불어 늘 구제의 대상이 되어왔다. 사도
행전에서도 마찬가지다. 예루살렘 교회에는 많은 과부들이 있었는데
당시의 통념으로 과부란 결혼했다가 사별한 여성은 물론 이혼을 당하
는 등 남자의 보호와 지원을 받지 못하고 사는 여인들이었다. 그 무리
도 두 파로 나누어져 있었다. 팔레스타인 지역 태생으로 주로 아람어
를 쓰는 사람들 **히브리파 과부들**과 당시 세계의 각처에 흩어져 살던 디아스포
라 출신으로 고국에 돌아와 헬라어를 사용하는 사람들 **헬라파 과부들**이 그
들이다. 어떻게 보면 같은 말을 사용하는 사람들이 동료의식을 가지고
함께 모인 것은 자연스러운 일이었다. 그들은 모두 사회적으로나 경제
적으로 도움을 절실히 필요로 하는 사람들이었다. 특히 헬라파에 속
한 사람들이 더 열악한 조건에 놓여 있었던 것은 당연한 일이었을 것
이다. 그래서 예루살렘 교회의 구제 사업에 그들이 더 많은 기대를 하
고 거기에 의존했을 수도 있다. 그 때 예루살렘 교회가 어떤 구제 사업
을 했는지 정확히 알 수는 없다. 아마 끼니를 제대로 못 챙기는 사람들
에게 급식을 하고, 생활필수품을 나누어주는 일 등을 했으리라 추측한
다. 그런데 문제는 그런 구제 사업을 할 때 헬라파에 속한 사람들이 차
별 대우를 받았다면서 히브리파에 속한 사람들을 원망한 것이다.

물론 과부들이라고 모두가 경제적으로 도움을 받아야 하는 가
난한 약자들은 아니었다. 그래서 다른 주장을 펴는 사람들도 있다. 경

제적인 혜택을 누리는데 차별 대우를 받았기 때문이 아니라 교회의 성찬 의식을 베푸는 자리에서나 공동식사를 하는 자리에서 여성들이 담당하는 역할과 참여에 있어 히브리파 여성들과 헬라파 여성들 사이에 갈등이 있었으리라는 것이다. 당시의 예루살렘 교회에서는 성도들이 예배만 드리고 흩어지는 것이 아니라 함께 성찬을 나누고 또 식사자리도 함께 했기 때문이다. 분명한 것은 그들 사이에 갈등이 있었고 좀 더 어려운 처지에 있었던 헬라파 쪽에서 불만이 표출된 것이다.

어쨌든 매일의 구제에서 빠진 것에 불평을 했다는 것은 그것이 어떤 것이든 문화적 차이에서 오는 문제였다고 할 수 있다. 문화적으로 헬라 문화에 익숙한 사람들은 여성들이 좀 더 적극적으로 모든 일에 참여하려고 했을 것이고 히브리 문화는 좀 더 남성 중심적 문화에 익숙했으므로 여성들은 좀 더 소극적이었을 것이다.

결국 이런 갈등으로 교회 역사에서 처음으로 집사를 세우게 된다. 돕는 일을 적극적으로 담당하도록 하는 직분을 준 것이다. 어떤 면에서는 교회 발전의 한 계기를 만들어줬다고 볼 수 있다.

111

간다게

에티오피아 여왕

◇ Candace, 뜻 : 노예의 왕
◇ 에디오피아 여왕 간다게의 모든 국고를 맡은 관리인 내시가 예배하러 예
  루살렘에 왔다가^{행8:27}

과거 에티오피아는 대제국이었다. 간다게는 그 나라의 여왕을 부르는
칭호였다. 우리가 보통 생각하는 그런 어떤 사람의 이름이라기보다 하
나의 호칭으로 보아야 한다는 것이 정설이다. 고대 애굽의 왕을 바로
라고 불렀던 것처럼 에티오피아의 여왕이나 여왕의 어머니에 대한 호
칭이었던 것이다. 그러므로 사도행전에 나오는 에티오피아 여왕 간다
게의 실제 이름이 무엇이었는지는 알 수 없다. 그리고 그 왕이 어떠한
사람이었는지에 관한 정보도 성경에는 전혀 언급해 주지 않는다.

　　사도행전에서 중요한 인물로 떠오르는 사람은 그 여왕의 고위
관료 중 한 사람으로 모든 국고를 맡아 관리하는 내시였다. 그가 하나
님께 예배하려고 예루살렘에 왔다가 귀국길에 올랐을 때 일곱 집사 중
의 한 사람이었던 복음 전도자 빌립을 통해 예수 그리스도에 관한 복
음을 들었는데, 이후 세례까지 받고 그리스도인이 되었다는 것이다. 에
테오피아가 역사적으로 아프리카에 있는 유일한 기독교국가라는 것과
결코 무관하다고 할 수 없을 것이다. 그가 귀국한 후 왕실을 비롯한 관
료들로부터 일반 백성들에게까지 예수 그리스도의 복음을 전한 것이
복음의 씨앗이 되어 후대에까지 그 영향력을 끼쳤다고 본다.

112 　도르가다비다

구제하는 삶의 귀감이 된 여인

◇ Dorcas, 뜻 : 노루
◇ 욥바에 다비다라 하는 여제자가 있으니 그 이름을 번역하면 도르가라 선
　행과 구제하는 일이 심히 많더니 ^{행9:36}

도르가는 지중해 해변에 있는 욥바에 살았던 여제자로 다비다라는 이름으로도 알려졌다. 도르가는 아람어식 이름이고 그것을 희랍어로 번역하면 다비다가 된다. 그 이름은 영양^{羚羊} 또는 '아름다운 눈을 가진'이라는 의미를 가진 이름이었다. 복음서에 등장하는 여제자들은 갈릴리에서부터 따르던 여인들이거나 예루살렘과 그 주변 지역에서 따르던 여인들이었다. 다비다는 사도행전에서 처음으로 여제자라는 이름으로 등장하는 여인인데, 그녀는 여제자라고 일컬어질 만큼 바른 신앙을 가진 신자였으므로 하나님과의 관계에서 경건한 삶을 바르게 살았던 여인이었음에 틀림없다. 그녀는 신앙생활에서 뿐만 아니라 사람들과의 관계에서도 귀감이 되는 삶을 살았다. 사람들에게 선행을 많이 베풀었고 가난하고 어려운 사람들을 구제하는 일에도 모범을 보였다. 그런 그녀에 관한 소문은 욥바 이대에 널리 퍼져 있었다. 남편에 대한 언급이 없는 것으로 보아 그녀도 과부였으리라고 추정되며, 경제적으로는 그런대로 여유있는 삶을 살았던 것으로 보인다. 그냥 부를 누린 것이 아니라 잠언에서 보여준 현숙한 여인^{잠31:13,20}의 모습을 그대로 구현하며 산 여인이었다. 부지런한 바느질로 옷을 지어 다른 궁핍한 여인들에게 나누어주었다. 가진 돈을 나누어줄 뿐만 아니라 손수 일해서 만든 것까지 나누어주는 것은 다른 차원의 일이다. 다비다는 진심으로 이웃을 위한 삶을 산 여인이다.

다비다의 도움을 받은 사람들 중에는 과부들이 많았다. 과부란 당시의 개념으로는 남편의 보호와 지원을 받지 못하는, 사별하였거나 이혼한 여인들로 고아들과 함께 사회적인 돌봄의 대상이었다. 왜 그런 사람들이 많았을까? 욥바는 지중해변에 있는 마을이었고 그들의 생업은 바다에 기반한 일들이 보통이었다. 당시 사람들이 대해大海:the Great Sea라고 부를 정도로 그들에게는 망망 대해였다. 남자들은 작은 목선을 타고 바다로 나가 조업을 했고 바다에서의 사고는 피할 수 없는 재난이었다. 욥바 해변에는 그런 사고로 인한 시신들이 떠내려 오는 것을 자주 볼 수 있었다. 결국 욥바에는 남편을 잃은 과부들이 많았고 그들은 가난한 삶을 살 수밖에 없었다. 그들의 아이들도 그런 어려움을 함께 겪으며 사는 것은 당연한 귀결이었다. 다비다는 바로 그런 사람들을 위해 선행을 하고 구제를 하는 일에 앞장섰던 것이다. 굶주리는 사람들에게 먹을거리를 제공해주고 헐벗은 사람들에게 몸에 잘 맞는 옷을 지어서 나누어 주었다. 도움을 받는 사람들이 존경과 사랑이 깃든 눈으로 그녀를 바라보는 것은 당연한 일이었다.

그런데 그 도르가가 어느 날 갑자기 병으로 앓다가 죽음을 맞는 일이 있었다. 사람들은 모여와서 그 시신을 수습하고 다락방에 안치해 두었다. 그 다락방은 그들이 함께 모여 옷을 짓던 곳이었을지도 모른다. 그들은 시신 곁에서 얼마 동안 울다가 그냥 울고만 있을 수 없다는 생각을 했다. 그리고 그리 멀지 않은 룻다라는 곳에 베드로가 와 있다는 소식을 듣고 사람들을 베드로에게 보내서 지체하지 말고 와서 도와달라고 요청했다. 그들 중에는 도르가와 함께 이미 복음을 받아들인 사람들이 있었을 것이고, 적어도 그들은 베드로와 다른 사도들을 통해 이루어진 기적들에 관한 소문은 들었던 것 같다. 물론 그들 중에 죽은 도르가가 다시 살아나리라고 믿은 사람이 있었는지는 미지수다. 그냥 있기보다는 할 수 있는 무엇이라도 해보는 것이 도르가에게 은혜를 입은 사람의 도리라고 생각했을 것이다.

　　그 때 베드로는 욥바에서 16킬로미터 거리에 있는 샤론 평야의 룻다에서 복음을 전하며 믿는 성도들을 돌아보고 있었다. 그리고 거기에서 중풍병으로 8년 동안 누워 지내는 애니아라는 사람을 고쳐주는 이적을 행하기도 했다. 베드로의 손은 고기를 잡던 거친 어부의 손에서 이제 예수 그리스도의 이름으로 기적을 행하는 손이 되었다. 베드로도 이미 도르가의 선행과 신앙에 관해 듣고 있었을 것이다. 그래서 그녀가 죽었다는 말을 듣고 그도 즉시 그 사람들과 함께 욥바로 와서 도르가가 죽은 시신이 되어 누워있는 방에 들어갔다. 사람들은 시신 주변에 둘러서서 울고 있었다. 일부는 장례준비를 하고 있기도 했다. 그는 우선 울고 있는 사람들을 방에서 내보내고 무릎을 꿇고 도르가를 위해서 간절히 기도했다. 다시 살려달라는 기도를 했다. 그에게는 조금의 의심도 없었다. 그의 믿음의 눈에는 이미 도르가가 이전의 건강한 모습으로 앉아있는 것이 보였다. 그래서 그의 커다란 손을 그녀의 머리에 얹고 간절히 기도한 뒤에 그는 시신을 보고 확신에 찬 목소리로 "다비다야, 일어나라"고 했다. 그러자 죽어 있던 도르가가 눈을 뜨고 베드로 앞에 일어나 앉았다. 그 다음에 그는 손을 내밀어 그녀를 붙들어 일으켜 세우고 내보냈던 성도들과 과부들을 불러 다시 살아난 그녀를 보여주었다. 그날 이후 욥바와 그 인근 지역에 사는 많은 사람들이 예수 그리스도를 주로 믿게 되었다.

로데

마가 어머니 마리아 집의 여종

◇ Rhoda, 뜻 : 장미
◇ 베드로가 대문을 두드린대 로데라 하는 여자 아이가 영접하러 나왔다가^행
12:13

로데는 초대교회의 주역 중의 하나인 마가의 어머니인 마리아의 집에서 심부름하던 여종 소녀였다. 예루살렘 교회의 성도들이 사람들 모르게 비밀스레 모여 기도를 하는 동안 로데는 문간에서 망도 보고 성도들을 영접하는 일을 했다. 로데가 그리스도를 주님으로 영접한 그리스도인이 되어 있었는지 그냥 정보만 공유하고 있었는지는 알 수 없으나 그녀는 주인집에서 최후의 만찬 준비를 도왔을 것이고, 오순절 날 성령 충만의 체험을 하는 제자들의 모습도 보았을 것이며 그 집에서 모이는 그리스도인들의 모임도 지켜보았을 것이다.

복음을 전한다는 죄로 옥에 수감된 베드로의 석방을 위해서 기도하기로 한 날도 역시 성도들은 마리아의 집에 모여 있었다. 처형이 계획되어 있던 전날 밤에 천사의 도움을 받아 기적적으로 감옥을 벗어난 베드로는 성도들이 늘 모이던 마리아의 집으로 향했다. 그리고 대문을 두드렸다. 문을 주시하고 있던 로데는 바로 뛰어가서 방문자가 누구인지를 물어 확인했다. 베드로의 음성을 알고 있던 로데는, 미처 문을 열어주지도 못하고 바로 안으로 들어가 그의 무사 귀환을 알렸다. 그러나 그의 석방을 위해 기도하던 성도들은 그 말을 믿지 못하고 그녀가 미친 소리를 하고 있다고 꾸짖었다. 그녀가 계속 그것이 참말이라고 우기자 그들은 그러면 그의 수호천사가 온 것이라고 했다. 밖에서는 베드로의 문 두드리는 소리가 계속 들렸다. 기도한던 그들은 나가서 대문을 열고서야 베드로가 거기에 서있는 것을 보고서 깜짝 놀랐다. 베드로는 그들을 조용하게 하고 그가 감옥에서 나오게 된 이야기를 들려주었다. 탈옥수의 신분이었으므로 당시의 교회 지도자로 활동 중이던 예수의 동생 야고보에게 자기 이야기를 전해주라고 부탁하고는 다른 곳으로 피신해 갔다.

로데가 신앙고백을 한 그리스도인이었는지도 확실하지 않으며, 신앙을 가지고 있었다고 하더라도 종의 신분이었으므로 성도들의 공동체에 쉽게 들어가지는 못했을지도 모른다. 그러나 그녀는 집안에서 성도들이 무엇을 위해서 기도하고 있는지는 알고 있었고, 베드로의 음성을 듣고 그들의 기도가 응답되었다는 것을 바로 깨달아 대문도 열지 않은 채 그 소식을 전했다. 함께 어울려 기도하지도 못했지만 그들의 기도가 응답된 것을 믿고 기뻐했다. 반면 정작 기도를 하던 사람들은 자기들의 기도가 바로 응답되었다는 것을 믿지 못했다. 역설적인 이야기다.

114   비시디아 안디옥의 경건한 귀부인들

종교활동에 열심을 낸 영향력 있던 인사들

◇ -

◇ 경건한 헬라인의 큰 무리와 적지 않은 귀부인도 권함을 받고 바울과 실라를 따르나**행17:4**

선교여행 중이던 바울이 안식일이던 어느 날 비시디아 안디옥**현재의 터키 중부지역**의 한 회당에서 복음을 전하고 있을 때였다. 많은 유대인들과 경건한 이방인들이 회당에 나와 그의 말씀을 믿음으로 받아들였다. 그다음 안식일에는 그 도시의 거의 모든 주민들이 회당으로 모여와서 바울과 바나바가 전하는 말에 귀를 기울였다. 그런 상황을 보고 유대교의 가르침에 충실한 유대인들이 시기심이 가득하여 바울의 가르침을 반박하면서 비방하고 나섰다. 무리를 선동하여 그들을 반대하도록 한 것이었다. 이 날 바울의 선포가 이방인 선교의 시작을 알리는 것이라고도 할 수 있다. 그들을 향해 바울은 "하나님의 말씀을 마땅히 먼저 너희에게 전할 것이로되 너희가 그것을 버리고 영생을 얻기에 합당하지 않은 자로 자처하기로 우리가 이방인에게로 향하노라"**행13:46**고 선언하고 있기 때문이다. 그 때까지 복음전파의 초점은 유대인들에게 먼저 맞추어져 있었다. 그러나 이후로는 그 중심의 초점이 이방인들에게로 맞추어진 것이다. 그러자 비방했던 유대인들은 그들 가운데 경건한 귀부인들과 그 시대의 유력한 인물들을 선동하여 바울과 바나바를 그 도시에서 추방한다.

이런 형태의 선교활동은 사도행전에서 전해주는 바울의 선교사역에서 반복해서 일어났다. 바울은 가는 곳마다 디아스포라 유대인들이 세워

둔 회당을 찾아가서 먼저 유대인들에게 복음을 전했다. 물론 그 중 일부는 예수 그리스도의 복음을 받아들여 그를 주로 영접하는 믿음을 가졌다. 그러나 그들 다수는 그렇게 하지 않았다. 그리고 일단 유대인들이 복음을 거부하면 그는 그곳의 이방인들에게로 향해서 복음을 전했다. 그리고 대체로 성공적으로 많은 개종자들을 얻어낼 수 있었다.

그들은 유대인들이 아니라 유대교로 개종한 이방인들 가운데 그 지역에서 상당한 힘을 행사할 수 있는 부인들이었을 것이라고 추정된다. 유대교로 개종하여 하나님을 섬기는 경건한 신앙생활을 하고 있었고 다른 한 편으로는 사회적으로 상당한 영향력을 행사할 수 있는 사람들이었을 것이다. 특히 사회적으로 명망과 권세를 누리는 부인들이 적극적으로 종교적인 활동을 할 경우 그 힘은 막강했다고 할 수 있다. 본문에 등장하는 귀부인들이 그런 사람들이었을 것이다. 문제는 그들이 유대교 신앙에는 열심히 있었지만 유대인들의 선동에 현혹되어 복음전파를 방해하는 역할을 했다는 것이다. 바른 진리를 수호하는 열심은 칭송을 받아 마땅하지만 잘못된 신앙적 열심은 자신은 물론 주위에 있는 사람들의 삶까지도 파멸로 몰아가는 법이다. 예를 들어 이단의 가르침에 빠져 열심이 있는 사람들의 경우가 그런 예일 것이다.

115 루디아

초대교회 성공한 여성사업가 그리스도인

◇ Ludia, 뜻 : 생산
◇ 두아디라 시에 있는 자색 옷감 장사로서 하나님을 섬기는 루디아라 하는 한 여자가 말을 듣고 있을 때 주께서 그 마음을 열어 바울의 말을 따르게 하신지라**행16:14**

바울 일행이 빌립보에서 안식일에 기도할 곳을 찾아 나섰을 때 성문 밖 강가에 앉아있던 여인들을 만났다. 큰 강이 아니라 큰 냇물이었다는 것이 옳을 것이다. 강이 있기는 했으나 조금 멀리 떨어져 있는 편이었고 가까이에는 커다란 시내가 흐르고 있었다. 그 여인들이 거기에서 무엇을 하고 있었을까? 성경은 거기에 대해 설명을 하지 않고 있다. 그러나 바울이 그들에게 말을 걸었다는 것으로 보아 그 자리가 바로 일종의 기도하는 모임이었을 것으로 보인다. 그리고 그들 중에는 이미 어떤 경로로든 복음에 관해 무엇인가를 들은 사람들이 있었을 수도 있었을 것이다. 당시의 시각에서 보면 기독교는 겨우 명맥을 유지하고 있는 하나의 새로운 종파에 불과했다. 정치적으로 보면 아직 기독교는 전혀 위협이 될 수 없는 종파였다. 이런 정치 사회적 상황에서 여성들이 독립적으로 신앙생활을 하는데 많은 제약이 따르던 시대에 그들이 냇가 빨래터에 함께 모여 수다를 떨 때 신앙문제도 하나의 주제였을 수는 있다. 그 중에는 좀 더 주도적인 여성이 있어 말씀은 전하고 있던 상황을 그려보는 것도 가능하다. 바울이 그들에게 끼어들어 복음을 전했다는 것이 그런 상황을 상상할 수 있게 해준다.

빌립보에는 유대인 디아스포라들이 세우고 모여 예배하는 회당이 없었던 것으로 보인다. 회당이 있었다면 바울은 쉽게 그곳을 찾아갈 수 있었을 것이지만 그는 기도할 곳을 찾아 나섰기 때문이다. 당시 빌립보는 로마의 식민지 가운데 중요 거점 지역이었고 이방인들이 중심을 이루고 있는 도시여서 유대인들은 극소수에 불과했거나 거의 없었으리라는 것이 전통적인 설명이다. 따라서 회당도 없었으리라는 것이다. 그 여인들은 이방인들이었고 유대교에 관해 적게라도 아는 사람들이 있었을 것이다. 어느 종교에서나 여성들이 남성들보다 기도에 더 열성적이므로 그들도 모여 어떤 신에게 드렸는지는 몰라도 기도했으리라고 추정해보기도 한다.

중요한 사실은 거기에 루디아라는 여성이 함께 앉아 바울이 전하는 말을 듣고 있다가 주께서 그 마음 문을 열어 주셔서 그 말씀을 따르게 해주셨다. 루디아는 두아디라 출신이었다. 두아디라는 소아시아 지금의 터키 서부 지역에 있는 도시로 요한 계시록의 아시아 일곱 교회 중의 하나가 있던 곳이다. 직조공업과 염색 사업이 발전했던 지역이기도 했다. 루디아는 이곳에서 생산되는 자주 옷감을 파는 상인이었다. 그곳에서 생산되는 자주 옷감은 질이 뛰어났으므로 두아디라는 그 옷감으로 명성을 떨치는 곳이었고 루디아는 그 사업으로 상당한 돈을 모은 것으로 보인다. 훌륭한 사업가였던 것이다. 그래서 마케도니아에 속한 빌립보에도 넓은 집을 소유하고 있었다. 그녀가 유대인의 피를 물려받은 사람이었는지는를 알 수 없지만 적어도 유대교로 개종했던 사람a proselyte이었으리라고는 추정된다. 아마 기도하는 모임이 있을 때마다 거기에 참석하였을 것이고 그 날도 그 모임을 주도하고 있었다고 보아도 크게 틀린 말은 아닐 것이다. 그런 모임에 참석하는 것이 사업에 도움이 되기도 했다. 인맥을 넓혀가는 길이었기 때문이다.

바울의 가르침을 따르게 된 것은 주님의 은혜로 이루어진 일이라고는 하더라도 그녀가 영적으로 참된 진리에 목말라 있었다고 할 수도 있다. 우리가 오직 은혜sola gratia로 구원을 선물로 받는다고 신앙고백을 하고 있지만 하나님의 은혜에 대한 인간의 바른 응답이 비록 수동적으로라도 따라야 하는 사실을 부인할 수는 없기 때문이다. 루디아는 적극적인 태도로 복음을 받아들인 경우였다. 바울이 전하는 그리스도에 관한 진리를 들었을 때 그녀의 영적인 눈이 떠지고 귀가 열렸으므로 그 복음을 즉각적으로 받아들였다. 예수 그리스도를 바로 자신의 구주로 영접한 것이다. 마음을 열어주시고 눈을 뜨게 해주신 분은 하나님이셨지만 주의를 기울이며 그것을 그대로 받아들인 것은 그녀 안에서 형성된 믿음이었다고 하겠다.

이제 루디아는 한 사람의 그리스도인이 되었다. 그녀와 그녀의 온 집안이 세례를 받고 그리스도인의 대열에 들어선 것이었다. 그 집이 다 함께 세례를 받고 그리스도를 영접했다는 사실은 그녀 개인의 구원에 만족하지 않고 역시 적극적으로 집안에 속한 모든 사람가족들과 일하는 사람들에게 복음을 전하여 그들을 설득하는데 성공적이었음을 말해준다. 결국 루디아는 유럽 땅에서 첫 그리스도인이 되는 영광을 얻었다. 또한 유럽에서 첫 전도자가 되었다. 또 복음 사역자들을 돕는 유럽 최초의 선교 후원자가 되기도 했다. 기꺼이 바울 일행을 자기 집에 초대하여 얼마 동안 묵으면서 일할 수 있게 했던 것이다. 바울과 실라가 감옥에 수감되었다가 기적을 통해 풀려난 뒤에도 루디아의 집을 방문했다. 그것은 그녀가 손님을 잘 접대하는 은사가 있었음을 의미하는 말이기도 하다.

빌립보에 있던 루디아의 집은 빌립보에서 기독교 공동체가 태동하는 장소였고 그 공동체는 또한 빌립보교회로 발전했다. 그런데 바울이 빌립보 교회에 보낸 편지인 빌립보서에는 루디아의 이름이 나오지 않는다. 그래서 일부 학자들은 거기에 나오는 유오디아나 순두게빌 4:2 중의 한 사람이 루디아가 아닐까 하는 생각을 하기도 한다.

116 빌립보의 점치는 여종

주인에게 착취 당하던 신분에서 자유로워진 영혼

◇ -

◇ 우리가 기도하는 곳에 가다가 점치는 귀신 들린 여종 하나를 만나니 점
으로 그 주인들에게 큰 이익을 주는 자라^{행16:16}

바울과 실라는 어느 날 기도하는 곳으로 가던 도중에 점치는 여종 한
명을 만났다. 그녀는 귀신들린 소녀로 이방인에 속한 여자였으며 신분
은 종이었다. 거기다가 주인들에게 착취당하고 있는 비참한 처지의 여
종이었다. 그 여종에 들린 귀신은 예언하는 능력을 보이는 영이었으므
로 사람들은 그녀에게 돈을 내고 점을 보았다. 돈벌이는 괜찮은 편이
었다. 그러나 그 돈은 그 여종의 주인들이 나누어 가졌다. 주인들이라
고 한 것을 보면 돈이 벌리는 일이었으므로 원래의 주인이 그 이권을
다른 사람에게도 팔아넘겼던 것으로 보인다.

그런데 이 여종이 바울 일행을 따라와 소리를 지르곤 했다.
"이 사람들은 지극히 높은 하나님의 종으로서 구원의 길을 너희에게
전하는 자라"^{행16:17}고 외치는 것이었다. 어떻게 그녀가 바울의 정체를
알아보았는지에 관한 설명은 없다. 귀신도 하나님의 종들을 정확히 알
아보는 능력은 있었다고 보아야 한다. 그리고 그들이 전하는 복음이
구원에 이르는 길이라는 것도 정확히 알고 선포해 주었다. 귀신이 복
음을 전한 셈이다. 그런 일이 한 번만 있었던 것도 아니었다. 소녀는 여
러 날 동안 바울을 만날 때마다 그렇게 소리를 질렀다. 바울에게는 매
우 성가신 일이었다. 그는 괴로워하던 끝에 그 귀신에게 예수 그리스
도의 이름으로 엄중히 명했다. 그 여종에게서 나오라고 명한 것이다.
그러자 그 귀신은 즉시 그녀에게서 나왔고 그녀는 온전한 모습을 되찾

았다. 그 여종이 더 이상 점을 칠 수 없었지고 그 주인들이 자기들의 수입원이 사라지자 그들은 그렇게 만든 바울과 실라를 당국에 고발한다. 풍속을 어지럽히는 사람들로 고발된 바울과 실라는 매를 맞고 감옥에 갇히게 된다.

117 데살로니가와 베뢰아의 귀부인들

디아스포라 유대인들의 회당에서 성장한 이들

◇
◇ 그 중에 믿는 사람이 많고 또 헬라의 귀부인과 남자가 적지 아니하나^행 17:12

바울이 데살로니가에 가서 디아스포라 유대인들의 회당을 찾아 자신이 늘 하던대로 안식일에 성경을 가지고 강론을 했을 때의 일이다. 일부 유대인들이 복음을 듣고 그리스도인이 되었다. 반면에 다른 일부 유대인들은 바울을 반대하고 다른 주민들을 선동하여 바울과 그의 일행을 배척하게 했다. 그래서 그들은 그곳의 이방인들을 대상으로 복음을 전했다. 그 결과 그곳에 있던 헬라인의 큰 무리와 적지 않은 귀부인들이 바울을 따르게 되었다. 예수 그리스도의 복음을 받아들인 것이다. 그들은 경건한 사람들이었다. 그 말은 그들이 이미 유대인들이 믿는 여호와 하나님을 섬기는 하나님을 경외하는 이방인들이었음을 의미한다. 당시에 하나님을 경외하던 이방인들도 유대인들의 회당예배에 함께 참석하여 예배했던 것은 사실이었다. 그렇다고 그들이 할례를 받고 완전히 유대교로 개종한 사람들은 아니었을 것이므로 그런 사람들이 아집에 사로잡혀 있던 유대인들보다는 하나님을 섬기는 새로운 가르침을 좀 더 열린 마음으로 받아들인 것은 당연한 흐름이었다고 할 수 있다.

여기에서 귀부인들이 어떤 사람들이었는지를 정확하게 알 수는 없다. 노예들과 하층민들이 아주 많은 사회였으므로 상류층의 여성들이었기보다 자유민으로서 중류층의 여성들을 의미한다고 보는 것이 무리가 없을 것이다. 베뢰아에서 만난 헬라의 귀부인들^{행 17:12}도 비슷한 시각으로 볼 수 있다. 사회적인 영향력 면에서 중상류층에 속한 이 그리스도인들이 큰 영향력을 미쳤다고 할 수는 있을 것이다.

브리스길라

신약교회의 충실한 제자가 된 여인

◇ Priscilla, 뜻 : 작은 노부인
◇ 그가 회당에서 담대히 말하기 시작하거늘 브리스길라와 아굴라가 듣고
  데려다가 하나님의 도를 더 정확하게 풀어 이르더라^{행18:26}

브리스길라^{브리스가, 딤후4:19}는 신약 교회에서 가장 영향력 있는 여성 중의
한 명이었다. 그녀의 이름은 성경에 여섯 번 나오는데 늘 그 남편 아굴
라의 이름과 함께 나온다. 그 중 네 번은 브리스길라의 이름이 남편 아
굴라의 이름보다 앞서 나온다. 미루어 생각하면 그녀가 남편보다 교회
안에서 더 강한 영향력을 미친 사람이었다고 추정해볼 수도 있다. 그
들은 로마에서 살고 있었는데 가장 잔학했던 로마 황제 중의 하나였
던 클라우디우스^{글라우디오: Claudius, 재위 41-54 AD}가 모든 유대인들을 로마에
서 추방할 때 브리스길라도 남편 아굴라와 함께 로마를 떠나 고린도에
와서 일년 반 정도 체류했다. 거기에서 그들은 바울을 만나 함께 생계
를 위한 일^{천막을 만드는 일}을 하고 안식일에는 회당에서 하는 바울의 강론
을 들었다. 일을 하는 동안에도 계속 예수 그리스도에 관한 복음과 바
울의 개인적인 간증도 들었을 것이므로 그들의 복음에 관한 확신이나
지식은 상당 수준에 이르렀을 것이다. 그들이 어떻게 예수 그리스도에
관한 복음을 접했는지를 알 수는 없다. 이미 복음에 관해 듣고 그리스
도인이 되었던 사람들인지 바울을 통해 처음으로 복음을 들었는지를
성경은 설명해주지 않기 때문이다.

    그들 부부는 바울이 전하는 복음에 완전히 매료되어 그의 충
실한 제자가 되었다. 그래서 그들은 바울이 고린도를 떠나 시리아로
가려고 나설 때 함께 짐을 정리하여 따라나섰다. 중간에 에베소에 들

렸을 때 그들은 거기에 머물면서 복음을 전하는 일꾼이 되었다. 특히 그들은 거기에서 성경에 능통하고 언변이 좋은 아볼로라는 알렉산드리아 출신 유대인 성경교사를 만나 그의 복음에 관한 지식이 초보단계에 있는 것을 알고 불러다가 예수 그리스도에 관한 복음을 더욱 정확하게 가르쳐주었다. 사람들이 지켜보는 자리에서 그렇게 하지 않고 아마 자기 집으로 초대하여 그렇게 했으리라고 볼 수 있고 그 때에도 가 남편보다 더 주도적인 역할을 했을 것으로 보인다. 충고를 받는 사람의 자존심에 상처를 주지 않고 조언을 하는 신중함이 돋보이는 장면이다.

브리스길라 부부는 함께 일하는 동역자였다. 신구약 성경 전체를 통해서도 부부의 이름이 이렇게 나란히 나오는 하나님의 일꾼들 이야기는 거의 찾아볼 수 없다. 브리스길라는 남편이 생계를 위한 일을 할 때에도 함께 일했을 수 있다. 적극적인 성품의 여성이었으므로 충분히 있을 수 있는 이야기이다. 더욱이 복음을 위한 사역에서도 그 부부는 늘 함께 사역했고 브리스길라가 더 적극적이었으리라고 볼 수 있다. 브리스길라가 먼저 주를 영접했고 그래서 그 남편을 전도했으리라는 주장도 있지만 정확한 정보는 알 수가 없다. 그러나 그들의 자녀 이야기가 전혀 없는 것으로 보아 그들에게는 자녀가 없었던 것 같다는 주장은 설득력을 가진다.

119 두로에 있는 제자들의 아내들

초기 기독교운동 공동체에 속한 사람들

◇ Tyres, 뜻 : 바위
◇ 그들이 다 그 처자와 함께 성문 밖까지 전송하거늘 우리가 바닷가에서 무릎을 꿇어 기도하고^{행21:5}

바울은 소아시아**지금의 터키**와 헬라**지금의 그리스**에서의 사역을 뒤로하고 예루살렘으로 돌아가는 길에 들어섰다. 그런 도중에 기회가 닿는 대로 전에 세웠던 교회들을 돌아보았다. 바울 일행이 탄 배는 지중해를 가로질러 와서 시리아 해안을 따라 내려오다가 두로**지금의 시리아**에 정박했다. 하물 하역을 위해서였다. 바울과 그의 일행들은 그곳에서 제자들을 만나 일주일 동안 함께 지냈다. 그리고 그곳을 떠나게 되었을 때 거기에 있던 제자들은 바울이 당하게 될 고난을 예견하고 예루살렘에 들어가지 말라고 권했지만 바울은 자기의 사명 때문에 그들의 권함을 듣지 않고 계획대로 길을 떠나게 되었다. 그곳 제자들은 성문 밖까지 나와 그들 일행을 전송했다. 그 전송하는 무리에는 그 제자들의 아내들과 아이들까지 함께 했었다.

여기에서 제자들이라고 하는 사람들은 초기 기독교 운동의 결과로 형성된 공동체에 속했던 사람들을 말한다. 그 아내들과 아이들이 함께 나왔다는 것은 그들의 온 집안이 함께 예수 그리스도를 구주로 영접했음을 보여주는 말이다. 다비다라는 여제자 이야기를 한 적은 있지만 대체로 제자들은 남성 중심으로 일컬어지던 시대였으므로 아내들이나 아이들은 제자라고 부르지 않았음을 말한다. 그러나 그들도 역시 그리스도인으로서의 신앙을 가졌던 것은 분명하다.

빌립의 네 딸

예언의 은사가 있던 여인들

◇ Philip, 뜻 : 말을 사랑하는 사람
◇ 그에게 딸 넷이 있으니 처녀로 예언하는 자라**행21:9**

여기에서 말하는 빌립은 예루살렘 교회에 최초로 세운 일곱 집사 중의 한 사람이었고 에티오피아 내시에게 복음을 전했던 그 빌립이다. 바울의 선교단은 그의 2차 선교여행을 마무리하는 시점에 이르러 두로**지금의 시리아**를 거쳐 지중해 해안을 따라 팔레스타인으로 내려와서 당시 로마 정부의 총독부가 있던 해안 도시 가이사랴까지 왔다. 빌립은 그 도시에 집을 가지고 있었고 바울 일행은 그 집에 가서 며칠간 머물렀다. 빌립에게는 미혼의 딸 넷이 있었다. 그들은 예언의 은사를 받아 예언하는 사람들이었다. 그들은 아마 당시의 예루살렘과 사마리아, 그리고 가이사랴에 있는 지도자급의 그리스도인들을 모두 알고 있어서 서로 협력하여 일했고 그들을 도와 일했으리라고 추정된다.

그들의 아버지 또한 집사로서 그리고 복음전도자로서의 사명을 잘 수행하면서 역시 다른 사역자들과 함께 사도들을 뒷바라지 하는 일과 가난한 사람들을 구호하는 일을 잘 감당하고 있었다. 그들은 그의 아버지가 어떻게 예루살렘 교회의 집사로 선임되었는지, 어떻게 사마리아에 가서 성공적으로 복음전도 사역을 했었는지, 그리고 어떻게 성령에게 이끌리어 에티오피아 내시에게 복음을 전했는지, 또 시몬이라는 마술사가 그리스도인이 된 이야기 등을 들으며 성장했을 것이다. 또 성령에 이끌려 가이사랴에 정착하게 되었는지도 들었을 것이다.

121 바울의 누이

바울에게 생질이 있어서 추측된 여인

◇ −
◇ 바울의 생질이 그들이 매복하여 있다 함을 듣고 와서 영내에 들어가 바울
에게 알린지라^{행23:16}

바울의 가족 사항에 대하여 알려진 내용은 거의 없다. 그가 바리새인
의 집안에서 태어나 율법에 정통한 교육을 받았다는 것만 알려졌을 뿐
이다. 단지 그의 생질 이야기^{행23:16}가 나오는 것으로 적어도 그에게 누
이가 있었다는 것은 알 수 있다. 그가 로마 군영에 구금되어 있을 때 예
루살렘의 유대인들이 그를 없애려는 음모를 알고 그것을 알려줌으로
그를 위험에서 건져준 사람이 있었다. 그의 생질이었다. 그러나 그 생
질의 이름은 물론 그 생질의 어머니가 어떤 사람이었는지 또는 그 이
름이 무엇이었는지에 대해서는 알 수 없다.

122&123 드루실라와 버니게

바울 선교 당시 대척점에 서있었던 세속가문의 실세들

◇ Drusilla, 뜻 : 이슬이 내 | Bernice, 뜻 : 승리자
◇ 수일 후에 벨릭스가 그 아내 유대 여자 드루실라와 함께 와서 바울을 불러 그리스도 예수 믿는 도를 듣거늘^{행24:24}

바울은 성전을 더럽혔다는 부당한 죄목으로 잡혀 죄수의 신분으로 가이사랴에서 총독 벨릭스 앞에 서게 되었다. 드루실라와 버니게는 예수님 탄생 당시의 유대 나라 왕이었던 헤롯 왕의 손자이면서 사도 야고보를 순교의 장으로 몰아넣은 헤롯 아그립바 I세의 딸들이었다. 그들은 모두 바울이 재판정에서 하는 이야기를 들을 수 있었다. 그러나 그들은 세상적인 일들에 심취해 있었으므로 그가 전하는 복음을 받아들일 준비는 전혀 되어있지 않았다. 구원의 복음과는 거리가 먼 사람들이었던 것이다. 사도행전에는 드루실라의 이름이 먼저 나온다. 그 때 그녀는 17세 정도의 젊은 여인이었지만 당시 유대 총독이었던 벨릭스의 아내였다. 그는 미모의 그녀를 전 남편^{14살 때 결혼한 Emesa의 왕 Aziz}과 헤어지게 하고 그의 아내로 삼았다. 그녀는 이미 바울에 관한 이야기를 듣고 있었을 것이고 호기심도 가지고 있었을 것이다. 그래서 바울이 심문을 받는 자리에 벨릭스는 그의 아내도 참관하도록 했을 것이다. 그리고 벨릭스는 수감되어 있는 바울을 드루실라와 함께 찾아가서 복음에 관해 듣기도 했다. 예수 믿는 도리에 관해 들었던 것이다. 의와 절제와 장차 오는 심판에 관해서도 들었다.^{행24:24} 아마 드루실라가 졸라서 한 일이었을 것이다. 그들 부부는 자기들의 불의한 통치와 부도덕한 삶 때문에 가슴이 뜨끔하기도 했다고 상상해볼 수도 있다. 물론 성경은 '돈을 받을까 바라는 고로'라고 하기도 한다. 그 뒤 2년 후에 벨릭

스가 그 자리에서 밀려나자 드루실라의 사치와 권세도 끝이 났다. 그녀의 마지막에 대한 전설은 여러 가지가 있는데, 폼페이가 베스비어스 화산 폭발로 파괴될 때 죽었다는 이야기도 전해진다.

버니게는 드루실라보다 더 세속적이고 죄악에 물들어 산 여인이었다고 할 수 있다. 그녀는 그녀의 삼촌인 칼시스의 헤롯Herod of Chalcis과 첫 결혼을 했었고 남편이 죽자 오라비인 헤롯 아그립바 II세와 근친결혼을 해서 오명을 남겼다. 특히 사치를 즐겼고 과시욕이 심했던 것으로 알려져 있다. 바울이 신임 총독 베스도의 법정에서 심문을 받을 때 버니게는 남편 아그립바와 함께 화려한 옷차림과 보석을 자랑하면서 그 과정을 참관했다. 물론 그녀도 이미 바울에 관한 이야기를 익히 들어 왔을 것이다. 그리고 바울의 긴 간증을 들었다. 그러나 그녀의 마음은 굳게 닫혀 있었고 바울을 위한 한 마디의 조언도 하지 않고 떠났다. 바울이 전한 생명의 말씀을 듣고도 그녀의 삶은 조금도 변하지 않았다. 그 후에 그녀는 시실리의 프톨레미 왕Ptolemy of Sicily과 결혼했다가 몇 년 후에 그 결혼생활에 싫증을 내고 전 남편 아그립바에게로 돌아오기도 했다. 그 후에도 그녀는 예루살렘과 로마를 두루 다니면서 추문만을 여럿 더 남기고 역사의 뒤안길로 사라졌다.

그들은 세례요한을 목 베어 죽인 헤롯 안티파스의 사촌 누이들이었다. 그들은 좋은 이야기는 전혀 남기지 않고 추잡하고 악한 이야기들만 남겼다. 아기 예수를 죽이려 했던 그 증조부 때로부터 대를 이어 예수 그리스도의 적대 세력으로서의 혈통에서 조금도 벗어나지 못한 불행한 여인들이었다.

제10장

바울서신의
여성들

124

뵈뵈

◇ Phoebe, 뜻 : 순결
◇ 내가 겐그레아 교회의 일꾼으로 있는 우리 자매 뵈뵈를 너희에게 추천하
　노니롬16:1

로마서의 마지막 장은 바울이 개인적으로 인사를 전하는 내용으로 되
어 있다. 거기에는 여러 여성들의 이름이 나온다. 먼저 나오는 이름이
겐그레아 교회의 일꾼여 집사 뵈뵈이다. 겐그레아는 고린도의 외항으로
바울이 그의 2차 선교여행을 마무리하고 예루살렘으로 가려고 고린도
를 떠나갈 때 서원이 있어 머리를 깎은 곳이었고 뵈뵈가 살던 곳이기
도 했다.

　　　뵈뵈는 이유는 알 수 없지만 바울이 써준 로마에 있는 성도들
에게 보내는 서신로마서을 가지고 로마에 전달해준 사람으로 추론된다.
당시에는 우편제도가 제대로 없었으므로 개인이 전할 서신이 있으면
인편으로 보낼 수밖에 없었다. 중요한 서신은 가장 신뢰할 수 있는 친
구나 친지를 통해 보내야만 했으니 뵈뵈는 바울이 그만큼 신뢰할 수
있었던 사람이었다. 그리고 여성의 몸으로 그 먼 길을 중요한 서신을
지니고 여행하는 일은 매우 힘들고 위험한 일이었을 것이다. 학자들은
그녀가 뱃길을 이용했기보다는 북쪽으로 올라가 마게도냐를 거쳐 가
는 육로로 로마까지 갔으리라고 설명하는 편이다. 아마 일단의 상인들
의 무리와 함께 로마제국 최대의 도시 로마까지 간 수 있었으리라는
것이다.

　　　그 때까지 바울은 로마로 가본 적이 없었다. 그리고 뵈뵈는 겐
그레아에서 그리스도인이 된 유일한 사람이었을 수도 있다. 당시에 여

성이 항구도시에서 새로운 신앙을 받아들여 그리스도인이 되는 것도 결코 쉬운 일이 아니었을 것이다. 항구도시는 통상이 이루어지는 곳으로 그만큼 악행도 쉽게 자행되는 곳이었기 때문이다. 그렇듯 여러 가지를 종합해서 생각하면 뵈뵈는 매우 당찬 여성 사업가였을 것으로 보인다. 바울은 그녀를 자신의 보호자가 되어주었다고까지 했다. 아마 그곳에서 어느 정도의 부와 지위를 누리면서 영향력을 행사할 수 있는 여성이었으리라고 볼 수 있는 대목이다.

바울은 편지에서 먼저 뵈뵈를 '우리의 자매'라고 소개한다. 그 시대부터 교회 공동체에 속한 여성을 자매라고 친숙한 이름으로 부르기 시작했음을 보여주는 것이다. 다음으로 바울은 그녀를 '겐그레아 교회의 일꾼'이라고 소개한다. 그 당시에 여성에게 집사라는 직분이 주어졌는지를 확인할 길은 없다. 아마 그 말은 직분을 의미하기보다는 섬기는 봉사자라는 개념으로 이해하는 편이 좀 더 바른 설명이 될 것이다. 셋째로 바울은 뵈뵈를 여러많은 사람의 보호자succorer가 되어주었다고 했다. 그리고 자신의 보호자도 되어주었다고 소개했다. 그 구체적인 내용을 알 수는 없지만 겐그레아에서 바울이 병에 걸려 누워있을 때 그를 돌보아주었으리라고 추측하는 사람도 있다. 그리고 어려움을 겪는 사람들을 솔선해서 돕는 사람이었으리라는 것이다. 뵈뵈가 겐그레아로 돌아왔는지 로마에 그냥 머물러 있었는지에 대해서는 아는 바가 없다.

125

루포의 어머니

노예 출신의 바울 후원자

◇ Rufus, 뜻 : 붉다
◇ 주 안에서 택하심을 입은 루포와 그의 어머니에게 문안하라 그의 어머니
  는 곧 내 어머니니라**롬16:13**

로마서에 다른 여인들의 이름이 등장하지 않는 것은 아니지만, 다만
루포의 어머니에 관해서는 약간의 설명을 할 수 있다. 루포라는 이름
은 흔히 노예나 노예에서 해방된 사람들의 이름으로 쓰였다. 아마 그
는 비천한 신분에 속한 사람이었던 것 같다. 바울은 그들을 '주 안에서
택하심을 입은' 사람들이라고 했다. 그리고 그의 어머니는 곧 내 어머
니라고까지 했다. 그것은 그들, 특히 그의 어머니가 영적으로는 바울과
특별한 관계에 있었던 사람임을 암시한다. 바울은 다른 서신들에서 어
머니가 된다거나 아버지가 된다는 말을 새로운 개종자를 얻었을 때 사
용했다. 그렇다고 그녀가 바울의 회심과 개종 과정에 어떤 역할을 했
다고 보기는 어렵다. 만일 그렇게 했다면 그가 그의 회심담을 할 때 그
녀를 언급했을 것이다. 그러므로 그 말은 그녀가 뵈뵈처럼 바울의 선
교 여행 중에 특별한 호의를 베풀었거나 후견자나 보호자 역할을 해준
여인이었으리라고 추정하는 것이 바른 이해일 것이다.

126&127 유오디아와 순두게

빌립보교회의 여성지도자들

◇ Euodias, 뜻 : 향수 | Syntyche, 뜻 : 행운
◇ 내가 유오디아를 권하고 순두게를 권하노니 주 안에서 같은 마음을 품으
  라 **빌4:2**

빌립보서 4장**2-3**에는 두 여인의 이름이 나온다. 유오디아와 순두게가 그들이다. 이들은 바울을 도와 일한 동역자들이었다. 그들은 바울의 선교사역에 적극적으로 후원에 동참했던 사람들이었고 당시 그 지역은 거의 남성 중심의 사회였다고 할 수 있었으므로 그들이 빌립보 교회에서 중요한 여성 지도자들이었다고 할 수 있다.

　　　일부에서는 그 교회 설립의 주역이었던 루디아의 이름이 빌립보서에 나오지 않으므로 이들 중 한 사람이 루디아일 것이라고 생각하기도 한다. 또 다른 사람들은 빌립보 교회 공동체는 두 집단으로 이루어져 있었고 이들이 그 집단들을 대표하는 사람들로 서로 갈등을 겪고 있었다고 이해한다. 또 다른 사람들은 순두게를 남성 명사의 어미로 바꾸어 읽으면서 유오디아의 남편이었으리라고 이해하고 바로 그가 바울이 빌립보 감옥에 갇히었을 때의 간수로 그의 석방 후에 그리스도인이 된 사람일 것이라고 설명하기도 한다.

128 눔바

라오디아교회의 여성지도자

◇ Nymphas, 뜻 : 신랑의 예물
◇ 라오디게아에 있는 형제들과 눔바와 그 여자의 집에 있는 교회에 문안하
　고 골4:15

골로새서 말미에 인사를 하는 자리에 눔바라는 여인의 이름이 소개된
다. 눔바는 골로새에서 멀지 않은 곳에 있던 라오디게아에 살았던 여
인이었다. 라오디게아 교회는 눔바의 집에서 시작된 가정교회였을 것
으로 보인다. 그녀는 어느 정도 넉넉한 경제력을 가지고 있었고 상당
히 큰 집도 있어서 그 집에서 신자들이 모여 예배하는 교회가 시작되
었다고 추정한다. 물론 얼마나 많은 수의 그리스도인들이 있었는지를
알 수는 없으나 아주 많았으리라고 할 수는 없다. 그렇다고 극히 소수
도 아니었을 것이다. 그리고 그녀의 친족 남자아버지, 남편이나 아들가 전혀 언
급되지 않는 것으로 보아 그런 친족 남자들은 없었을 것이라고 생각되
어 왔다. 그녀는 상당한 부를 누리면서 친족 남자들의 도움 없이 독립
적으로 살았던 여성 지도자였으리라는 것이다.

129&130

유니게와 로이스

디모데의 어머니와 외조모

◇ Eunice, 뜻 : 유명한 정복자 | Lois, 뜻 : 유쾌한
◇ 네 속에 거짓이 없는 믿음이 있음을 생각함이라 이 믿음은 먼저 네 외조
모 로이스와 네 어머니 유니게 속에 있더니**딤후1:5**

디모데 후서에는 먼저 디모데의 어머니 유니게와 외조모 로이스의 이
름이 등장한다. 유니게는 유대인 여성으로 예수 그리스도를 믿음으로
받아들인 사람이었다. 그러나 남편은 이방인**헬라인**이었다. 유니게와 로
이스 모녀는 모두 예수 그리스도를 믿는 신앙인들이었다. 성경에서 디
모데가 어렸을 때부터 성경을 알았다**딤후3:15**고 한 것으로 보아 그 어머
니와 외할머니는 평소에 경건한 삶을 살면서 디모데가 어릴 때부터 그
에게 성경**구약**을 가르쳐왔음을 알 수 있다. 그 아버지는 헬라인이었으
므로 그런 일에 관여하기 힘들었으리라 예상된다. 성경은 그 아버지가
어떤 사람이었는지에 대해서 전혀 언급하지 않는다.

　　　　유니게와 로이스는 평범한 여인들이었다. 특별한 재능을 발휘
하거나 지도력을 내보이지는 않았다. 상상을 해 본다면 조용하고 평범
하게 살았지만 아들을 성경말씀으로 양육하여 반듯한 젊은이로 키워
냈다. 어떤 의미에서 전형적으로 지혜로운 여인이었고 어머니였다고
할 수 있다. 가장 기본적이면서 가장 중요한 사명을 온전하게 수행한
것이다.

131 압비아

빌레몬의 아내

◇ Apphia, 뜻 : 풍부
◇ 자매 압비아와 우리와 함께 병사 된 아킵보와 네 집에 있는 교회에 편지하노니**몬1:2**

빌레몬서에는 압비아라는 여인이 이 서신을 받는 수신자의 이름에 포함되어 있다. 빌레몬과 자매 압비아와 동역자로 지칭된 아킵보, 그리고 그 집에 있는 교회에 보낸 서신인 것이다. 이 압비아는 빌레몬의 아내**또는 딸**였으리라고 추정되며 그 집은 빌레몬 또는 아킵보의 집이었을 것이다. 사실 성경이 전하는 것만으로는 이 세 사람의 관계가 어떤 관계에 있었는지를 전혀 알 수 없다. 자매**sister**라는 말 때문에 압비아가 빌레몬의 아내였기 보다는 그 교회의 충실한 여 성도였으리라는 주장도 설득력이 있다. 그 말이 고대 사회에서 아내를 의미했다기보다는 그 당시 교회에서 여성 신도들을 부를 때 사용했던 말이기 때문이다. 또 흔히 함께 사역했던 여성 동역자를 부를 때도 이 말을 사용했기 때문에 압비아는 빌레몬과 함께 사역했던 여성으로 추정되기도 한다. 압비아에 관해서 더 이상 알 수 있는 정보는 아무 것도 없다. 그러나 적어도 그 교회에서 중요한 역할을 했던 여인이었다는 것은 틀림없는 사실일 것이다.

부록

1. 바울서신 속 여성에 대한 가르침
2. 공동서신과 요한계시록에 나타난 여성 이야기

1.바울서신 속 여성에 대한 가르침

여성간의 동성애

로마서에는 여인들 이야기가 많지 않다. 로마서에서 맨 먼저 등장하는 여성 이야기[1:26]는 우상숭배에 빠진 여인들이 정상적인 성생활을 하지 않고 잘못된 성 행위에 빠져 있다고 지적한다. 학자들은 대체로 이런 지적이 여성 간의 동성애를 가리킨다고 이해하고 있다. 바로 이어서[1:27] 남자들 사이의 동성애를 책망하고 있는 것과 연관시켜 이해하려는 것이다. 그리고 이 문제는 당시의 헬라 문화에서 심각한 문제로 대두되었기 때문이다.

성性은 하나님께서 인간에게 주신 소중한 선물이다. 모든 생물이 암수 관계를 통해 종자를 맺기도 하고 새끼를 낳아 종을 보존해간다. 그 중에서 인간만이 유일하게 자손을 보기 위해서는 물론 성생활을 즐길 수 있는 특권을 누릴 수 있도록 허락하셨다. 그 대신 그것은 남자와 여자 사이에서, 더욱이 결혼을 통해 남편과 아내로 만난 사람 사이에서 행해져야 하며 거기에서 즐거움도 추구해야만 한다. 이런 정도 正道를 벗어나는 것은 하나님께서 금하신 일이었다. 그런데 당시 헬라 문화권에서는 혼외의 성관계 풍속이 널리 퍼져 있었고 거기에다가 동성애까지 퍼지고 있었던 것이다.

현대사회에서도 동성애를 허용하자는 풍조가 일고 있고 그것을 법으로 허용하고 그것을 반대하는 사람들을 처벌하려는 법 조항까지 만들고 있는 형편이다. 하나님의 법에 따라 살려는 그리스도인들, 특히 그런 하나님의 말씀과 규율을 가르치고 선포해야 하는 목사들에게는 심각한 문제가 될 수밖에 없다. 인간으로서의 고귀한 품격을 포기하고 짐승들의 수준으로 스스로의 품격을 떨어뜨리려는 움직임인 것이다. 아무리 세상풍조가 흐려져 가더라도 그리스도인들만은 인간으로서의 고귀한 품성을 지키는 일에 실패하지는 말아야 할 것이다.

그리스도 안에서 정상적인 부부관계를 토대로 건전한 가정을 이루어 가는 것은 그리스도인들이 지켜야 할 소중한 의무이다.

이미 결혼한 여성의 재혼 문제

로마서 7장(2-3절)에서는 유대인들의 율법에 따른 이미 결혼한 여성의 재혼문제를 다룬다. 거기에 따르면 여성은 이혼을 요구할 수 있는 권리가 없다. 남편이 살아있는 동안에는 그 남편만을 오로지 바라보면서 살아야만 했다. 반면에 남편은 아내를 쉽게 내보냄으로서 일방적으로 이혼해버릴 수 있었다. 그 대신 남편이 죽고 없으면 그런 여인은 큰 제약 없이 다른 남자를 찾아 결혼도 할 수 있었다. 역시 남성 중심의 문화를 반영하고 있다고 보아야 한다. 오늘을 사는 우리는 건전한 가정 생활을 이어가는 데 적지 않은 어려움을 겪고 있다. 여성의 권익이 신장된 것은 좋은 일이지만 가정불화를 겪는 가정이 많고 결과적으로 이혼을 택하는 경우도 많아지는 것이 현실이다. 결혼을 하지 않고 독신 세대로 사는 경우도 많고 이혼이나 사별 등으로 다시 독신이 되어 재혼을 하지 않고 사는 경우도 늘어나고 있는 것이다. 여기에서 어떤 선택이 가장 성서적이라고 단정적으로 말하는 것도 결코 쉬운 일은 아니다. 형편이나 사정이 천차만별로 다양하기 때문에 어느 하나의 틀에 맞추어 정형화할 수 없기 때문이다. 그러나 건전한 신앙인이 먼저 되고 그런 사람들이 만나 건전한 부부가 되고 자녀를 낳아 건전한 가정을 이룬 사람들이 모인 교회가 건전한 교회로 발전한다는 원론적인 이야기를 할 수 있을 뿐이다.

음행하는 남자와 여인에 대한 책망

고린도전서에도 여인들은 나온다. 그러나 구체적으로 이름이 밝혀진 사람은 없다. 이름이 밝혀지지 않은 일반적인 여성들 이야기를 하고 있는 것이다. 먼저 고린도전서 5장에는 음행하는 남자와 여인에 대한 책망이 나온다. 아버지의 아내를 취하여 함께 사는 사람에 대한 책망이다. 자기 어머니와 성관계를 하며 사는 것이 아니라 일부다처의 문화가 허용되던 시대에 아버지의 다른 아내를 취하여 함께 사는 것을 말한다. 그 여인으로 말하면 자기 남편의 아들과 함께 살림을 살았다는 말이다. 아버지의 둘째나 셋째 부인은 때때로 큰 아들보다 어리거나 나이가 비슷한 경우도 있었다고 한다. 그런 경우 대개는 정식 아내로 받아들인 여인이기보다는 첩이었다고 할 수 있다. 또 경우에 따라서는 그 여인은 남편과 결혼하기 전부터 그 아들과 밀통하는 사이였을 수도 있다. 어떤 경우이든 그 여인은 깨끗한 여인은 아니었다. 그리고 이 이야기는 당시의 고린도에서의 문란한 성문화를 보여주는 것임에는 틀림없다.

이것은 현대의 개방적으로 변해가는 성문화를 위해서도 하나의 지침이 되어주는 이야기라고 할 수 있다. 성경은 분명하게 한 남자와 한 여자가 만나 부부가 되고 가정을 이루어야 함을 보여준다. 비록 고대의 문화의 영향으로 믿음의 조상으로 모시는 아브라함이나 성군으로 추앙되는 다윗 왕까지도 모두 여러 아내를 두고 살았다고는 하더라도 하나님의 본래의 뜻은 일부일처였음을 잊어서는 안 될 것이다. 우리나라에서도 복음이 들어오기 전에는 양반 사회에서 첩을 여럿 두는 것이 문화적으로 허용되었다는 것을 우리는 분명히 알고 있다. 또 혼외의 정사라는 풍조도 반드시 복음의 능력으로 그 흐름을 바꾸어야만 한다. 복음은 문화의 변혁자라는 사명도 가지고 있는 것이다.

창녀들과의 음행에 대한 경고

또 고린도전서 6장^{고전 6: 15-16}에는 창녀 이야기가 나온다. 고린도 사회에 널리 퍼져있던 음행을 피하라는 교훈을 하면서 하는 이야기이다. 여기서는 남자 신자들이 창녀들과 성관계를 하는 것이 대한 경고를 하면서이다. 고린도 사회의 성문화가 심한 타락상을 보였다는 것은 널리 알려져 있는 현상이었다. 사람에게는 본능적인 욕구가 있다. 그리스도인들이나 목사들도 예외는 아니다. 그러나 영적 갑옷으로 무장한 사람들은 그런 본능을 억제하고 절제할 수 있어야 한다. 이제 그들의 몸은 정욕의 도구가 아니라 그리스도의 지체가 되었으므로 이제 우리의 몸은 우리 자신의 것이 아니라 그리스도의 것이라는 점을 잊어서는 안 된다.

결혼과 성생활에 대한 가르침

고린도전서 7장은 전체적으로 결혼과 성생활에 관한 가르침을 주고 있다. 여기에서는 남녀를 구별하지 않고 교훈을 주고 있다. 먼저 결혼은 하나님께서 정해주신 신성한 일이라는 점을 밝히고 있다. 그러므로 오로지 영적인 삶에 전적으로 헌신하기 위해서 독신으로 사는 것도 좋지만 음행을 피하기 위해서는 결혼하는 것도 좋다고 한다. 독신으로 사는 것이 인간의 결심으로만 되는 것이 아니라 그것이 하나님의 은사에 속한다는 점도 밝혀준다. 그러므로 억지로 독신으로 살려고 할 필요는 없고 자연스럽게 결혼하라는 말이다. 그리고 결혼을 했으면 부부 사이에 의무를 다하라고 한다. 그 의무에는 배우자의 성적 욕구에 상대가 되어주어야 할 것도 포함된다. 그러나 당시에 널리 퍼져 있던 금욕주의의 가르침을 따라 독신으로 사는 것을 권장하기도 한다. 오직 하나님의 일에만 전념하는 자신처럼 하는 것을 권한 것이었다. 단지 그것이 하나님께서 주신 은사일 때 그렇게 하라는 가르침이었다. 독신으로 사는 것도 하나님의 은사에 속한다. 그리고 결혼한 그리스도인들은 이혼하지 말라고 한다. 하나님께서 정해주신 법에 따른 결혼이기 때문이다. 불신자와 결혼한 경우에도 같은 법에 따라야 하고 오히려 그것을 배우자에게 복음을 전하는 기회로 삼을 것을 권하고 있다. 그러나 불신 배우자가 먼저 요구하는 경우에는 이혼할 수 있다고 한다. 그 대신 먼저 이혼을 요구하지는 말라고 한다. 그리고 사별한 후에는 재혼이 허용되지만 이혼 후에는 재결합은 허용되나 다른 남자와의 재혼은 허용되지 않는다.

뒷부분에 가서는 다시 독신생활의 유익을 이야기한다. 결혼을 하게 되면 아무래도 배우자를 위해서 해야 할 일이 있으므로 전적으로 하나님을 위한 일에 전념하기는 어렵다는 이유에서이다. 결혼생활은 그만큼 보람도 행복도 주는 면이 있지만 걱정거리와 어려운 일들도 그만큼 늘어나는 것은 사실이다. 어쨌든 결혼문제는 우리의 선택사항이 아니라 기본적인 의무이지만 하나님께서 허락하신다면 독신으로 살 수도 있다. 그러나 그것은 자기의 편이를 위해서가 아니라 하나님께 전적인 헌신을 위해서 그렇게 할 수 있다. 우리 사회에서 번지고 있는 혼자 살기 풍조와는 다른 것임을 잊어서는 안 될 일이다.

믿음의 아내에 관하여

고린도전서 9장[9: 5]에서는 하나님의 일꾼들이 믿음의 자매된 아내를 동반하고 다니는 이야기를 한다. 바울은 독신이었으니 아내가 없었지만 베드로와 다른 사도들은 그 아내들과 함께 선교활동을 하였음을 보여주는 장면이다. 선교활동에 동참한 그 아내들은 모두 믿음의 사람들이었다는 것은 중요하다. 다른 사도들은 모두 결혼한 사람들이었고 그들의 아내들도 헌신적으로 선교활동에 동참하여 고난의 길을 함께 걸은 사람들이었다는 것이다. 초대 교회에서 자매라는 개념은 교회에 속한 믿음의 여성들을 가리키는 말이었다. 그러나 여기에서 바울이 믿음의 자매된 아내를 데리고 다닐 권리를 이야기할 때 그 말이 분명히 믿는 아내를 의미하는지 아니면 단순히 믿음의 여자 동역자를 의미하는지를 확실하게 이야기할 수는 없다. 대체로 부부가 함께 선교사역을 수행할 때 일반적으로는 남편이 중심이 되어 선교활동을 하고 아내는 그의 뒷바라지를 한 것으로 이해하고 있다. 부리스길라의 경우는 특별한 경우였을 것이다. 그것은 오늘의 경우에도 거의 비슷하게 행해지고 있다고 할 수 있다. 물론 여권女權이 신장되고 여성들의 활동이 능동적 적극적으로 행해짐에 따라 아내가 중심 사역자가 되고 남편이 보조 사역자가 되는 사례는 점차 많아지고 있는 것도 사실이다. 실제적인 상황으로 보면 교회에서 평신도로서 봉사하는 경우 아내들이 남편들보다 적극적인 태도를 보이는 경우가 훨씬 많다고 할 수도 있다.

여성의 공식 예배 참여에 관하여

고린도전서 11²⁻¹⁶장에서는 여자가 기도를 하거나 예언을 하는 경우를 이야기하고 있다. 이것은 개인적인 신앙생활에서 여자가 기도와 예언을 하는 이야기가 아니라 공식적인 예배에 참여하여 기도나 예언을 하는 경우를 위한 가르침이다. 고린도 교회에는 다양한 집단의 사람들이 있었고 그만큼 그 주장들도 다양하게 펼쳐졌다. 먼저 이 말씀을 잘못 이해하면 남자가 여자보다 우월하다는 남성 우월주의에 빠지기 쉽다. 여기에서의 가르침은 그리스도인들이 결혼생활을 할 때 질서유지를 위한 것이다. 그리스도는 남자의 머리일 뿐 아니라 여자의 머리이도 하다. 부부는 상호 순종하고 섬겨야 하는 관계에 있지만 질서를 위해 아내가 남편을 세워주라는 것으로 이해할 수 있을 것이다. 창조질서에 따른 이해라고 할 수도 있다. 그리고 당시 문화에서 남편의 나이가 대체로 아내보다 많았다는 것도 이 가르침의 배경으로 작용했으리라는 이해도 있다.

공식예배에서 기도나 예언을 할 때 여자는 수건을 쓰라는 가르침도 여러 가지로 이해할 수 있다. 당시 유대인들의 전통에서는 여성들이 공식적인 모임에 나갈 때는 수건을 써야만 했다고 한다. 그러나 고린도 교회에서는 자유로운 헬라문화가 퍼져 있었으므로 그런 전통은 무시되었다. 그 대신 당시에 노예 출신 여자나 간음한 여자는 머리를 깎아야 했으므로 도덕적으로 깨끗한 여자들은 수건을 쓰고 공식예배에 참여하고 있었다. 그러므로 이 가르침은 당시의 문화를 받아들인 것이라 할 수도 있다. 복음이 전파되어 나가는 선교의 과정에서 현지의 문화를 존중해야 한다는 것은 오늘에 와서 당연한 것으로 받아들여지고 있다. 두 발은 복음에 확고하게 딛고 있어야 하지만 두 손은 자유롭게 선교현장의 문화를 활용해야 한다는 것이다. 따라서 이것이 복음적인 가르침이 아니라 문화에 기반을 둔 가르침이라면 오늘의 상황에서 그런 전통을 하나의 규율로 받아들여야 한다고 고집할 필요는 없을 것이다.

역사적으로 전 세계가 공통적으로 받아들였던 전통은 일부 예외가 있기는 했지만 남성은 짧은 머리를 여성은 긴 머리를 하는 것을 기본으로 생각했다. 현대에 와서 그런 전통은 상당히 무너지고 있는 현실이다. 어쨌든 이건 복음적인 요소이기보다는 문화적인 요소에 속한 것이므로 그리 중요한 것은 되지 않는다. 단지 우리가 지킬 것은 문화적인 것이라 하더라도 자신이 속한 공동체에 혐오감을 주는 행습은 피하는 것이 바른 처신법이라 할 것이다. 그런 원리는 단순히 머리의 길이에 국한되는 것이 아니라 우리의 관습이나 문화적 삶 전반에 걸쳐 받아들여야 할 것이다.

"여자는 교회에서 잠잠하라", 어떻게 이해할 것인가?

고린도전서 14장14: 34 -35에서는 우리 한국교회에서도 한 동안 논란의 중심에 들어왔던 말씀이다. '여자는 교회에서 잠잠하라는 것과 '만일 무엇을 배우려거든 집에서 자기 남편에게 물으라'는 것, 그리고 '여자가 교회에서 말하는 것은 부끄러운 것'이라는 내용의 말씀인 것이다. 12장부터 다루어오던 은사 문제를 14장에서는 그 은사들을 어떻게 사용할 것인가를 다루고 있다. 그리고 그 내용을 마무리하면서 교회에서의 여성의 은사 사용 문제를 다룬다고 볼 수 있다. 여기에서 먼저 제기되는 문제는 바로 앞에서 우리가 살펴본 여자가 교회에서 기도나 예언을 할 때는 머리에 수건을 쓰고 하라는 모순된다는 것이다.

다음으로 '여자는 교회에서 잠잠하라'는 가르침을 어떻게 이해할 것인가? 우선 그것을 문자 그대로 받아들여 여성들은 교회에서 지도자의 자리에 올라서 지도력을 발휘하지 못하도록 하는 것이다. 한국교회에서도 그런 이해에 따라 오래 동안 여성들이 장로나 목회자牧師의 직분을 받지 못하게 금해 왔다. 지금까지도 일부 교회에서는 그런 편협한 이해를 받아들여 교회 안에서의 여성의 활동을 제한하고 있다. 그러나 이것도 앞에서와 같이 당시 고린도 교회와 그 사회의 문화와 형편을 고려하여 이해하는 것이 옳은 이해일 것이다. 당시의 유대 전통에서는 여자들을 사람들의 인원 계산에도 포함시키지 않을 정도로 무시되었다. 고린도 교회의 경우 일부 그런 유대적 전통도 남아 있고 헬라 문화의 여성들이 자유를 누리며 어디에나 참여하려는 풍조도 있었다. 이런 상황의 교회를 생각하며 바울은 교회 안에서의 질서유지를 위해서 이런 교훈을 주었다고 할 수 있다. 고린도 교회의 다양한 문제들 중의 하나였던 여성들이 교회 안에서 일으킬 수 있는 문제를 사전에 방지하려는 가르침이라고 할 수 있다. 다음으로 여자는 교회 안에서 가르치는 일만 제지하는 것이 아니라 배우는 것까지 금했다. 현대적인 안목으로는 이해할 수 없는 것이지만 당시의 문화에서 여성의 외부활동을 제지하는 일이었다고 이해할 수는 있다. 배우려면 남편에게 배우라는 말도 이해하기 힘든 말이다. 이 말 역시 남성 우월주의적 가르침이기보다는 창조질서에 따른 질서유지라는 면에서 이해할 수는 있다. 바울의 마음을 사로잡고 있었던 생각은 하나님은 혼란의 하나님이 아니라 화평의 하나님이라는 생각이었을 수 있다. 교회 안에서의 질서는 그만큼 중요한 것이었다. 당시 고린도 교회에서는 방언의 은사를 받은 사람들, 특히 여성들이 어느 정도 문제를 일으키고 있었다고 할 수 있는 상황에서라면 충분히 있을 수 있는 가르침이었다고 보는 것이다.

현대 사회는 여성의 위상이 과거와는 비교할 수 없을 정도로 변화되어 오히려 여성들이 남성들보다 더 활발하게 활동하는 시대가 되었다. 교회 안에서도 같은 이야기를 할 수 있다. 그러므로 본문의 말씀을 문자 그대로 이해할 것이 아니라 당시의 문화와 상황에 비추어 교회 안에서의 질서유지의 중요성을 배워야 할 것이다. 어떤 식으로든 교회의 질서를 해치는 일은 할 수 있는 대로 사전에 예방하여야 할 것이고, 교회 안에서의 질서유지를 위한 노력은 적극적으로 해야 할 것이다. 오늘의 교회에서는 오히려 여성들의 적극적인 활동과 참여를 위한 길을 열어줌으로써 교회의 발전과 활성화를 꾀할 수 있다고 할 수 있다.

'정결한 처녀' 비유

고린도 후서에는 구체적인 여성의 이름이나 이야기가 나오지 않는다. 유일하게 나오는 이야기는 "내가 너희를 정결한 처녀로 한 남편인 그리스도께 드리려고 중매함이로다"고후 11: 2라는 말씀이다. 바울은 이어서 고린도 교회의 성도들이 확고한 신앙에 서지 못하는 것을 염려하면서 그들이 그리스도를 향한 진실함과 깨끗함을 떠나지 말 것을 당부한다. 그는 마치 처녀 딸을 시집보내려는 아버지가 결혼을 앞둔 딸에 대하여 염려하는 것과 같은 염려를 하고 있다. 그리스도인이 다른 가르침을 따르거나 우상숭배에 빠지는 것은 마치 결혼을 앞둔 처녀가 다른 남자와 성관계를 하는 것과 같다는 것이다. 바울은 여러 번 자신이 세운 교회들을 두고 염려하면서 마치 아버지가 그 자녀를 두고 염려하는 것과 같은 염려를 보였다.

"남자나 여자나 다 그리스도 예수 안에서 하나이니라"

갈라디아서에서는 여성 이야기가 한 곳3: 28에서만 언급된다. '남자나 여자나 다 그리스도 예수 안에서 하나이니라'는 표현이다. 오늘까지도 여성의 권익을 주창하는 사람들이 선호하는 말씀이다. 갈라

디아 교회에서의 관심사는 어떻게 의롭다함을 얻을 수 있는가 였다. 거기에 대한 바울의 대답은 믿음으로 의롭다함을 얻는다以信得義였다. 그리고 그것이 적용되는 범위에는 유대인이나 이방인, 자유인이나 노예, 그리고 남녀의 차별이 있을 수 없다는 말씀이다. 혈통으로 아브라함의 후손이 아닌 이방인 그리스도인들에게 주는 교훈에서였다. 결국 이 말씀은 현대에 와서 여성들이 안수를 받고 교회 안에서 직분을 받아 장로나 목사직에 오를 수 있다는 주장을 할 때 근거가 되는 말씀이 되기도 했다.

유대인들의 전통에서는 여성들을 사람의 수를 계수할 때 포함시키지도 않았는데 예수님을 측근에서 따르던 여인들이 많이 있었고 성경에는 그들의 이름과 행적들을 밝혀 기록했었다. 그런 흐름에 따라 바울은 이제 예수 그리스도를 믿는 복음이 전파되는 곳에서는 어떤 차별도 있을 수 없음을 선포한 것이라 할 수 있다. 남녀가 다르다는 것男女有別을 이야기할 때 그것은 남녀가 서로 다르다는 것을 인정하는 것이어야지 차별을 이야기하는 것은 아니기 때문이다. 남성과 여성은 여러 가지 면에서 서로 다르기 때문에 하는 일도 역할도 달라야 하지만 그것은 구별이어야지 차별이어서는 안 된다는 말이다. 빈부귀천이라는 신분상의 차이도 있고 남녀노소라는 정체성의 차이도 있지만 예수 그리스도 안에서는 모두가 차별 없이 하나라는 고백이 교회 공동체의 한 근간이 되는 것이다.

남편과 아내의 도리에 관하여

에베소서에는 남편과 아내의 부부관계를 길게5: 22-33 설명하고 있다. 그 중에 아내들에 대한 권면22-24은 교회가 그리스도에게 하듯이 남편에게 복종하라be subject는 것과 남편을 존경하라33는 것으로 이루어져 있다. 그 복종이라는 개념은 약자가 힘에 눌려서 강자에게 복종하는 그런 복종이 아니라 자발적으로 복종한다는 뜻을 내포하고 있다. 그러나 그것이 교회가 그리스도께 복종하듯이 하라는 것이므로 그 자발성이라는 면은 완전히 축소된다. 아내가 남편에게 복종해야 하는 것은 자발적으로 해야 하는 것이기 이전에 당연히 해야 하는 것이라는 말이된다. 범사^{모든 일}에 복종하라는 말을 하나님의 원리에 위배되지 않는 범위에서 복종하라는 것으로 이해해야 한다. 그리스도인으로서의 아내들은 그 남편에게 복종해야 한다는 과제를 안고 살아야 한다. 그 길을 하나님께서 주신 길로 이해하고 가야 하지만 역시 그리스도 안에서라는 조건은 붙여야 하는 것이다. 그리스도와 남편을 두고 생각할 때 언제나 그리스도 우선이어야 한다는 말이다.

이어서 남편을 존경하라고 한다. 그러나 훌륭한 선생님이나 위대한 인물을 존경하는 것과는 다른 의미로 받아들일 말이다. 그것은 존중하라는 의미에 더 가깝게 이해해야 할 일이다. 가정의 질서를 위해 남편을 무시하지 말고 존중해주라는 말이다. 참으로 존중하는 마음이 없을 때 자발적으로 복종한다는 것은 불가능한 일이다. 이 두 가지는 같이 갈 때에만 진정성이 있는 것이 된다. 그리고 이 두 가지 아래에는 사랑이라는 기초가 든든히 놓여 있어야만 이루어질 수 있는 일이다. 그 사랑은 서로 사랑하는 사랑이어야 할 것이다. 부부간에 그런 사랑이 기초가 되어있지 않은 관계는 참된 존중^{존경}도 복종도 있을 수 없기 때문이다. 어쨌든 아내의 남편을 향한 덕목은 사랑에 기초를 둔 복종과 존경이라고 할 수 있을 것이다.

데살로니가서 속 여성 이야기

데살로니가 전서에는 유모2:7라는 말과 임신한 여자^{5: 3} 이야기가 나온다. 그러나 그것은 여성 이야기를 하려는 것이 아니었다. 전자는 바울과 그의 동역자들이 데살로니가 교회의 성도들을 대할 때 마치 어린 아기를 돌보며 양육하는 것처럼 정성스레 양육한다는 것을 말하려는 것이었다. 당시 데살로니가 지방에는 아기를 낳고 바로 그 어머니가 죽어버리는 경우가 많았고 또 고위층의 여성들 중에는 직접 아기 젖을 먹이지 않고 유모를 통해 양육하는 경우도 많았으므로 이것은 데살로니가 사람들이 피부에 닿게 이해할 수 있는 말이었다. 그리고 후자는 주님의 날이 임박해오는데 거기에 대한 대비를 해야 한다는 것을 말하려는 것이었다. 주님의 재림은 갑자기 일어날 사건이고 초림 때의 주님은 아무도 모르게 오셨지만 다시 오실 주님은 만인이 둘러서서 지켜보는 가운데 오실 것이다. 우리는 그날을 맞을 준비를 해야 하는 것이다.

　　　　데살로니가 후서에는 여성에 대한 언급이 없다. 그 대신 '형제들아'라는 말은 여섯 번¹: ³; ²: ¹, ¹³, ¹⁵; ³: ¹, ⁶ 나온다. 그 말이 남성 복수형 adelphoi, 사람들이기는 하지만 거기에 여자들도 포함되는 말이었다는 것이 일반적인 이해이다. 영어에서 사람들men에는 남녀 모두가 포함되는 것과 같다. 모든 사람들을 향한 교훈의 말씀이라는 것이다. 그리고 단수명사adelphos, 사람 형제가 나온다. 비록 단수로 쓰이기는 했으나 문맥상 모든 사람을 의미하고 있으므로 역시 남녀를 막론하고 모든 사람들을 위한 가르침으로 받아들일 수 있는 것이다.

하나님을 경외하는 여성들

디모데 전서에는 우선 하나님을 경외하는 여성들의 처신과 관련된 교훈²: ⁹⁻¹⁶이 주어져 있다. 당시의 교회들은 모두 그 지역의 중심지가 되는 주요 도시들에 세워져 있었고 디모데에게 이 서신을 쓸 당시에는 그가 에베소 교회의 목회자로 일하고 있었으리라는 주장이 유력하다. 당시 에베소는 소아시아의 수도로 통상의 중심지이기도 했으므로 교회 안에는 다양한 부류의 사람들이 들어와 있었고 각기 자신의 문화와 전통을 가지고 있었다. 따라서 여성들의 차림새와 처신도 관심사 중의 하나일 수밖에 없었다. 더군다나 예배에 참석하는 여성들의 복장이나 단장법도 그 중 하나였다. 다양한 면이 상충될 때 보수적인 입장에서 문제를 중재하는 것이 보편적으로 받아들이기에 가장 쉬울 수 있다. 따라서 여기에서는 여성들에게 일반적으로 요구되던 여성다움을 이야기하고 있다고 볼 수 있다. 너무 화려하고 사치스럽지 않으면서 추해 보이지는 않는 차림새와 너무 나서지 않는 처신을 말하는바 이것은 현대에도 일반적으로 적용된다고 볼 수 있을 것이다. 공중예배에 참석하는 여성들을 그려보면 이해할 수 있는 가르침이다. 역시 고금을 막론하고 질서유지와 다양한 부류의 사람들을 포용할 수 있는 태도가 필요한 것이다. 여성이 가르치는 사역을 하는 이야기는 이미 앞에서 언급했던 문제이다.

여성 집사 이야기

여자 집사 이야기^{딤전 3: 11}도 처음으로 나온다. 앞에서 감독(목사)의 자질과 집사의 자질을 이야기한 뒤에 주어진 것이다. 남자 집사들이 가지고 있어야 할 덕목을 이야기한 뒤에 여자 집사들에게는 몇 가지 덕목을 더 갖추어야 할 것을 요구하는 셈이다. 남녀 공히 집사들이 갖추어야 할 덕성들에 덧붙여 정숙하고 모함하지 아니하며 절제하며 모든 일에 충성된 자라야 한다는 것이다. 역시 여성다움을 요구하는 덕목들이다. 물론 이런 덕목들은 남성들에게도 필요한 덕목들이다. 여기에서 여성 집사들에게 특별히 이런 요구를 강조하는 것은 여성들이 이런 면에서 약점을 드러내기 쉽기 때문이라고 할 수 있다.

과부들과 관련된 교훈

과부들과 관련된 교훈^{딤전 5: 3-16}도 있다. 과부 관련 가르침으로는 신약에서 가장 길게 기록되어 있다. 앞에서 이미 언급한 것처럼 당시 지중해 연안에서 과부로 일컬어지던 사람들은 남편의 신변보호와 경제적 지원을 받지 못하면서 살고 있는 여성들이었다. 따라서 남편을 사별했거나 이혼을 당한 사람들은 물론 남편이 상당 기간 이상 멀리 나가 있는 여성들도 과부의 범주에 속했다. 예를 들어 남편이 군대에 들어가 멀리 가 있는 경우와 같은 경우를 말한다. 유대 전통이나 고대 로마 사회에서 과부는 고아와 나그네와 더불어 늘 도움을 필요로 하는 사람들로 분류되었다. 물론 당시 사회에서 여성으로서 독립적인 경제 활동을 통해서나 유산을 통해 상당한 부를 누린 사람들도 많이 있었고 그 중에는 과부들도 있었다.

　　　여기에서 과부들에 관련된 가르침은 '참 과부를 존대하라'는 말로 시작된다. 그리고 참 과부는 나이가 60이 넘어야 했다. 젊은 사람은 재혼할 가능성이 크니까 재혼해서 아이를 낳고 살림을 사는 것이 바른 길이라는 것이다. 다음으로 참 과부는 선한 행실의 증거가 있어야 한다. 그것은 자녀 양육을 잘 해왔고 나그네를 대접하며, 성도들을 섬기고 어려움을 당한 사람들을 구제하며, 모든 선한 일을 행하는 것으로 드러난다. 이런 모습은 그 교회공동체나 지역공동체에 그대로 드러나게 되어 있다. 그런 사람들은 또한 존경도 받으며 사랑도 받게 될 것이다. 그리고 그들은 기도생활에도 결코 실패하지 않는다. 교회공동체는 그런 과부를 돌아보고 도와야겠지만 그 책임은 먼저 가족들에게 있음도 확실하다. 자녀나 손자가 있으면 그들이 먼저 자기 어머니나 할머니를 돌보아드려야 하는 것이다.

늙은 여자들과 젊은 여자들을 위한 가르침

디도서에도 구체적인 여성의 이름은 없다. 그러나 일반적인 늙은 여자들과 젊은 여자들을 위한 가르침2: 3-5은 있다. 교회 안에는 다양한 그룹의 사람들이 있고 그들이 각기 자기 신분에 어울리는 바른 처신을 할 때 교회는 건전한 교회로 발전한다. 나이 많은 여자들은 무엇보다도 그 거룩한 생활태도로 다른 사람들의 본이 되어야 하고 다른 사람들을 뒤에서 모함하는 일을 하지 말아야 하며 술을 많이 마시지 말아야 한다. 흔히 시간과 경제적인 여유가 있는 나이 많은 여인들이 빠지기 쉬운 일을 지적한 것이다. 그리고 덧붙여서 선한 것을 가르치라고 했다. 특히 젊은 여자들에게 가르침을 주라고 한다. 여자는 교회에서 가르치지 말라고 했던 다른 곳에서의 가르침과는 모순되는 것처럼 보일 수 있는 말이다. 그러나 그 선한 가르침의 내용을 보면 그 가르침이라는 것이 교리적인 또는 이론적인 가르침이 아니라 어떻게 살아야 하는지를 가르치는 것임을 알 수 있다. 즉 젊은 여자들에게 남편과 자녀를 사랑하고 신중하고 순전하며, 집안 살림을 잘 하고 선하며 자기 남편에게 복종하라고 가르치라는 것이었다. 그런 가르침은 본을 보여주지 않고 말로만 가르쳐서는 무의미한 가르침이 되고 말 것이다. 역시 가정을 바로 세워나가는 여성의 본분 또는 사명을 말하는 것이라고 할 수 있을 것이다.

2. 공동서신과 요한계시록에 나타난 여성 이야기

믿음의 선조로 소개되는 여성들

히브리서 11장은 믿음의 선조들을 소개하면서 구약의 여러 여인들을 언급하고 있다. 사라, 바로의 딸, 라합, 죽은 자들을 부활로 받아들인 여자들 등이 나오는 것이다. 이들은 거의 앞의 구약 편에서 이미 다룬 사람들이다. 자기의 죽은 자들을 부활로 받아들인 여자들이란 아마 사렙다의 과부와 수넴의 여자를 가리킬 것이다. 전자는 엘리야를 통해 자기의 죽은 아들이 다시 살아나는 것을 보았고 후자는 엘리사를 통해 자기의 죽은 아들이 다시 살아나서 자기의 품에 안기는 경험을 했기 때문이다. 이 여인들은 당당히 믿음의 조상들의 대열에 자리를 같이 할 수 있었다. 그 믿음의 조상들의 대열은 교회역사를 통해서도 끊이지 않고 이어져왔다. 거기에는 수많은 여성들이 포함되어 있고 그들이 함께 교회역사를 이루어 왔다. 오히려 이름도 없이 교회의 역사를 장식해온 사람들 중에는 여성들이 더 많았다고 해도 틀린 말은 아닐 것이다. 지금도 우리는 주변에서 그런 믿음의 여자 용사들을 수 없이 볼 수 있다.

고아와 과부를 돕는 것에 대한 가르침

야고보서는 단순히 하나님의 말씀을 듣는 것의 중요성을 강조하지 않고 듣고 행하는 것의 중요성을 강조한다. 그래서 참으로 경건한 생활은 도움을 필요로 하는 고아들과 과부들을 그 환난 중에서 돌보라고^{약 1: 27} 한다. 구약에서부터 성경은 도처에서 고아와 과부를 돌보아줄 것을 요구한다. 과부들은 사회적 경제적 약자들에 속한 사람들로 이해되었기 때문이다. 그래서 어려움을 당하는 ^{환난 중에 있는} 그들을 돌보라는 것이었다. 당시의 교회들에는 상당수의 과부들이 포함되어 있었다고 생각됨으로 이것은 중요한 권면이 되는 것이다.

다음으로 헐벗고 일용할 양식이 없는 형제자매 이야기^{약 2: 15}를 한다. 이 본문은 당장 현실적인 삶에서 입을 것과 먹을 것이 없는 그래서 도움을 필요로 하는 사람들을 신앙인들이 어떻게 대해야 할지를 보여주는 지침을 제공하고 있는 셈이다. 특히 약자 층에 속하는 빈곤 상황에 처해 있는 여성들을 돕는 것이 신자들의 공동체인 교회의 사명 mission이 되는 것이다. 현대라고 달라지는 것은 없다. 우리는 주변을 돌아보고 도움을 필요로 하는 사람들을 찾아내야 하고 또 그들에게 말이 아니라 실질적인 도움을 베풀 수 있어야 하는 것이다.

아내들을 위한 권면

베드로 전서^{3: 1 - 6}에는 아내들을 위한 권면이 나온다. 여기에 언급된 아내들은 이방인 남편들과 결혼하여 살고 있는 그리스도인 아내들이라고 볼 수 있다. 그들이 남편에게 순종함으로써 그리고 그들의 삶의 깨끗하고 존경할만한 모습을 통해 그 남편들에게 감동을 줌으로써 그 남편들을 기독교 신앙에로 인도하려는 것이었다. 그렇게 하기 위해서 그들의 단장은 화장을 잘 하고 옷과 보석 장신구를 갖추는 외양으로 하지 말고 내적인 품성들을 올바르게 갖춤으로써 하라고 한다. 본문은 그런 본보기가 된 사람으로 아브라함의 아내 사라를 들고 있다. 사라는 외모를 꾸미는 일을 하지 않고 내적 단장을 하였고 남편을 존중하는 본보기가 되었던 것이다. 하나님을 믿고 그리스도를 주로 모시는 모든 그리스도인 아내들이 모두 받아들여야 할 교훈이다. 아브라함을 믿음의 조상으로 받아들이는 사람들이 사라의 믿음과 삶을 본받는 것은 당연한 길이 될 것이다.

택하심을 받은 부녀

요한 2서^{1, 5, 13}에는 택하심을 받은 부녀가 그 서신을 받은 사람으로 등장한다. 그러나 구체적으로 그 여인이 어떤 사람이었는지에 관한 정보는 전혀 없다. 역사적으로 많은 설명들을 해왔고 구체적인 이름까지 거명하며 설명을 해보려는 시도들이 있었다. 그러나 현대에 와서 많은 사람들은 그 여인이 구체적인 어떤 여인이 아니라 어느 지역에 있는 교회공동체를 의미한다는데 동의하고 있다. 그리스도의 신부로서의 교회공동체를 의미한다는 것이다. 선택받은 성도들의 신앙공동체가 그리스도의 신부로서의 교회라는 이해와 부합되는 설명이다. 그리고 그 교회는 소아시아터키에 있던 어느 교회였으리라고 한다.

요한계시록 속 '이세벨'

요한계시록에도 이세벨이라는 이름 이외에는 여성의 이름이 나오지 않는다. 이세벨은 구약에서 이스라엘의 가장 악한 왕 아합의 왕비로 시돈의 공주 출신이었고 바알숭배에 빠져 있었던 여인이었다. 그리고 자신만이 아니라 온 이스라엘이 바알숭배에 빠지게 했으며 하나님의 선지자들을 안전히 없애버리려고 획책한 여인이기도 했다. 본문계 2: 20에 등장하는 이세벨이 누구를 가리키는지에 대한 이해는 여러 가지로 나누어진다. 역사적으로 여러 이름들이 거론되었고 그것을 설명하려는 시도들도 행해졌었다. 그러나 현대에 와서 많은 사람들은 그 이름이 역시 상징적으로 어떤 부류의 여성들 또는 그런 사람들의 모임으로 이해하고 있다. 본문이 두아디라 교회에 보내는 편지이므로 그 교회 안에 자칭 선지자로 자처하면서 사람들이 우상숭배우상에게 바쳐졌던 제물을 먹는 일와 성적으로 부도덕한 삶에 빠지도록 부추긴 사람여인이 있었고 바로 그런 사람을 가리키는 말이라는 것이다. 당시에는 우상숭배의 제전에서는 흔히 음행도 함께 행해졌던 것으로 알려져 있다.

'해를 옷 입은 여자'(계12:1-6, 14-17)

요한계시록 12장1 - 6; 14 - 17에는 해를 옷 입은 여자가 등장한다. 물론 상징적인 여인이다. 그 여인을 이스라엘 또는 교회를 상징하는 것으로 이해하는 것이다. 그 여인은 천체의 중심이 되어 달을 발아래에 두고 12별의 관을 쓰고 있었다. 그리고 임신하여 이제 해산을 하려고 산고에 시달리고 있었다. 또 거기에 다른 그녀의 적대자가 나타났으니 붉은 큰 용^{악마}이었다. 그 용은 머리가 일곱이고 뿔이 열이었으며 그 머리에는 일곱 관을 쓰고 있었다. 그 용이 그 여자가 아기를 낳으면 그 아기를 뺏어가려고 위협을 가하고 있었다. 그러나 하나님께서는 그 아기를 낳는 즉시 그를 하나님 앞 하늘의 보좌가 있는 곳으로 데려가도록 준비를 해두고 계셨다. 그리고 그 여자는 광야로 도망하여 하나님께서 그녀를 위해 준비해둔 곳으로 가서 1,260일^{3년 반} 동안 있으면서 그 아이를 양육하도록 하려는 것이었다. 용은 화가 나서 천사장 미가엘과 그의 천사들을 상대로 싸움을 걸어왔지만 패할 수밖에 없어 하늘에서 땅으로 쫓겨났다. 용은 자기가 땅으로 쫓겨난 것을 생각하고 그 남자 아기를 낳은 여자를 찾아가 박해했다. 그 여자는 독수리의 날개와 같은 두 날개를 받아 광야에 있던 자기 처소로 날아가 거기서 다시 3년 반을 지낸다. 그 여자를 괴롭히던 용^뱀은 이번에는 그 입에서 물을 강같이 토해냄으로써 그 여자를 떠내려가게 하려 하지만 땅이 그 입을 열어 그 물을 삼킴으로 그 여자를 도와주었다. 그 이후로 그 여자가 어떻게 되었는지를 성경은 설명해주지 않는다. 이것은 사탄이 지상에 있는 교회와 거기에 속한 성도들을 핍박하고 괴롭힐 것을 예언적으로 보여주는 것이다. 세상 끝 날까지 사탄과 그 수하에 있는 마귀들은 하나님의 교회와 성도들을 괴롭히지만 하나님께서는 그들을 지켜주실 것이다.

'큰 음녀'(계17:1-18)에 관한 환상

요한 계시록에 마지막으로 언급되는 여자는 요한이 큰 음녀^{17:1-8}에 관한 환상에서 본 여자이다. 물론 상징적인 존재였다. 그 음녀는 바벨론이라는 대제국과 그 도시를 상징하고 있는 것이다. 이것은 또한 1세기

말의 로마 제국과 그 도시들을 상징적으로 보여준다고 이해할 수도 있다. 그 제국들은 우상숭배와 사치한 삶으로 더럽혀져 있었고 하나님의 심판의 대상이 될 수밖에 없었다. 또 그 나라들은 이스라엘을 괴롭힌 나라들이요 성도들을 박해하여 그 순교의 피가 넘치게 한 나라들이었다. 정치권력이 성도를 박해한 전형들인 것이다. 역사에서 살펴보아도 정차권력이 교회와 성도들의 신앙생활에 우호적이었다고 할 수 있는 때보다 적대적이었던 경우가 훨씬 많았음을 알 수 있다. 여기에서의 큰 음녀는 교회와 성도들에게 적대적인 태도를 취하는 정치권력을 상징적으로 의미하고 있다고 할 수 있는 것이다.